U0565133

汕头大学比较法学丛书

医疗事故责任与救济：

英 法 比 较 研 究

[法] 西蒙·泰勒（Simon Taylor）著

唐超 译

Medical Accident Liability

and Redress in English and French Law

中国政法大学出版社

2018·北京

This is a Simplified Chinese Translation of the following title published by Cambridge University Press:

Medical Accident Liability and Redress in English and French Law
by Simon Taylor
ISBN-13: 9781107102804

版权登记号：图字01-2018-8542号

缩略语

AC	Appeal Cases　上诉案例汇编
aff.	Affaire　案件
All ER	All England Law Reports　全英判例汇编
AN	Assemblée Nationale　国民大会
AP-HP	Assistance Publique-Hôpitaux de Paris　巴黎大学医院基金
APIL	Association of Personal Injury Lawyers　人身伤害诉讼律师协会
Art.	Article　条
Ass. Plén.	Assemblée plénière　全体大会
B.	Bulletin civil　民法公报
BCT	Bureau central de tarification　价格署
BMA	British Medical Association　英国医学会
BMJ	British Medical Journal　《英国医学杂志》
BMLR	Butterworths Medico-Legal Reports　巴特沃思医事法律报告
CA	Court of Appeal　上诉法院
CAA	Cour administrative d'appel　行政上诉法院
CAC	Constitutional Affairs Committee　宪法事务委员会

Cass.	Cour de cassation　法国最高法院
Cass. civ.（1）	Cour de cassation，1 re chambre civile.　最高法院第一民事审判庭
Cass. crim.	Cour de casation，chambre criminelle　最高法院刑事审判庭
CE	Conseil d'Etat　法国国务委员会
Cm	Command pater（1986-）　政府报告
Cmnd	Command pater（1956-86）　政府报告
CNAMed	Commission nationale des accidents médicaus　医疗事故国家委员会
Comm.	Commentaire　评述
Concl.	Conclusions　结论
CRCI	Commission régional de conciliation et d'indemnisation 地方和解及赔偿事务委员会
CRU	Compensation Recovery Unit　社会福利金追索处
D.	Dalloz　达洛［法国最主要的法律行业出版商］
DP.	Recueil périodique et critique Dalloz　达洛法律杂志
Doctr.	Doctrinal　法律学说
DREES	Direction de la recherche，desétudes，de l'évaluation et des statistiques　法国调查研究评估统计局
ECR	European Court Reports　欧洲法院判例汇编
EFTA	European Free Trade Association　欧洲自由贸易协会
EIG	Evénements indésirables graves　严重不良事件
EN	England　英国，英格兰
EU	European Union　欧洲联盟，欧盟

EWCA	England and Wales Court of Appeal 英格兰威尔士上诉法院
EWCA civ.	England and Wales Court of Appeal, civil division 英格兰威尔士上诉法院民事法庭
EWHC	England and Wales High Court 英格兰威尔士高等法院
FCE	Finished Consultant Episode 治疗人次
GDP	Gross Domestic Product 国内生产总值
GME	General Medical Council 医疗总会
HC	House of Commons 下议院
HL	House of Lords 上议院
HMSO	Her Majesty's Stationery Office 皇家文书出版署
IDS	Institut des données de santé 医疗数据研究所
INSEE	Institut national de la statistique et desétudes économiques 法国统计局
IGAS	Inspection générale des affaires sociales 社会事务监察专员
IR	Informations rapides 快讯
JCP G	Jurisclasseur périodique, La semaine juridique, édition générale 法学周刊
KCE	Centre fédérale d'expertise des soins de santé (Belgium) 医疗政策研究中心（比利时）
LGDJ	Librairie Générale de Droit et de Jurisprudence 法律出版社
Lloyd's Rep. Med	Lloyd's Law Reports Medical 劳埃德医事法判例报道

LR	Law Reports 判例汇编
LTJ	Law Times Journal 法律杂志
MACSF	Mutuelle d'assurances du corps de santé français 法国互助医疗保险公司
Med. LR	Medical Law Reports 医事法判例汇编
MP	Member of Parliament 国会议员
NHS	National Health Service 全民医疗服务系统
NHSLA	National Health Service Litigtion Authority 全民医疗服务系统诉讼局
NPSA	National Patient Safety Agency 国家患者安全局
Obs.	observations 评论
OECD	Organization for Economic Cooperation and Development 经济合作与发展组织
OJ	Official Journal《官方文报》
ONIAM	Office national d'indemnisation des accidents médicaux 国家医疗事故赔偿总署
PUF	Presses universitaires de France 法兰西大学出版社
QB	Queen's Bench 王座法庭
Rapp.	Rapport 报告
Rec.	Recueil 汇编
Reg.	Regulation 条令
RMM	Revue de mortalité et de morbidité 发病率与死亡率评估
RTD civ.	Revue trimestrielle de droit civil 民法季刊
S.	Sirey 达洛-西雷出版社

SAE	Statistique annuelle desétablissements de santé 医疗机构年度统计
SHAM	Société hospitalière d'assurances mutuelles 医院互助保险协会
SI	Statutory Instrument 经授权所立之法
Somm.	Sommaires 简易（程序）
TA	Tribunal administratif 行政法院
T. confl.	Tribunal des conflits 权限争议法院
TGI	Tribunal de grande instance 大审法院，初审法院
TSO	The Stationery Office 皇家文书出版署
UKHL	United Kingdom House of Lords 联合王国上议院
UKSC	United Kingdom Supreme Court 联合王国最高法院
W.	Wales 威尔士
WLR	Weekly Law Reports 每周判例汇编

目 录

CONTENTS

引 言

现代医学的发展较之过去使更多患者可以得到有效治疗。1
由于医学的伟大成就，不论医疗行为的数量，[1]还是医疗技术的复杂程度，[2]皆呈显著攀高态势。医疗开支随之爆炸式增长。[3]可医学进步也带来了消极后果，医疗行为数量增加和医疗行为愈益复杂，显著催生了更多医源性伤害（iatrogenic harm）。[4]

伴随这些变化，医患关系的性质也在演进当中。过去，医患关系的典型特征表现为患者对医生往往千依百顺，如今这惟命是从的景貌大抵随风而逝，[5]消费主义和患者权利运动的蓬

---

〔1〕 例如英国全民医疗服务系统（NHS），治疗人次（finished consultant episodes，简作 FCEs，意指接受治疗的住院病人数目，依出院及死亡人数来计算），1951 年为 380 万，2000-2001 年度为 1430 万。C. Newdick, *Who Should We Treat? Rights, Rationing and Resources in the NHS*, 2nd edn, Oxford University Press, 2005, 2.

〔2〕 欲求概鉴，参见 C. Newdick, *Who Should We Treat? Rights, Rationing and Resources in the NHS*, 2nd edn, Oxford University Press, 2005, 6-7.

〔3〕 在联合王国（UK），医疗开支占 GDP 的比重，1997 年为 6.6%，2009 年达到巅峰 9.9%，2011 年回落为 9.4%。Office for National Statistics, *Expenditure on Healthcare in the UK: 2011*, 2013, 9.

〔4〕 据估计，英国全民医疗服务系统 2000 年发生不良事件约 85 万次，占住院人次（admissions）的 10%。Chief Medical Officer, *An Organisation with a Memory: Report of an Expert Group on Learning form Adverse Events in the NHS*, Department of Health, London: TSO, 2000.

〔5〕 See e.g. W. Swain, "The Development of Medical Liability in England and Wales", in E. Hondius ed., *The Development of Medical Liability*, Cambridge University Press, 2010, 27; V. Harpwood, *Medicine, Malpractice and Misapprehensions*, Abingdon: Routledge-Cavendish, 2007, 67-71.

2 勃兴起无疑与有劳焉。[6]患者要求于医疗决策程序中扮演更重要的角色。整个社会也变得不那么能够容忍风险，事情出了错，患者更愿意对簿公堂。[7]对医疗活动包含的风险，对医疗不良事件的严重程度，医疗服务人和政府也有了更为自觉的认识。在这些因素的推动下，过去二十余年间，医疗安全遂成为医疗服务政策及治理事务之梁柱。[8]

现代医疗及现代社会的这些发展让人生疑，那大体夯筑于矫正正义模型之上的民事责任体制，以之为医疗事故救济的途径，在今天是否合乎时宜。

对医源性伤害的受害人来说，基于过错的民事责任体制并非提供有效救济的相宜路径。诉讼程序往往冗长、繁重，开销巨大。诉讼请求要得到支持，就必须证明过失和因果关系要件，这不易逾越的障碍使得能否拿到赔偿全无定准。民法关注的是责任和经济赔偿，故不能充分考虑更宽泛的救济概念，包括补救治疗（remedial treatment）、康复护理、解释道歉。[9]民事责任体制也不是确保患者权利和患者自主得到认可的有效途

---

〔6〕 See V. Harpwood, *Medicine, Malpractice and Misapprehensions*, Abingdon: Routledge-Cavendish, 2007, 63-67; H. Teff, *Reasonable Care*, Oxford University Press, 1994, 100-102; J. Harrington, "Red in Tooth and Claw: the Idea of Progress in Medicine and the Common Law", *Social and Legal Studies*, 11 (2002), 211-232; S. Halpern, "Medical Authority and the Culture of Rights", *Journal of Health Politics, Policy and Law*, 29 (2004), 835; S. Timmermans and H. Oh, "The Continued Social Transformation of the Medical Profession", *Journal of Health and Social Behaviour*, 51 (2010), 94.

〔7〕 C. Ham, R. Dingwall, P. Fenn, D. Harris, *Medical Negligence, Compensation and Accountability*, King's Fund, 1988, cited in I. Kennedy and A. Grubb, *Medical Law*, 3rd edn, London: Butterworths, 2000, 54.

〔8〕 参见第七章第150页［边码］。

〔9〕 See S. McLean, *No Fault Compensation Review Group: Report and Recommendations*, 2011, vol. 1, 69.

径:[10]法律更愿意关注医生的义务而不是患者权利，医生就治疗风险未向患者充分说明的，只有患者证明医生未尽到说明义务与医疗所致人身伤害间有因果关系的，医生方受惩罚。而从医疗服务提供人的角度看，民事责任体制产生高昂责任成本。颇有主张称，法律对责任的关切鼓励了防御医疗大行其道，沮抑了不良事件报告的践行，从而累及医疗安全改进事业。

在英国，*虽说法律界对医疗过失法普遍不满，[11]但迄今为 3
止的改革措施大体局限于对医疗过失诉讼程序法的调整。21 世纪头十年更具雄心的改革终于推动颁布了 2006 年《全民医疗服务系统救济法》（NHS Redress Act），虽道法中庸（modest，节制），这部法律却从未在英格兰施行，只是一套行政性质的投诉和救济体制，自 2011 年开始在威尔士运行。[12]而后经济衰退，国家厉行紧缩政策，医疗过失体制的重大改革也就从政治议程

---

〔10〕 H. Teff, "Consent to Medical Procedures: Paternalism, Self-Determination or Therapeutic Alliance?", *Law Quarterly Review*, 101 (1985), 432; E. Jackson, "Informed Consent to Medical Treatment and the Impotence of Tort Law", in S. McLean ed., *First Do No Harm: Law, Ethics and Healthcare*, Aldershot: Ashgate, 2006, 273.

* 译按：中译本所谓“英国”实为“英格兰（England）”，为便宜而译作“英国”。在涉及威尔士、苏格兰或者联合王国（UK）的场合，译作“英格兰”。

〔11〕 官方对现行医疗责任法制的批评意见，参见 Chief Medical Officer, *Making Amends: A Consultation Paper Setting out Proposals for Reforming the Approach to Clinical Negligence in the NHS*, Department of Health, June 2003; House of Commons Select Committee on Health, *Sixth Report*, *Patient Safety*, 2009, para. 85; I. Kennedy (chair), *Learning From Bristol: the Report of the Public Inquiry into Children's Heart Surgery at the Bristol Royal Infirmary 1984-95*, Cm 5207 (1), 2001; National Audit Office, *Handling Clinical Negligence Claims in England*, HC 403, London: TSO, 2001. 学界的批评意见，参见 E. Cave, "Redress in the NHS", *Journal of Professional Negligence*, 27 (2011), 138; S. McLean, *No Fault Compensation Review Group: Report and Recommendations*, 2011, vol. 1, 69.

〔12〕 NHS (Concerns, Complaints and Redress Arrangements) (Wales) Regulations 2014 (SI 2011 no. 704, W. 108).

中勾去。但这并不意味着改革已不必要，也不意味着应停止对任何将来改革的探讨。

为了调和不同目标间的冲突，医疗责任与救济法的改革格外艰巨，富有挑战性。既要便利受害人得到赔偿，又要限制责任成本，这两个目标往往背道而驰；一方面有必要确保医患关系有助于医疗服务人自医疗差错（medical error）中吃堑长智，另一方面又希望医生仍要为其过失承担责任，两者便难免满拧别扭，凿枘不投。这些关切自然并不局限于医疗过失法，但于医疗领域格外显著，盖维持高水平医疗服务于任何社会皆无比重要。此外，不同于其他领域，不能以被告人的营利动机为正当理由而将事故风险的负担加于医疗机构。医疗事故责任与救济法制的引人注目之处还在于，确保医患双方彼此信赖于高质量医疗服务至关重要。

虽面临如此挑战，还是有好些国家并未畏葸退缩，制订了
4 比英国更具抱负的改革议程，并采纳了医疗事故的行政赔偿体制。说到医疗事故救济的替代体制，往往引新西兰以及斯堪的纳维亚国家为适例，但对法国法的关注却不多。[13]正是法国，针对医疗事故，于2002年引入了具有创造性的诉讼外赔偿体制（out-of-court compensation scheme）。[*]就最严重医疗事故的受害人，不必证明（医疗服务人的）过错，法国体制即确保其得到

〔13〕 但请参见 S. Taylor, "Clinical Negligence Reform: Lessons from France?", *International and Comparative Law Quarterly*, 52 (2003), 737; S. Taylor, "Providing Redress for Medical Accidents in France: Conflicting Aims, Effective Solutions?", *Journal of European Tort Law*, 57 (2011), 2. 就法国法的国别报告，可参见 K. Oliphant and R. W. Wright eds., *Medical Malpractice and Compensation in Global Perspective*, Berlin: De Gruyter, 2013, 1093, and B. Koch ed., *Medical Liability in Europe: A Comparison of Selected Jurisdictions*, Berlin: De Gruyter, 2011, 207.

* 译按：后文多称"诉讼外解决体制（out-of-court settlement scheme）"。

全部赔偿。这套体制便宜、简单、相对快捷，每年向一千多位受害人提供救济，而且在财务上可以持续承受。考虑到这套体制适用范围更窄，并仍以过错为重要责任基础，故相较新西兰和北欧模式，法国模式在许多方面为英国提供了更为现实的模板。

本书旨在比较英法两国的医疗事故责任与救济法，考察两国法制如何应对这个法律领域里的各式不同挑战，并探讨可以从法国经验中收获些什么。这样的研究自然要涉及两国实体法，而本书还会关注法律规则如何为内国法律传统和文化所塑造。全书的重心在于法律规则对于受害人获得救济，对于救济的经济成本，对于法律的连贯性、复杂程度和公平性，对于医患关系以及对于患者安全，产生了怎样的实际影响或者可能产生怎样的影响。

如此，本书意在为英国医疗事故责任与救济法的改革事业贡献知识，其他于此领域思谋变革的法域当然亦得受惠于此项研究。此外，比较侵权法领域的文献日积月累，体量大增，本书亦渴望略效绵薄，于此领域听到更广泛的回响。本书既强调在英法两国体制下医疗事故受害人获得赔偿方面的显著差异，
故于此议题范围内就整个欧洲皆有意义。大规模的患者跨国流 5
动乃是市场一体化的应有之义，欧洲法院（European Court of Justice）就跨国接受医疗服务也发布了不少判例，〔14〕这些判例法已成文化写入欧洲议会和理事会 2011 年患者权利指令（Patient Rights Directive），〔15〕可各成员国医疗责任法方面的差异意味着，

〔14〕 Case C-158/96, Kohll v. Union des Caisses de Maladie [1998] ECR 1-01931; Case C-157/99 Geraets-Smits v. Stichting Ziekenfonds, VGZ and Peerbooms v. Stichting CZ Groep Zorgverzekeringen [2001] ECR 1-05473; Case C-372/04 Watts v. Bedford Primacy Care Trust [2006] ECR 1-04325.

〔15〕 Directive 2011/24/EU of the European Parliament and of the Council on the application of patients' rights in cross-border healthcare, OJ 2011 no. L88, 4 April 2011, 45.

若是出了医疗事故，患者能否或者如何得到赔偿，完全取决于在何处接受医疗服务。从消费者保护角度看，这自非可欲之事，而且可能动摇患者赴国外寻求医疗服务的信心。

第一章考察英国医疗事故责任与救济法。先着重介绍对英国医疗过失法的批评，既而梳理围绕医疗过失法改革展开的学术讨论的脉络，并考察实体法和程序法方面已经引入的有限变革。接下来关注的是，更具抱负的改革是否可能。先是检视《全民医疗服务系统救济法》建立的体制以及从 2011 年开始已经在威尔士运行的新机制，然后简单勾勒新西兰和瑞典的替代救济体制，略及苏格兰的改革争议。

第二章考察法国医疗事故责任与救济法，并与英国法律规则互勘。法国的诉讼外解决体制与传统责任法并存不悖。第二章先是介绍法国法院发展起来的责任规则。经与英国法相比照，揭橥法国法的特征在于更重视如何便利受害人得到赔偿，主要手段是针对特定类型的原告引入过错责任的例外并对因果关系规则加以创造性解释。法国法也更加重视刑事责任。接下来转向法国的诉讼外解决体制，阐述这套体制如何实现其既要方便受害人得到赔偿，又要控制医疗职业人和责任保险公司的责任负担的双重目标。[*] 第二章只是简单介绍这套体制的运行情况，此后几章还会有更加深入的分析。

6 第二章的比较法研究，重点在两国法制就医疗事故责任与救济各自进路间的显著差异。第三章则试图探讨法律传统和文化上的不同（更具体地说，是侵权法传统和文化上的不同）到底在多大程度上可以解释两国法制在进路方面的差异。法律文化上的不同自然会有影响，法国进路不会那么容易地转换到英

---

* 译按：中译本分别以“职业人”和“执业人”对译 professional 和 practitioner。

国，但英国法可以从法国模式那里汲取诸多重要经验，后面几章会详加说明。

不待智者而后知，但凡就医疗过失法改革展开讨论，改革措施在政财上能否持续承受是一定会提出的关键问题。这当然也是反对英国法制重大改革的主要论据。第四章考察法国医疗事故责任与救济法制的成本以及法国赔偿体制对财务的影响。考虑到法国法呵护受害人的倾向，猜想起来，法国政府、医疗服务人以及责任保险人所承受的责任财务负担当重于英国。可对相关统计数据的研究却表明，实情并非如此。引入诉讼外解决体制并未给被告人和政府带来不可承受的财务负担，事实上，法国医疗事故责任与救济法制的成本似乎远低于英国。故有必要探讨为何法国的责任成本显著低于英国。答案大概在于较低的权利主张比率（claims rates，索赔率），在于人身损害赔偿金和法律成本处于不同水平。英国人担心，引入诉讼外解决体制会带来不可承受的成本，带来损害赔偿请求的滚滚洪流。第四章力图回答，法国经验在多大程度上可以抵消英国人的担心。

既要便利特定医疗事故受害人得到赔偿，同时也要确保救济体制在财务上可承受，法国法能成功左右兼顾，是因为法院和立法机关建立的这套慷慨规则仅适用于狭窄的受害人类型。但如此分门别类（类型化）又给法国法带来麻烦，此即为第五章的主题。法律因之极为复杂，为了解释诸如“医疗事故（medical accident）”这样的新概念不免生出难题，同时又造成法律的不确定，而哪些患者可以得到赔偿，哪些患者不可以得到赔偿，界分又相当武断。第五章还考察了法国事故赔偿体制对待受害人是否公平。当然还要探讨英国法律改革可以从法国经验中学 7
到些什么。

第六章探讨在英法两国，责任与救济规则对医患关系的影响。医疗职业人和患者的“医疗协作（therapeutic alliance）”对治疗过程至关重要。民事责任与救济规则当然会以各种不同的方式影响医患关系。第六章考察了在英法两国，民事责任规则在多大程度上有助于认可患者自主以及获取医疗信息的权利（right to inmformation，知情权）。法国立法令医疗服务人承担坦白义务（duty of candour），第六章还讨论了法国经验能否为在英国引入类似的医生义务提供些许支持。还有，法国的诉讼外解决体制又在多大程度上可以缓和诉讼程序难免的口诛笔伐（blame，责难）和剑拔弩张，从而改善医患关系。

第七章关注现代医疗服务的核心议题，即患者安全。本章考察了英法两国的民事责任与救济规则在多大程度上有助于促进患者安全。相较其他医疗服务治理模式，民事责任规则所能取得的成绩显然是次要的，但民事责任法既有遏止医疗过失行为发生的作用，在此范围内当然也能够促进患者安全。医疗责任规则必须将事故成本输送至所处位置最能避免不良事件发生之人处，惟有如此方能成功促进患者安全。本章比较了英法两国法制在这方面的实效。不过剑有双刃，面对民事责任规则的威胁，医疗职业人可能瞒报医疗差错和不良事件，从而损及患者安全事业。若是责任法将重心置于系统错误（systems errors），而非责难个人，或有助于开诚布公，增加透明度。本章对照英法两国责任规则，检视两国法制在何种程度上体现了民事责任的系统错误进路。最后考察的是，通过鼓励将医疗差错上报，推进不良事件数据搜集工作，法国的诉讼外解决体制是否有助于促进患者安全。

第一章
英国医疗事故责任与救济法制

2003年，英国国家医务顾问发布报告《穷则变》（*Making* 8
Amends），倡议改革医疗过失法。报告将当时之所见描述为系统弊端。[1]诉讼程序冗长，成本可能很高昂，令受害人心力憔悴，而且原告很难证明过失和因果关系要件。[2]报告还认为，往往是医疗事故受害人最期待改善的那些事情，也就是听取医务人员或者医疗组织的解释和道歉，了解采取哪些措施防止类似事故重演，侵权法却毫无作为。[3]而从医疗职业人的角度看，侵权法同样不令人满意。侵权诉讼让医疗服务人名声受损，法律程序剑拔弩张，医患关系颇受动摇，民事责任的威胁又激励医疗服务人践行防御治疗，所有这些都让医疗服务人心生怨愤。侵权法体制还激励医疗职业人不将医疗差错上报，从而害及患者安全事业。[4]此外，侵权法体制成本高昂。英国全民医疗服务系统因医疗过失诉讼所承受的财政负担急剧攀升，[5]大多数

---

〔1〕 Chief Medical Officer, *Making Amends: A Consultation Paper Setting Out Proposals for Reforming the Approach to Clinical Negligence in the NHS*, Department of Health, June 2003, esp. 75-85.

〔2〕 Ibid., 53, 110.

〔3〕 Ibid., 11, 75.

〔4〕 Ibid., 11, 76.

〔5〕 1974-1975年度，英国全民医疗服务系统的医疗过失诉讼开销为100万英镑（依2002年价格为633万英镑），2001-2002年度已增长到4.46亿英镑。Ibid., 9.

索赔金额低于4.5万英镑的案件，法律和行政成本都超过了患者得到的赔偿金额。[6]

第一节　英国医疗事故责任与救济法制现状

9 十多年前的这些批评，至今反响甚大。[7]今天医疗过失诉讼的原告，仍然面临几乎同样的障碍。医疗事故受害人还是要依靠传统责任法寻求赔偿，得到救济极为困难。医疗过失诉讼适用博勒姆标准（*Bolam* test），[8]被告人只要证明其行为合乎稳当牢靠的医学观点认为合理的医疗惯例，即可避去民事责任，故原告甚难证明过错要件。[9]虽说英国上议院在博莱索案中确认，倘若被告援引的专家意见经不起逻辑分析，法官自得拒不采纳，[10]但此种情形于司法实务中显然稀见罕闻。因果关系的证明也继续在医疗过失诉讼中给原告制造麻烦，因为往往很难证明损害一定源于被告的过失行为而非源于患者的在先病情。

现行法制仍依赖传统责任法原则，坚执固守于民事责任的矫正正义模式，遂与当今救济观念落伍脱节，须知患者看重的乃是医疗服务人的一声道歉，并就致害原因向自己阐述说明。

---

〔6〕 Chief Medical Officer, *Making Amends: A Consultation Paper Setting Out Proposals for Reforming the Approach to Clinical Negligence in the NHS*, Department of Health, June 2003, 9.

〔7〕 就报告发布以来情势演进的分析，参见 E. Cave, "Redress in the NHS", *Journal of Professional Negligence*, 27 (2011), 138.

〔8〕 Bolam v. Friern Hospital Management Committee [1957] 1 WLR 582.

〔9〕 Bolam v. Friern Hospital Management Committee [1957] 1 WLR 582 at 587, per McNair J.

〔10〕 Bolitho v. City and Hackney Health Authority [1998] AC 232 at 243, per Lord Browne-Wilkinson.

虽已付出不少努力来培育坦诚文化，[11]并令医疗机构承担将不良事件上报的义务，[12]就如何培育坦诚文化的讨论也从未间断，[13]但医疗过失法总是倾向于反对更大力度的信息公开，而医疗体制内部似乎也仍有强大力量抵制差错上报和坦白制度。[14]

同时，全民医疗服务系统所承受的医疗过失责任成本也在 10
显著增长。据全民医疗服务系统诉讼局的统计（NHS Litigation Authority，NHSLA），2013-2014 年度在过失诉讼中支付赔偿金额 12.44 亿英镑，[15]虽略低于 2012-2013 年度，[16]但远远高于 2010-2011 年度的 863 398 000 英镑以及 2006-2007 年度的 579 391 000英镑。截至 2014 年 3 月 31 日，全民医疗服务系统估计自己已承担 257 亿英镑赔偿责任。[17]法律成本在财政负担中

〔11〕 2006 年《损害赔偿法》（Compensation Act）第 2 条写道："道歉，提议为受害人治疗或者提供其他救济，本身并不等于对过失或违反法定义务的自认。"国家患者安全局（National Patient Safety Agency）也传递了同样的信息，并强调患者有了解相关信息的权利（right to openness）。NPSA, *Being Open: Communicating Patient Safety Incidents with Patients, their Families and Carers*, Department of Health, 2009, 6. 另见，例如，Care Quality Commission, *A Quality Service, a Quality Experience*, 2009; NHSLA, *Apologies and Explanations: Letter to Chief Executives and Finance Directors*, 2009. 并参见 E. Cave, "Redress in the NHS", *Journal of Professional Negligence*, 27（2011）, 145.

〔12〕 Regulation 18, Care Quality Commission（Registration）Regulations 2009（SI 2009 no. 3112）.

〔13〕 参见第六章第 137-141 页［边码］。

〔14〕 可参见最近针对中斯塔福德医院事件发布的报告：*Report of the Mid Staffordshire NHS Foundation Trust Public Inquiry*, HC 898, February 2013. 另见 The House of Commons Select Committee on Health, *Sixth Report of Session 2008-2009*, London: TSO, 2009, paras. 102-112（有证据表明，全民医疗服务系统内仍存在不良事件的严重漏报现象）; Department of Health, *Safety First: A Report for Patients, Clinicians and Healthcare Managers*, 2006, 21（提到仍需要推动不良事件上报机制的发展）.

〔15〕 NHSLA, *Factsheet 2, Financial information*, 2014, 2.

〔16〕 该年支付 13.09 亿英镑（Ibid., 3）。

〔17〕 这是所有已知赔偿请求的估算价值，加上发生但未报道请求的保险估算（actuarial estimate）。Ibid., 2.

仍占很大比例。2013-2014 年度，全民医疗服务系统为该年度结案的诉讼支付了 2.85 亿英镑的法律成本，其中包括超过 2.33 亿的原告费用（claimant costs）。[18] 针对全民医疗服务系统提出的索赔请求，似乎正以很快的速度增长。2013-2014 年度，全民医疗服务系统诉讼局收到索赔请求计 11 945 件，上一年度为 10 129 件，[19] 而 2008~2009 年度不过 6 088 件。[20]

第二节　英国医疗事故责任与救济法改革

现行责任与救济体制虽饱受批评，迄今为止的改革却大抵用力于解决程序法而非实体法事宜。伍尔夫爵士对民事司法体制的全盘检讨及最终报告于 1996 年发布，[21] 为解决医疗纠纷引入了诉前协议书（pre-action protocol）。此项制度设计的目的是促成早期和解从而减少诉讼，揄扬开诚布公的气候，当然，协议书在促成早期和解及减少诉讼方面能发挥多大作用，向来颇
11 受质疑。[22]

当前工作的重心放在减少医疗事故诉讼的成本和规模，而不是为了便利赔偿。近期改革已经取消了对多数医疗过失诉讼请求的法律援助。[23] 是以，多数索赔请求只好通过附条件费用

---

〔18〕 NHSLA, *Factsheet 2*, *Financial information*, 2014, 3.

〔19〕 NHSLA, *Factsheet 3*, *Information on Claims 2013-14*, 2.

〔20〕 NHSLA, *Annual Report and Accounts 2012-13*, 14.

〔21〕 *Access to Justice*: *Final Report to the Lord Chancellor on the Civil Justice System in England and Wales*, HMSO, 1996.

〔22〕 Lord Justice Jackson, *Review of Civil Litigation Costs*: *Final Report*, Norwich: TSO 2009, 240.

〔23〕 Schedule 1 Part 2, Legal Aid, Sentencing and Punishment of Offenders Act 2012. 在出生前、出生过程中或者出生后 8 周内遭受伤害并致严重残疾的孩子，就其索赔请求设有例外（Schedule 1 Part 1）。

协议（conditional fee agreement）或者基于赔偿金的费用协议（damages-based agreements）来筹措资金。〔24〕依此类协议，原告不能再要求败诉的被告人赔偿成功费用（success fees）或者事后保险费用（after-the-event insurance premiums），而必须从自己得到的赔偿金中支付这些费用。〔25〕对司法救济获取路径的改革以及诉讼费用改革向来遭受批评：认为这危及司法资源的利用，使原告不能得到全部赔偿。〔26〕

2014年6月，某位无公职议员向下议院提交关于创新治疗（medical innovation）的议案。〔27〕议案目的是要澄明，倘若医疗服务人所利用之创新技术并不合乎标准做法或公认惯例，在何种情形下得认为医疗行为稳妥可靠从而并不构成过失。〔28〕此际，医生得通过证明其确系“负责任地（responsibly）”为此医疗决策而避去责任。〔29〕为此，医生需要一位或多位“具备恰当资质 12

〔24〕 Section 45 Legal Aid, Sentencing and Punishment of Offenders Act 2012, amending s. 58AA Courts and Legal Services Act 1990. 依照基于损害赔偿金的费用协议，倘原告败诉，不必支付律师费用，倘原告胜诉，律师得依损害赔偿金一定比例收取报酬。在医疗过失诉讼中，这个比例的上限设定为25%。

〔25〕 Section 46 Legal Aid, Sentencing and Punishment of Offenders Act 2012. 原告为支付专家报告费用而办理了保险，医疗过失诉讼中有可能发布讼费缴付命令（costs order），允许胜诉原告要求被告赔偿相应保费，参见 Recovery of Costs Insurance Premiums in Clinical Negligence Proceedings Regulations 2013（SI 2013 no. 92）, s. 2.

〔26〕 See K. Oliphant, R. Bagshaw, D. Brodie et al., *Working Group on Civil Litigation Costs. On a Slippery Slope. A Response to the Jackson Report*, February 2011. 下议院健康特别委员会和人身伤害诉讼律师协会亦表达了类似关切：House of Commons Select Committee on Health, *Sixth Report*, *Complaints and Litigation*, June 2011, para. 179; Association of Personal Injury Lawyers Press Statement: *Legal Aid*, *Sentencing and Punishment of Offenders Bill-Response from APIL*, 2011.

〔27〕 Lord Saatchi, *A Bill to Make Provision about Innovation in Medical Treatment*, HL Bill 48.

〔28〕 Department of Health, *Legislation to Encourage Medical Innovation: A Consultation*, February 2014, 3.

〔29〕 Section 1（2）of the Bill.

（appropriately qualified）”的同侪出具意见，并取得法律要求的任何同意。在决定向患者提出创新治疗计划前，医生还必须考虑诸多事宜，包括风险收益和患者意见。[30]

应该说，创新治疗在现行法制下已有相应规制，而这些建议不过是希望在立法层面上明确立场，以避免防御医疗。这些建议正契合政府降低诉讼率的关切，而提出建议的必要性在于鼓励创新，而不是削减责任成本。如果此类立法意在激励对医学发展至关重要的稳妥可靠的创新（由于缺乏支持证据，是否如此远不清晰），对患者自然有益。可如果这些建议规则让过失行为的证明工作更为艰难，那自然不利于医疗事故受害人。无论如何，政府现在显然很愿意支持议案顺利通过议会程序，[31]这强化了下面的看法，即便利医疗事故受害人得到赔偿并非政府的当务之急。

不过，只关注在现行民事责任体制下，改革程序规则、司法救济的获取路径，到现在调整过失概念，通过这些方法来降低成本，并不能避免就更具根本性的变革展开更广泛的讨论。20 世纪 80 年代末 90 年代初，很多在布里斯托皇家医院接受心脏手术的孩子死亡，英国为此成立了专门委员会，调查医院管理情况以及对孩子的注意义务。调查报告最终于 2001 年发布，[32]倡议彻底检修医疗事故救济法制，废弃医疗过失诉讼，代之以无过错赔偿体制。报告写道：

13 “既然在全民医疗服务系统的外部存在着诉讼体制，其激励机制正往相反方向发力的诉讼体制，就不可能在全民医疗服务

[30] Section 1（3）of the Bill.

[31] Government press release, 20 October 2014.

[32] I. Kennedy (chair). *Learning From Bristol*: *The Report of the Public Inquiry into Children's Heart Surgery at the Bristol Royal Infirmary 1984-95*, Cm 5207 (1), 2001.

系统的内部养成完全、公开的上报氛围。吾人相信，前途在于废弃医疗过失诉讼，将医疗差错置于法院和侵权法体制之外。以能够有效识别、分析、从中学习并预防医疗差错以及所有其他警示事件（sentinel events）的体制取而代之。对因此类事件而遭受损害的患者，必须有新路径予以赔偿。”[33]

2001 年 7 月，英国卫生部宣布计划，要为医疗过失纠纷解决机制的改革提出建议，国家医务顾问也发布访募文告（*Call for Ideas*），诚邀利益攸关各方为改革建言献策。[34]国家医务顾问随之启动征询程序，最终成果即是卫生部于 2003 年发布的报告《穷则变》。国家医务顾问在《穷则变》中强调，应创造有助于改善患者安全、有益于绥抚医患关系的救济文化氛围。[35]报告还建议，全民医疗服务系统的患者因为所接受医疗服务的严重弊窦而受损害的，应为此建立专门救济机制，包括向患者解说差错、一揽子的医疗服务以及/或者赔偿安排。赔偿金额最高为 3 万英镑。[36]更具雄心的方案是，全民医疗服务系统接生的婴儿遭受严重神经损害的，为之设立特别赔偿机制，不必证明过错要件并给予实质赔偿。[37]

虽说出于对成本的担心，为遭受神经损害的婴儿提供无过错赔付的想法后遭舍弃，但英国政府接受了《穷则变》的主要建议，即创设诉讼外解决机制，最终于 2006 年由议会通过了

---

〔33〕 I. Kennedy (chair). *Learning From Bristol: The Report of the Public Inquiry into Children's Heart Surgery at the Bristol Royal Infirmary 1984-95*, Cm 5207 (1), 2001, 367.

〔34〕 Chief Medical Officer, *Call for Ideas*, Department of Health, 2001.

〔35〕 Department of Health, *NHS Redress: Statement of Policy*, 2005, para. 12.

〔36〕 Chief Medical Officer, *Making Amends: A Consultation Paper Setting Out Proposals for Reforming the Approach to Clinical Negligence in the NHS*, Department of Health, June 2003, 119-120.

〔37〕 Ibid., 129-131.

《全民医疗服务系统救济法》。[38]这部法律授权卫生大臣颁布条令，为医疗事故受害人建立一套救济机制，用为诉讼体制的替代。全民医疗服务系统下的医院实施医疗行为，“应承担侵权责任（qualifying liability in tort）”并造成患者损害的，引入的任何救济机制都要为患者提供救济。[39]新体制将在全民医疗服务
14 系统内部运行，由全民医疗服务系统诉讼局掌舵。[40]申请人要证明自己并没有同时向法院提起诉讼，但若申请人嗣后不愿接受新体制的救济提议（offer），自得启动司法程序。[41]面对救济提议，或达成协议的，可以得到免费法律咨询。[42]救济的内容一般包括赔偿金钱以及/或者一揽子的照护或医疗服务、解释医疗事故何以发生、道歉，并向患者出具报告，说明已经或者将要采取哪些措施来防止类似事件重演。[43]新机制给予的赔偿金一般不超过 2 万英镑。[44]

可见，这部法律设计的新机制在适用范围上相当节制（modest），主要目的在于为全民医疗服务系统减轻成本。赔偿金的较低封顶是为了将新机制的经济负担减到最小。把注意力

---

〔38〕 对这部法律的评价，参见 A. -M. Farrell and S. Devaney, “Making Amends or Making Things Worse? Clinical Negligence Reform and Patient Redress in England”, *Legal Studies*, 27 (2007), 1; also see E. Cave, “Redress in the NHS”, *Journal of Professional Negligence*, 27 (2011), 151-153.

〔39〕 《全民医疗服务系统救济法》第 1 条第 2 款。

〔40〕 《全民医疗服务系统救济法》第 11 条；Department of Health, *Reconfiguring the Department of Health's Arm's Length Bodies*, London: The Stationery Office, 2004, 21-22.

〔41〕 《全民医疗服务系统救济法》第 14 条。

〔42〕 《全民医疗服务系统救济法》第 8 条第 2 款。

〔43〕 《全民医疗服务系统救济法》第 3 条。

〔44〕 Department of Health, *NHS Redress: Statement of Policy*, 2005, para. 36; House of Commons Constitutional Affairs Committee, *Compensation Culture: NHS Redress Bill*, Fifth Report Session 2005-6, HC 1009, 28 March 2006, Appendix, 9.

放在较小的赔偿请求上当然有道理，正是在此类案件中，诉讼成本往往和得到的赔偿金不成比例。[45]但要求受害人证明“应承担侵权责任”意味着，申请人面临传统侵权诉讼中同样的障碍，也就是要证明医疗服务提供人的过失以及该过失行为使得自己遭受损害。[46]学界批评这部法律抱负太小，只是为全民医疗服务系统减轻责任负担，而不措意患者对救济事宜的关切。[47]学界还批评新机制缺乏独立性。[48]据官方估测，在2万英镑赔偿金的封顶设计下，新机制头一年的经济影响为：倘索赔请求只是少量增长，将得到超过700万英镑节余；倘索赔请求大幅增长，将生出大约4 800万英镑额外成本。[49]在运行十年后，若索赔请求只是较低增长，将有1 500万英镑节余，若有实质增长，经济负担将增加8 000万英镑。[50]据有些学者估计，新机 15
制每年将花费大约4 200万英镑。[51]

虽说这些措施道法中庸（节制），可依《全民医疗服务系统救济法》建立的新机制也只是在威尔士落实。2009年，当时的工党政府宣布延迟在英格兰施行《全民医疗服务系统救济法》，以有余暇合理深植投诉程序改革。[52]虽有下议院特设的健康委

---

〔45〕 Department of Health, *NHS Redress: Statement of Policy*, 2005, para. 36.

〔46〕 Ibid., para. 24.

〔47〕 A.-M. Farrell and S. Devaney, "Making Amends or Making Things Worse? Clinical Negligence Reform and Patient Redress in England", *Legal Studies*, 27 (2007), 2.

〔48〕 Ibid., 13.

〔49〕 *NHS Redress Bill*, *Explanatory Notes*, Bill 137-EN, para. 52.

〔50〕 Ibid.

〔51〕 P. Fenn, A. Gray, N. Rickman, "The Economics of Clinical Negligence Reform in England", *The Economic Journal*, 114 (2004), 272 at 289.

〔52〕 Lord Darzi of Denham (Parliamentary Under-Secretary, Department of Health), HL written answers, 18 March 2009.

员会（Select Committee on Health）[53]以及上诉法院杰克逊法官（Jackson）[54]吁请急行新机制，但迄今英格兰尚未依这部法律设立新救济机制，而且看起来中短期内大概都不会有所动作。

还有替代建议，拓伸道路交通法人身伤害救济机制（Road Traffic Act Personal Injury Scheme），[55]针对低额度赔偿请求，附加快捷的医疗过失赔偿机制。[56]《道路交通法》的这套机制为1万英镑以下的赔偿请求设计了专门程序，赔偿请求权人的律师因之得以向被告的责任保险人提出诉求，后者要么承认责任，要么否定责任。倘承认责任，即依严格时间表出具医疗报告（medical report），并磋商处理事宜。只有当受害人的赔偿请求并不涉及注意标准和因果关系的特别难题时，方才适用这套机制。[57]

2014年8月，全民医疗服务系统诉讼局开展一项试点计划，以调解方式处理某些赔偿请求。[58]依试点方案，调解适用于涉及死亡或老年人照护的“合适请求（suitable claims）”。这个方案能否吸引患者，减少诉讼，还有待观察。

一、威尔士条令

相比之下，威尔士改革步伐更大些，其于2011年依《全民

---

〔53〕 House of Commons Select Committee on Health, *Sixth Report*, *Patient Safety*, July 2009, paras. 85-89 and 97.

〔54〕 Lord Justice Jackson, *Review of Civil Litigation Costs*: *Final Report*, Norwich: TSO, 2009, 465.

〔55〕 Civil Procedures (Amendment) Rules 2010 (SI 2010 no. 621).

〔56〕 Ministry of Justice, *Solving Dispute in the County Courts*: *Creating a Simpler*, *Quicker and More Proportionate System. Government Response*, Cm 8274, February 2012.

〔57〕 E. Cave, " Redress in the NHS ", *Journal of Professional Negligence*, 27 (2011), 155.

〔58〕 See Centre for Effective Dispute Resolution, www. cedr. com. Also NHS Litigation Authority, *Mediating Claims in the NHS*, July 2014.

医疗服务系统救济法》引入新机制。[59]依2011年《（威尔士）全民医疗服务系统条令（患者关切、投诉及救济事宜）》，[60]威尔士的医疗服务人应为如何处理患者“关切（concerns）”妥为安排。“关切”包括患者投诉、患者安全事件通报以及损害赔偿请求，[61]条令为所有投诉及损害赔偿请求设计单一入口，意在避免旧体制下碎片化和路径不连贯的弊端。[62]专门涉及救济事宜的条款，并不适用于初级医疗服务人或私营医疗服务人。患者得以口头或书面形式表达其“关切”，[63]全民医疗服务系统的二级医疗服务人收到患者表达的“关切”后，即应考察就患者投诉的事件是否“应承担侵权责任”，[64]换言之，是否违反了注意义务。依据条令，这些患者“关切”由训练有素的工作人员依内部程序处理。[65]医疗机构经过初步审查，认为确实满足了侵权责任要件或者可能满足侵权责任要件的，一般应自患者表达其“关切”后一个月内就调查事宜向患者出具中期报告。[66]认定构成侵权的，对此负责的全民医疗服务机构（NHS body）即应考虑救济事宜，包括不超过2.5万英镑的赔偿提议。[67]医疗机构的决定，加上对投诉事件的报告，以及恰当情 16

〔59〕《全民医疗服务系统救济法》第17条授权威尔士议会（National Assembly）制订相关规则。

〔60〕 The NHS (Concerns, Complaints and Redress Arrangements) (Wales) Regulations 2011, SI 2011 no. 704 (W. 108).

〔61〕 Regulation 2 (1).

〔62〕 Welsh Assembly Government consultation document, *Putting Things Right: A Better Ways of Dealing with Concerns about Health Services*, January 2010, 3.

〔63〕 Regulation 11. 包括以电子、电话形式表达关切。

〔64〕 Regulation 25.

〔65〕 Regulation 7-9. 必须由内部设置的主管官员负责这些安排事宜，由“高级调查官”处理患者关切。

〔66〕 Regulation 26.

〔67〕 Regulation 29.

况下的赔偿提议，应该在最初投诉后的12个月内完成。[68]除金钱赔偿外，救济形式还包括向患者解释、书面道歉，就采取了何种措施或将采取何种措施以防范类似不良事件将来重演向患者出具报告。可见这套机制虽未引入坦白义务本身，但确实致力于培育开诚布公的氛围。[69]

17 是以，威尔士这套机制意在为处理小额医疗过失赔偿请求提供成本低廉、简单、相对快捷的程序，构成处理投诉和救济事宜的组合程序的一部分。对相对较小医疗事故的受害人来说，这套机制的优势彰明较著，盖避免了诉讼剑拔弩张的气氛、高昂的成本和复杂的程序，而且不论是开出赔偿提议还是拒绝赔偿，都会给予免费法律咨询服务。[70]新机制以更宽阔的视角来理解救济，故特别要求全民医疗服务系统就医疗事故向患者解释原委并出具报告。改革家还希望新机制激励全民医疗服务系统以未雨绸缪的姿态来预防不良事件，令收到患者“关切”的医疗机构负起责任，积极调查是否系其作为或不作为造成患者损害，从而激扬开诚布公，侵消医疗事故解决的对抗进路。[71]

但在许多方面，《全民医疗服务系统救济法》英格兰框架固有的那些界限亦得见于威尔士体制。新机制的适用范围受到限制，其赔偿条款并不涉及初级医疗服务和私营医疗服务。对更严重医疗事故的受害人，新机制无所作为，在有争议的案件中，受害人仍要乞援于诉讼程序以获得赔偿。只有在“应承担责任（qualifying liability）”的情况下，受害人才能依新机制得到救济，这意味着就实体责任规则来说，相较依传统过失侵权法请

〔68〕 Regulation 33.

〔69〕 Regulation 27.

〔70〕 Regulation 32（3）.

〔71〕 *Explanatory Memorandum to the Regulations*, para. 7. 9.

求赔偿，新机制并不能给申请人带来优势。依新机制，索赔请求是由全民医疗服务系统内部调查，而是否“应承担责任”的决定也正是经由此内部调查得出，对程序的独立性群疑满腹亦是理所当然。此外，因未设听证环节，患者参与决定程序的机会受到限制。还应该注意到，只有关于责任的决定已经做出，才可以得到免费法律咨询服务，〔72〕故申请人可能倾向于在早期阶段不寻求法律服务。〔73〕由于缺乏对患者赔偿请求的独立评估机制，提供救济又以“应承担责任”为前提，医疗事故受害人可能会对新机制兴致大减。威尔士政府（Welsh Assembly Government） 18
为患者投诉的内部调查设计辩护称，内部调查对学习和改进（learning and improving）至关重要。〔74〕

倘若英格兰终究依《全民医疗服务系统救济法》引入类似机制，威尔士机制的运行经验可以起到有益的标尺作用。就医疗事故救济，英格兰是否可能启动更激进改革，则为另外的问题。显而易见的是，引入更宽泛的救济机制，使得医疗事故受害人不必证明过错即可得到赔偿并将诉讼减到最少，并非当前政府的想法。但也不能说，此类更具抱负的计划即应彻底摒弃于改革议题之外。事实上，下议院健康委员会于2009年发布患者安全报告即建议：

“政府毋宁应将更为根本性质的改革纳入盘算……而不是面对已有立法的有限变化尚畏葸不前。吾人力倡考虑类似新西兰的体制，该国的医疗过失诉讼已为一套法定赔付体制彻底取代，受害人就‘医疗伤害（treatment injury）’得向一独立基金请求

---

〔72〕 Regulation 32.

〔73〕 一旦做出决定，认为可能构成侵权责任，医疗服务人即应建议患者接受法律咨询。这个环节应置于较早阶段。医疗服务人应在中期报告中建议，一般在患者提出请求后30个工作日内完成（Regulation 26）。

〔74〕 Welsh Assembly Government consultation document, *Putting Things Right: A Better Ways of Dealing with Concerns about Health Services*, January 2010, 4.

赔付，不必如侵权法那般证明过失。”〔75〕

二、新西兰和瑞典

改革家往往将新西兰意外事故赔付体制和瑞典医疗伤害无过错补偿体制引为可能的改革模板。这些体制因其创新特征而引人瞩目，既人尽皆知，本书无意深入考察。依 1972 年《意外事故赔付法》（Accident Compensation Act），〔76〕新西兰建立了极为宽泛的意外事故赔付体制（Accident Compensation Scheme），
19 但凡因意外事故（包括医疗事故）遭受人身伤害，即在涵盖范围内。〔77〕就医疗事故来说，最初以“医疗意外（medical misadventure）”为赔付要件，2005 年改革后则为“医疗伤害（treatment injuries）”。自注册的医疗职业人处接受医疗服务而遭受的人身伤害，即为“医疗伤害”。倘伤害系医疗行为的必要或通常结果，〔78〕或系病情所致，〔79〕则不包括在内。申请人原则上不必证明过错，〔80〕但必须证明医疗行为与自己所受损害间有因果关

---

〔75〕 House of Commons Select Committee on Health, *Sixth Report*, *Patient Safety*, July 2009, para. 98.

〔76〕 目前为 2001 年《意外事故赔付法》（此前称《伤害预防、康复与赔付法》，Injury Prevention, Rehabilitation and Compensation Act 2001）。

〔77〕 相关分析，参见 K. Oliphant, “Beyond Misadventure: Compensation for Medical Injuries in New Zealand”, *Medical Law Review*, 15 (2007), 357. 对法律条款的概述，参见 S. McLean, *No Fault Compensation Review Group: Report and Recommendations*, 2011, vol. 1, 27-32.

〔78〕 Accident Compensation Act 2001, s. 32 (1), as amended. See K. Oliphant, “Beyond Misadventure: Compensation for Medical Injuries in New Zealand”, *Medical Law Review*, 15 (2007), 379.

〔79〕 Accident Compensation Act 2001, s. 32 (2).

〔80〕 但过错仍会潜移偷运影响评估工作，参见 K. Oliphant, “Beyond Misadventure: Compensation for Medical Injuries in New Zealand”, *Medical Law Review*, 15 (2007), 384.

系。新西兰这套体制由意外事故赔付公司（Accident Compensation Corporation）掌舵。自2005年7月至2009年9月，[81]提交赔付请求计27 174件，超过16 000件确认为医疗伤害。[82]如此庞大的数字表明自2005年改革以来赔付请求显著增加，截至2009年6月30日，医疗事故未结赔付款为21.67亿新西兰元（NZ $）。[83]2008-2009年度，医疗伤害赔付额超过9 800万新西兰元。[84]

瑞典患者保险体制（Swedish Patients' Insurance Scheme）专门针对医疗伤害，由1996年《患者伤害赔付法》（Patient Injury Act）规制。所有医疗服务人，不分私营公立，都要为患者赔付投保。[85]要得到赔付，患者必须证明因下列六类事件而遭受人身伤害：检查、照护、治疗过程中发生的可避免伤害；缺陷医疗产品或仪器；错误诊断；医院感染；检查、治疗过程中的意
外事故；开错药。[86]每年的赔付请求在1万件左右，大约有 20
4 500件能得到支持。2006-2007年度，大概有一半的赔付请求，每件的赔付额不到2 000英镑。[87]

---

〔81〕 2005年7月法律改革，"医疗意外"要件改为"医疗伤害"要件。The Injuries Prevention, Rehabilitation and Compensation Amendment Act (no. 2) 2005.

〔82〕 S. McLean, *No Fault Compensation Review Group: Report and Recommendations*, 2011, vol. 1, 29.

〔83〕 Ibid., 30. 依2014年6月3日汇率，11亿英镑。

〔84〕 依2014年6月3日汇率，约为5000万英镑。2005年改革后，赔偿请求件数和赔偿金额都显著增加。S. McLean, *No Fault Compensation Review Group: Report and Recommendations*, 2011, vol. 1, 30.

〔85〕 P. Mielnicki and M. Schultz, "Medical Liability in Sweden", in B. Koch ed., *Medical Liability in Europe: A Comparison of Selected Jurisdictions*, Berlin: De Gruyter, 2011, 525, at 529. 译按：瑞典《患者损害赔付法》的文本，可参见唐超编译：《世界各国患者权利立法汇编》，中国政法大学出版社2016年版。

〔86〕 Ibid., 533.

〔87〕 S. McLean, *No Fault Compensation Review Group: Report and Recommendations*, 2011, vol. 1, 33.

新西兰和瑞典体制给予的赔付金额，远远低于英国法院判给的赔偿金。据《穷则变》称，瑞典体制下的平均赔付金额，依1996年价格为6 000英镑，〔88〕新西兰体制更是低到3 000英镑，而同时期英格兰的赔偿金却高达46 000英镑。〔89〕

《穷则变》曾简单考察，是否可能以新西兰和瑞典体制为英国改革的范本。〔90〕改革将危及患者就其损失得到全部赔偿的能力，此点不待智者而后知，是以就改革设想颇有抵触情绪。即便接受以低额赔付为原则，无过错体制的总体成本仍被看作改革的最大障碍，1978年和〔91〕1990年的〔92〕两次类似改革提议皆是为此而遭废弃。报告指出，从索赔请求和人口比看，瑞典和新西兰的数据远高于英国。〔93〕据卫生部估算，即便平均赔付金额较目前降低25%，依2003年价格计算，真正无过错体制的支出也将达到16亿英镑（设19%的合格赔偿请求确实提出）和40亿英镑（设28%提出），而英国全民医疗服务系统的诉讼成本在

---

〔88〕 大约12 000欧元，2011年。P. Mielnicki, paper given at conference *Einladung: patientenhandlung und haftung in Europa*, Ecclesia Group and European Centre of Tort and Insurance Law, Berlin, 10 October 2012.

〔89〕 Chief Medical Officer, *Making Amends: A Consultation Paper Setting out Proposals for Reforming the Approach to Clinical Negligence in the NHS*, Department of Health, June 2003, 106.

〔90〕 Ibid., 110.

〔91〕 *The Royal Commission on Civil Liability and Compensation for Personal Injury* (Cmnd 7054-1, 1978).

〔92〕 Harriet Harman MP: Compensation for Medical Injury Bill 1990; Rosie Barnes MP: NHS (Compensation) Bill 1991.

〔93〕 据2002年的数据，每10万人口的索赔请求，瑞典为87件（41件得到赔付），新西兰为47件（28件得到赔付），英格兰则不过21件（只有8件得到支持）。Chief Medical Officer, *Making Amends: A Consultation Paper Setting out Proposals for Reforming the Approach to Clinical Negligence in the NHS*, Department of Health, June 2003, 106.

2000-2001 年度据估计不过 4 亿英镑。[94]对全民医疗服务系统和纳税人来说，如此规模的成本攀升，显然难以得到合理解释。下议院健康委员会 2011 年曾再度考虑引入无过错赔偿体制是否恰当，[95]当时就表达了对诉讼成本飙升的担心，并援引证据称，无过错体制将使纠纷解决成本增长 20%到 80%。[96]委员会据此 21
认为，无过错体制必须给赔付金额封顶，这就意味着，最严重伤害的受害人得到的赔付要比现在少。委员会遂得出结论，"夯筑于应承担侵权责任之上的现行医疗过失法框架，给了患者最好的机会，有可能证明案件事实、分摊对医疗差错的责任，并得到恰当赔偿"。[97]

三、苏格兰的可能改革

虽说《穷则变》斩钉截铁，将新西兰和斯堪的纳维亚模式延入英格兰绝非等闲易事，但苏格兰政府却在考虑是否为医疗事故受害人创设无过错赔付机制，为此设立的调查委员会建议引入瑞典式补偿体制，并以经改良的福利供给辅佑之。[98]先是经过公众咨询（public consultation），苏格兰政府于 2014 年 4 月发布报告，特别提到"对引入无过错赔付体制相当关切，尤其是倘引入此类机制并扩展及于独立执业人（independent contractor）

---

〔94〕 Chief Medical Officer, *Making Amends: A Consultation Paper Setting out Proposals for Reforming the Approach to Clinical Negligence in the NHS*, Department of Health, June 2003, 112.

〔95〕 House of Commons Health Committee, *Sixth Report*, *Complaints and Litigations*, June 2011.

〔96〕 Ibid., 156.

〔97〕 Ibid., 157.

〔98〕 依调查委员会建议，能否得到赔付，不采瑞典的"可避免性"标准，而是明确描述不能得到赔付的伤害。S. McLean, *No Fault Compensation Review Group: Report and Recommendations*, 2011, vol. 1, 57.

和私营医疗服务人，将带来怎样的成本和复杂局面，更值得予
22 以巨大关切”。[99]虽说这态度颇有些保留，苏格兰政府还是强调仍致力于在冗长的诉讼程序之外，为医疗事故受害人提供有效救济。报告称，将谨慎探讨适合苏格兰的无过错赔付体制的形态与适用范围以及引入此类机制的步骤，一旦建议稿起草完成，将向社会征询意见。[100]倘苏格兰果真推进此类改革，自然会影响英格兰的改革探讨，此外，苏格兰可能在近期加入威尔士的道路，为医疗事故受害人提供替代救济机制，这将使得英格兰更难为自己的无所作为辩护。

第三节　结论

就医疗事故责任与救济法制来说，面临在下列冲突利益间取得恰当平衡的挑战：赔偿和成本，归责和促进建设性的医患关系、促进患者安全。应该说英国法未能很好地应对这些挑战。若是医疗事故受害人仍依赖法律诉讼寻求赔偿救济，那么解决纠纷的行政成本仍会很高，患者还是要面对诉讼的巨大障碍。近期程序法以及获得司法救济途径的改革或能有效减轻被告人的诉讼成本，但却可能害及赔偿水平，妨害正义实现。继续依赖侵权法还意味着英国法很难摆脱民事责任最易孕育的责难文化（blame culture），对于医患对话，对于不良事件上报，对于患者安全，都可能产生消极影响。还有，若是许多患者希望就到底发生了些什么听到解释，或在恰当场合得到道歉，继续依靠

---

〔99〕 Scottish Government, *Consultation Report*, *Consultation on Recommendations for No-Fault Compensation in Scotland for Injuries Resulting from Clinical Treatment*, April 2014, 41, para. 6.10.

〔100〕 Ibid., 43.

侵权法就只能让患者失望，对事件发生后的经历充满怨愤。

这些观察表明，吾人眼光应超越对现行体制的中庸变革。固然很难想象新西兰或瑞典式改革能在英国落地生根，法国的医疗责任与救济法制或许倒能为英国改革提供更为现实的范本。如果说在英国引入医疗事故无过错赔付体制的主要障碍在于成本，那么法国的诉讼外解决体制不失为值得研究的替代路径。23
法国体制的成本仍可承受，盖其适用范围较新西兰和斯堪的纳维亚体制远为狭窄。法国人口与英国相若，法国这套还算有抱负的体制可以说是英国改革绝无仅有的可行范例。[101]法国经验对于英国的改革探讨能有多大帮助，正是后面几章的主题。

---

〔101〕 苏格兰专家组即认为，对人口规模大的国家来说，能否承受是格外重要的问题。S. McLean, *No Fault Compensation Review Group: Report and Recommendations*, 2011, vol. 1, 26.

第二章
法国医疗事故责任与救济法制：比较分析

24 就医疗事故责任与救济，法国法向来面临与英国法同样的挑战这点不足为奇。随着医学急速进步，尤其是20世纪后半叶的成就，医疗行为不但在数量上极大增长，论复杂程度，也非往昔可同日而语，[1]这又反过来催生出众多医疗事故。[2]与之相伴，消费者文化蓬勃兴焉，医疗领域遂备受压力，要将患者权利观念逐步认同接纳。[3]

于是乎，这边厢，要让越来越多的受害人得到赔偿，要承认患者权利，那边厢，又要确保财政上能够维持医疗服务的持续供给，法律体制便在这愈益艰险的两难中左支右绌，日日煎熬。

---

〔1〕 从1970年到2001年，在法国提供的医疗服务，依不变价格计算，总财务成本增加了两倍，1970年有6.5万执业医生，2001年则为19.6万。N. Destails, *Le système de santé. Organisation et régulation*, Paris: LGDJ, 2003, 42, 67.

〔2〕 据2009年的某份研究估测，法国医院每年严重不良医疗事件多达39.5万起（*événements indésirables grave*, EIG）。N. Nestringue, Z. Or, "Surcoût des événements indésirables", *Questions d'économie de la santé*, Institut de recherche et documentaiton en économie de la santé, no. 171, 2011, available at www. irdes. fr/Publications/2011/Qes 171. pdf.

〔3〕 就法国医疗事故责任法的发展以及与更广泛社会发展的关联，参见S. Taylor, "The Development of Medical Liability and Accident Compensation in France", in E. Hondius ed., *The Development of Medical Liability*, Cambridge University Press, 2010, 70; 另见 H. Bergeron, "Les mouvements sociaux sont ils solubles dans le droit des patients?", in M. Bacache, A. Laude, D. Tabuteau eds., *La loi du 4 mars 2002 relative aux droits des malades: 10 ans après*, Brussels: Bruylant, 2013, 89.

尽管英法两国面临的挑战别无二致，但正如本章将揭明的，
法国法在某些方面采纳了完全不同于英国法的策略。医疗执业
人（practitioners）和医疗机构就医疗事故的责任，英法两国皆
以过错为责任基础。[4]但法国法院向来秉持工具主义态度（in-
strumental），于过错责任原则发展出诸多例外，俾便利医疗事故 25
受害人得到赔偿。这股势头在 20 世纪 90 年代格外引人注
目。[5]例如，针对医院就细菌感染的责任，当时民事法院和行
政法院即发展出严格责任规则。[6]再如，就通常所谓医疗风险
（*aléa thérapeutique*，意指并非患者疾病所致而确实源于医疗行
为，但又不可归咎于医疗执业人或医疗机构过错的医疗事故），
国务委员会（*Conseil d'Etat*，即法国最高行政法院）自 1993 年
起即认可了相关赔偿请求。此际，倘所受损害系医疗行为已知
但相对罕见的风险，且性质极为严重，行政法院即判给原告赔
偿金。[7]但法国最高法院（*Cour de cassation*，撤销法院）于此

---

〔4〕 S. Taylor, "The Development of Medical Liability and Accident Compensation in France", in E. Hondius ed. , *The Development of Medical Liability*, Cambridge University Press, 2010, 77-82. 译按：本书中"医疗执业人（practitioner）"与"医疗职业人（professional）"似为同义。

〔5〕 Ibid. , 89; S. Taylor, "Clinical Negligence Reform: Lessons from France?", *International and Compensation Law Quarterly*, 52 (2003), 737 at 740-2.

〔6〕 CE, 9 December 1988, Cohen, Rec CE 1988, 431; Cass. Civ. (1), 29 June 1999, JCP G 1999, Ⅱ, 10138, rapport P. Sargos.

〔7〕 CE, Bianchi, 9 April 1993, Rec CE, 1993, 127, concl. M. Daël; JCP G 1993, Ⅱ, 22061, note J. Moreau. 译按：国务委员会（Conseil d'Etat），法国政府中的最高行政咨询和司法监督机构，由文官中的精英组成，是法国最早的政府机构之一，可溯及 1302 年。拿破仑于 1790 年按原枢密院模式组建，但始终不同于部长会议。主要就共和国总统、内阁和议会提交立法的国家事务方案和措施提供意见或作出决定。对滥用职权、侵犯公民权利的行政官员，该机构有司法监督、予以纠正的职责，在这一方面具有行政法院性质。参见薛波主编：《元照英美法词典》，法律出版社 2003 年版，第 287 页。

种情形则拒绝判令被告承担责任。[8]

当前的法律体制不能令人惬意，就医疗事故受害人的赔偿事宜引入立法正是这普遍感受的反映。[9]很多时候，受害人仍面临证明被告人过错的艰巨任务，而行政法院和民事法院适用的责任规则又有种种差异，这加剧了法律体制的复杂性并导致不公正。同时，法院引领的无过错责任蓬勃生长，招来医疗行业和保险公司猛烈掊击。2001 年，法国最高法院在佩吕什案（*Perruche* case）中针对错误生命诉求判给赔偿金，[10]继而诸多

---

〔8〕 Cass civ. （1），8 November 2000，D. 2000，IR，292. See Y. Lambert-Faivre，“La réparation de l'accident médical. Obligation de sécurité：non.”，D. 2001，chronique，570. 译按：最高法院，撤销法院（cour de cassation），法国民事、刑事最高上诉法院。该法院成立于 1790 年，原名为撤销法庭（tribunal de cassation），1802 年拿破仑将其改名为撤销法院，实质上是最高法院。该法院有权撤销（quash，casser）下级法院的判决，其主要职能是保证法国法院系统内法律解释的一致性。该法院既不审查案件事实，也不受理对案件事实的上诉，也没有对立法合宪性的司法审查权，只从是否正确适用法律这一角度来裁判。该法院由六个法庭组成，一个刑事庭，五个民事庭，法庭对案件既不重新审理，也不接受上诉，只是听审有关法律适用问题的争端。最高法院可维持原判，也可撤销该判决，撤销之后应将该案移交原审法院的同级其他法院审理，再审法院可以不服从最高法院的意见而作出与被撤销的原判一致的判决，这时案件又交回最高法院，由其组成特别合议庭审理。如合议庭仍维持最高法院原来撤销原判的意见，该案再移交给与原审法院同级的第三个法院审理，该第三法院应遵从最高法院的意见。参见薛波主编：《元照英美法词典》，法律出版社 2003 年版，第 334 页。

〔9〕 See，e. g. C. Larroumet，“l'indemnisation de l'aléa thérapeutique”，D. 1999，chronique，33；P. Sargos，“l'aléa thérapeutique devant le juge judiciaire”，JCP G 2000，I，189；C. Evin，“l'indemnisation des accidents médicaux”，*Revue Générale du Droit Médical*，2001，71；Y. Lambert-Faivre，“l'indemnisation du prejudice des victims d'accidents médicaux. N'est-ce pas temps d'adopter un système d'indemnisation coherent et stable?”，*Gazette du Palais*，2001，13；G. Viney and P. Jourdain，“l'indemnisation des accidents médicaux：que peut faire la Cour de cassation?”，JCP G 1997，I，181.

〔10〕 Cass. Ass. Plén.，17 November 2000，JCP G 2000，Ⅱ，10438，rapp. P. Sargos. 英文资料参见 A. Morris and S. Saintier，“To Be or Not To Be：Is That the Question? Wrongful Life and Misconceptions”，*Medical Law Review*，11（2003），167.

判例鱼贯而前，[11]这被看作是方兴未艾的赔偿文化最为淋漓尽 26
致的宣言。自 20 世纪 90 年代起，为应对医疗执业人责任的增长，保险公司要么撤回保险要约，要么重议保险单条款，气势汹汹，诸如产科、外科这样的高风险专科，格外风急浪高。[12]还有声音担心法国会走上美国体制的老路，耽溺登峰造极的“诉讼文化”。[13]

2002 年 3 月改革以《关于患者权利及医疗体系质量的法律》［又称“库什内法（loi Kouchner）”］第四编形式引入，该编标题为“对医疗风险所致损害的赔偿”（*Réparation des conséque-nces des risques sanitaires*）。[14]相关条款稍后加入《公众健康法 27

---

〔11〕 2001 年 7 月 13 日合并判决三件：Cass Ass. Plén.，13 July 2001，2325，note P. Jourdain。2001 年 11 月 28 日合并判决二件：D. 2001，IR，3587-8.

〔12〕 S. Guiné-Gibert，“l'assurance responsabilité médicale des acteurs de santé. Historique：comment en est-on arrivé à la situation actuelle?”，*Revue Générale de Droit Médical*，2004，157 at 158.

〔13〕 例如，针对某无公职议员法案（private member's Bill），法国参议院社会事务委员会 2001 年 4 月 19 日发布报告，卷首语中表达了医疗职业人对美国式诉讼文化登临法国的忧虑。C. Huriet，avant propos，*Rapport no.* 277（2000-2001）*fait au nom de la Commission des affaires sociales du Sénat.* 但发生的风险似乎眇乎其小。see L. Engel，“Vers une nouvelle approche de la responsabilité. Le droit français face à la derive américaine”，*Esprit*，1993，29.

〔14〕 Law no. 2002-303 of 4 March 2002，“relative aux droits des malades et à la qualité du système de santé”（loi Kouchner）. 就这部法律的评论，参见 S. Taylor，“Clinical Negligence Reform：Lessons from France?”，*International and Compensation Law Quarterly*，52（2003），737；S. Taylor，“Providing Redress for Medical Accidents in France：Conflicting Aims，Effective solutions?”，*Journal of European Tort Law*，2（2011），57. 法语文献甚夥，参见 Y. Lambert-Faivre，“La loi no. 2002-303 du 4 mars 2002 relative aux droits des malades et à la qualité du système de santé. l'indemnisation des accidents médicaux”，D. 2002，chronique，1367；L. Daubech，“Approche critique de la loi du 4 mars 2002”，*Revue Générale de Droit Médical*，no. 12，2004，31；R. Pellet ed.，*Responsabilité，assurance et expertises médicales. Bilan d'application des lois Kouchner et About. Propositions de réforme*，Paris：Dalloz，2008；F. Bellivier et J. Rochfeld，“Droit des malades-qualité du système de santé. Loi no. 2002-303du 4 mars 2002”，RTD civ. 2002，chronique 574；G.

典》（*Code de la santé publique*），列为第 L. 1142-1 条到第 L. 1142-29 条。既要便利医疗事故受害人得到赔偿，又要防止责任成本不可遏抑的增长令保险公司和医疗职业人无法承受，这些条款即力图在两者间取得平衡。

为了不使医疗职业人和保险公司责任负担过重，《公众健康法典》第 L. 1142-1 条规定，医疗职业人，以及预防诊断治疗等医疗行为于其间开展的所有医院、医疗机构、医疗组织，皆仅就过错负赔偿责任。但于两例外情形，适用严格责任。第一，患者于医院停留期间感染疾病的，医院于特定情形就患者所受损害承担严格责任。〔15〕医院只有证明疾病系在其工作场所外传染的，方得免责。〔16〕第二，缺陷产品造成损害的，立法将之设

（接上页）Viney, "La loi Kouchner, trois and après: bilan prospectif", *Les Petites Affiches*, 2006, 27; P. Mistretta, "La loi no. 2002-303 du 4 mars 2002 relative aux droits des malades et à la qualité du système de santé. Réflexions critiques sur un droit en pleine mutation", JCP G 2002, I, 141, 1075; C. Radé, "La réforme de la responsabilité médicale après la loi du 4 mars 2002 relative au droits des malades et à la qualité du système de santé", *Responsabilité Civile et Assurances*, May 2002, 4; G. Méméteau ed., *Manuel des commissions régionales de conciliation et d'indemnisation des accidents médicaux, des affections iatrogènes et des infections nosocomiales*, Bordeaux: Les Etudes Hospitalières, 2004; L. Bloch ed., *Dix ans d'application de la loi Kouchner* (2013) special issue, *Revue Générale Droit Médical*; *Etats généraux du dommage corporel*: 2002-2012-2022, *la loi Kouchner entre deux décennies*, special issue, *Gazete du Paris*, 2012; C. Radé, "La loi Kouchner a 10 ans (déjà)", *Responsabilité Civile et Assurances*, March 2012, Alerte 5; A.-M. Ceretti, L. Albertini, *Bilan et propositions de réformes de la loi du 4 mars 2002, relative aux droits des malades et à la qualité du système de santé*, rapport pour le ministre de la santé, 2011; P.-A. Lecocq, *l'indemnisation amiable des accidents médicaux, Bilan du traitement de 15000 dossiers par les CRCI et l'Oniam et perspectives d'avenir*, rapport mission Droit et Justice, *Revue Générale de Droit Médical*, 2009, special issue; M. Bacache, A. Laude, D. Tabuteau eds., *La loi du 4 mars 2002 relative aux droits des malades: 10 ans après*, Brussels: Bruylant, 2013.

〔15〕设了严重性标准，标准之下由医院负赔偿责任，标准之上由国家负担。

〔16〕《公众健康法典》第 L. 1142-1 条。

计为过错责任的例外。[17]尤其重要的是，这部法律建立了一套行政体制，就2001年9月5日以后（含当日）发生的严重医疗事故，确保受害人得到全部赔偿。这套体制和传统民事、行政及刑事责任体制并行不悖，医疗事故受害人得选择同时通过这套体制和法院主张权利（parallel claims）。

诉讼外解决体制引入后，相较诉讼途径，依新体制主张权利的比例在稳步上升。现在每年向行政赔偿体制提出的申请大 28
约4 000件，而每年在地区向民事和行政法院提起的医疗过失诉讼据估计大约为5 000件。[18]

下文将先讨论传统责任规则，继而考察行政赔偿体制。

第一节　民事责任和行政责任

一、行政法院和民事法院

法国法的显著特征在于，视诉讼是否涉及法国政府而定，分设独立司法系统。也就是说，在私营性质的医疗服务中发生医疗事故的，损害赔偿诉讼应向民事法院提起。反之，患者在公办医院接受医疗服务的，应向行政法院提起诉讼。在法国，三级医疗体制下的二级医疗部门（secondary healthcare sector）分三块：公立医院，私营非营利医院，私营营利性医院。据2011年数据统计，[19]当年公立医院有938家，提供255 758张床位。较小私人诊所有1 747家，提供156 239张床位。初级医疗服务为私营性质，主要由独立执业医生提供，但也有地方联

〔17〕《公众健康法典》第L.1142-1条。

〔18〕详参第四章第80-81页［边码］。

〔19〕数据来自法国调查研究评估统计局（DREES）：www.insee.fr（2014年6月最后访问）。

合诊所（local collective medical practices）。[20]2014 年，有 219 834位医生在法国执业，其中有 130 295 位医生以独立的私人性质的医疗职业人形式行医。[21]

多数诉讼依民法提起。2009 年，就医疗事故伤害在初审民事法院（*Tribunal de Grande Instance*，大审法院）提起的诉讼为 4 361 件。[22]2006 年，向行政法院提起的诉讼为 509 件。[23]

29 2002 年 3 月 4 日法律颁行前，出于多种原因，两套法院系统适用的法律规则多有歧异，尤其是有关过错责任和严格责任的进路不同。时效期间也有显著差异，民法上是 10 年（侵权）和 30 年（契约），行政法则为 4 年。2002 年法律意图实现两套法律规则的统一，办法是仅以过错为责任基础，[24]就所有的医疗责任诉讼引入单一的 10 年时效期间。[25]但就医疗责任案件，法律仍保留了两套分立的法院系统，而且后面将看到，[26]就某些程序法和实体法事宜，行政法院和民事法院思路仍有不同。

虽说立法已介入此领域，但法官于法律发展中仍扮演核心角色。是以，就诸如过错责任的性质以及因果关系的界定这些关键问题，法国法院仍为主要法律来源。对于不谙熟大陆法律体制运作的读者，这段话需稍加阐释。法国法并没有先例约束的正式规则，严格来讲法官不得创制法律，法官只能解释立法机关

---

〔20〕 A. Laude, B. Mathieu, D. Tabuteau, *Droit de la santé*, 3rd edn, Paris: Presses Universitaires de France, 2012, 45.

〔21〕 据法国统计局（INSEE）医疗统计数据：www. insee. fr（2014 年 9 月最后访问）。

〔22〕 A. Laude, J. Pariente, D. Tabuteau, *La judiciarisation de la santé*, Paris: Editions de Santé, 2012, 51.

〔23〕 Ibid. , 27.

〔24〕 但有若干重要例外，参见下文第 37-42 页［边码］。

〔25〕《公众健康法典》第 L. 1142-28 条。

〔26〕 第五章第 97 页［边码］。

通过的法律（行政法没有法典化，自为例外）。但公认的看法是，法国最高审级的法院确实在创制判例法（*jurisprudence*）。[27]法国最高审级民事和行政法院的裁判，在说理上对将来法院遵从同样路径施加强大压力，就特定法律问题，最高法院判决越是立场连贯，施加的压力就越大。对司法实践中自发生成的判例法规则，学者也起到重要的辨识和分析作用。

考察法国民事和行政责任规则可知，相较英国医疗责任法制，法国法对医疗事故受害人更为照顾。法国法为过错原则设置例外，对因果关系规则加以创造性解释，从而使受害人更容易得到赔偿。下面先比较英法两国法制如何区处过错责任概念，继而转向因果关系，接着探讨法国法院如何利用知情同意规则帮助受害人得到赔偿，最后考察法国法如何将刑事责任用作替 30
代赔偿机制。

二、过错责任

患者和提供初级医疗服务的医生或者私人诊所间的法律关系为契约关系。[28]在过去这意味着，于民事法院针对医生或诊所提起的诉讼是以契约债务不履行为据，主张医疗执业人或诊所未依《民法典》第1147条尽到合理注意与技能义务（reasonable care and skill）。*诊所就其医疗服务运行或组织中犯下的过

〔27〕 参见，例如，C. Larroumet, A. Aynès, *Introduction à l'étude du droit*, 6th den, Paris: Economica, 2013, 198; P. Malinvaud, *Introduction à l'étude du droit*, 12th edn, Paris: Litec, 2008, 164.

〔28〕 Cass. civ. 20 May 1936, Mercier, D. 1936, 1, 88.

* 译按：《法国民法典》第1147条："债务人凡是不能证明其不履行债务系由于不能归咎其本人的外来原因时，即使其本人方面并无任何恶意，如有必要，均因债务不履行或者迟延履行而被判支付损害赔偿。"罗结珍译：《法国民法典》（下册），法律出版社2005年版，第850页。

错，亦要依契约法负责任。例外有三：必须依侵权法请求赔偿的情形；为丧失意识的患者紧急施治的情形；诉讼非由患者自己而是由其家属提起的情形。同时，对公立医院医生的责任以及对这些医院的责任，行政法上也都是以过错为基础。〔29〕《公众健康法典》第 L. 1142-1 条既表态，除产品责任案件外，只能以过错为据令医疗职业人承担责任，那也就明确了立场，不管是公办还是私营医疗部门的医疗职业人，都适用同样的责任基础。最近的判例法也确认，2002 年法律颁行后，法院如今将医疗事故责任看作不依赖于契约的法定责任（statutory liability，*responsabilité légale*）。〔30〕

（一）过错责任的概念

31 在许多方面，过错概念在英国法和法国法上以同样的方式解释。两国法制皆以相同专科的合理医生于同样情势下应有的注意为标准，医疗行为低于此标准的，医生即应负责任。〔31〕要以导致损害的医疗作为或不作为发生之际的医学知识为参照，

〔29〕 就过错责任在法国私法和行政法领域的发展，参见 Taylor，“The Development of Medical Liability and Accident Compensation in France”，in E. Hondius ed.，*The Development of Medical Liability*，Cambridge University Press，2010，70.

〔30〕 Cass. civ.（1），28 January 2010，no. 09-10992；Cass. civ.（1），14 October 2010，no. 09-69195；Cass. civ.（1），3 June 2010，no. 09-13591，D. 2010，1552，note P. Sargos.

〔31〕 法国判例：Cass. civ.（1），29 November 2005，*Responsabilité Civile et Assurances*，2006，comm. no. 59，note S. Hoquet-Berg；CE，10 April 1992，JCP G 1992，Ⅱ，21881，note J. Moreau；A. Laude，B. Mathieu，D. Tabuteau，*Droit de la santé*，3rd edn，Paris：Presses Universitaires de France，2012，472；M. Bacache-Gibeili，*Traité de droit civil. Les obligations. La responsabilité civile extracontractuelle*，2nd edn，Paris：Economica，2012，889；Y. Lambert-Faivre and S. Porchy-Simon，*Droit du dommage corporel. Systèmes d'indemnisation*，7th edn，Paris：Dalloz，2012，682. 英国法上的博勒姆标准（*Bolam* test），麦克奈尔法官（McNair J）的论述，参见 Bolam v. Friern Hospital Management Committee［1957］2 All ER 118，121.

来评估涉案医生的医疗行为。[32]评估方法是风险-收益分析：医生所为之医疗抉择，相较预期的收益，不能置患者于不成比例的风险境地。[33]

《公众健康法典》第 L. 1110-5 条遂写道：

"任何人都有权利得到与其疾病及病情急迫程度最相适宜的医疗服务。以公认的医学知识为据（*connaissances médicales avérées*），医疗行为应有疗效（effective）并合乎最高安全标准。以当下的医学知识为据（*l'état des connaissances médicales*），相较预期收益，预防诊断治疗行为不得置患者于不成比例的风险境地。"

面对医疗过失诉讼请求，医生能否以自己系尊重医疗惯例为有效抗辩，两国法制就此问题亦持相似立场。依英国过失侵权法一般思路，倘若被告将惯例遵循，自为被告无过失的强有力证据，但并不具有决定意义，盖法院完全可能认定惯例本身即有过失。[34]但很显然，只有在系争事宜系某些显而易见、简便易行的预防措施是否本该采取的情形，法官才有可能拒绝惯例，倘所涉惯例具有高度技术含量从而需要专科知识，或者惯例涉及的医学知识水平在医疗行业里参差不齐、天悬地隔，法官自然不敢轻易否定惯例。[35]法国法立场相当，医生将公认或

〔32〕 法国法参见 Cass. civ. （1） 6 June 2000, *Revue de Droit Sanitaire et Social*, 2000, 750, obs. L. Dubouis；英国法参见 Roe v. Ministry of Health [1954] 2 QB 66.

〔33〕 法国法参见《公众健康法典》第 L. 1110－5 条；英国法参见 McAllister v. Lewisham and North Southwark HA [1994] 5 Med. LR 343, 347。

〔34〕 Bolitho v. City and Hackney Health Authority [1998] AC 232.

〔35〕 就法院驳斥医疗惯例的频繁程度，相关研究参见 R. Mulheron, "Trumping Bolam: a Critical Legal Analysis of Bolitho's Gloss", *Cambridge Law Journal*, 69 (2010), 609-38.

惯行做法严遵谨守并不妨碍法官认定惯例本身有过失。[36]是以，
32 倘法院认为医疗指南或惯例的正确无误并未得到证实，自得拒绝认可指南或惯例的有效性。法院如此认定的情形自然稀见罕闻，这也在所难免。[37]

讨论至此，法国法院系以类似英国法院的思路来区处医疗职业人过错概念。可若是更细致地考察法国法院对过错概念的解释，即可辨识出可能的差异，使得过错证明在法国法上更为容易。是以，正如前面看到的，在治疗错误或诊断错误情形（*fautes techniques*），依《公众健康法典》，应参照所涉医疗行为发生之际的医学知识，来评判医生或医疗执业人的行为或医疗决策。立法机关使用的术语为“公认的医学知识（*connaissances médicales avérées*）”，而不是此前所用“习得的科学论据（*données acquises de la science*）”。[38]所用的治疗方法和技术应已为科学共同体所尝试、检验并接受，这很清楚，[39]但如何精确界定怎么才算“为科学共同体所接受”却并不那么清楚。或主张，“公认的知识（*données avérées*）”和“习得的知识（*données acquises*）”并无本质区别，[40]而且正如法院此前判决所表明，必须是科学共同体大多数人所接受的知识（*la partie la*

〔36〕 Cass. civ. (1), 6 June 2000, *Revue de Droit Sanitaire et Social*, 2000, 750, obs. L. Dubouis; JCP G 2000, I, 1047, obs. G Mémeteau. Cour de cassation, *Rapport annuel* 2000. *La protection de la personne*, 380. 这并非新现象，参见 Paris, 4 July 1932, D. 1933, 2, 113; Paris, 25 April 1945, S. 1946, 2, 29; Paris, 26 April 1948, D. 1948, 272.

〔37〕 J. Penneau, *Faute et erreur en matière de responsabilité médicale*, Paris: LGDJ, 1973, 98.

〔38〕 两个术语的差异很难把握，英语大概可译为“公认（recongized, *avéré*）”，相对于“习得/掌握（acquired, *acquis*）”。

〔39〕 Cass. civ. (1), 12 November 1935, B. I, no. 265; Paris, 23 March 2001, Juris-Data no. 141837.

〔40〕 P. Sargos, note sous Cass. civ. (1), 13 November 2008, JCP G2009, Ⅱ, 10030.

plus considerable de la communauté scientifique）。[41]倘果真如此，
似与英国博勒姆案形成鲜明差异，[42]依该案立场，只要被告的
做法为“某派医学观点”接受即足够，哪怕只代表所涉医疗专
科领域少数专业人士的立场。是以，在德弗雷塔斯诉奥布赖恩
案中，[43]全国的脊柱专科医生上千人，上诉法院却认定寥寥11 33
位医生的少数意见构成某派负责任的医学观点。像这样的少数
派见解，在法国法上简直不可能拿来用作法定注意标准。但也
有见解以为，有些知识、技术和治疗方法，虽为严肃科学文献
所认可，却未必在科学共同体内部得到多数赞成，仍可将其纳
入“公认知识（*connaissances avérées*）”。[44]这个思路即甚为接
近英国法。就此议题，未见法国法院的权威指示。

错误操作医疗仪器设备（gestural error）造成医疗伤害，是在法国法上引起热烈讨论的特别领域。法国法院于此种情形往往认为，损害既已发生，错误操作即构成过错，原告不必证明医疗执业人的行为低于要求的注意水平。[45]例如，手术过程中

---

〔41〕 M. Harichaux “Responsabilité médicale”, in J. -J. Veron ed. , *Dictionnaire permanent bioéthique et biotechnologies*, Montrouge: *Editions Législatives*, 1994, para. 26; Cass. crim. , 3 November 1988, D. 1989, somm. , 317, obs. J. Penneau.

〔42〕 Bolam v. Friern Hospital Management Committee [1957] 1 WLR 582 [1967], 2 All ER 118.

〔43〕 De Freitas v. O’ Brian [1995] PIQR, 281.

〔44〕 J. -M. Debarre, “Sémantique des ‘données acquises de la science’ compare aux ‘connaissances médicales avérées’ . Pour une obligation du médecin à respecter les ‘connaissances médicales avérées ou acquises’ ”, *Médecine et Droit*, 2012, 22. 就这两个替代解释的讨论，参见 P. Pierre, “l’insaisissable critère de la faute de technique médicale”, *Gazette du Palais*, 16 June 2012, no. 168, 14.

〔45〕 For example, Cass. civ. (1), 27 January 1993, B. I, no. 44, *Responsabilité Civile et Assurances* 1993, comm. 132; Cass. civ. (1), 7 January 1997, B. I, no. 6, D. 1997, 189, rapp. P. Sargos; Cass. civ. (1), 23 May 2000, B. I, no. 153, 100; Cass. civ. (1), 18 September 2008, no. 07-12170, D. 2008, 2347.

操作错误致患者食道穿孔，医生自应承担过错责任。[46]类似地，插管致患者气管撕裂，事故系“构成过错的操作错误”所致，麻醉师负损害赔偿责任。[47]这条进路很大程度上和“事实过错（virtual fault，*faute virtuelle*）”手段重叠，这是法国法院便利医疗事故受害人寻求救济的另外手段。过去，对于医疗器械或纱布遗落于患者体内的情形，即利用事实过错手段，[48]而今法国
34 法院往往将事实过错适用领域拓宽，从而在由损害发生事实推断被告人犯下过错的情形令被告人承担责任。[49]

严格来讲，这些关于错误操作的判决并没有妄为到令外科医生或其他医疗执业人承担严格责任的地步。过错的证明负担还是落在原告身上，[50]但基于事实的过错推定确实极大减轻了原告的工作负担。[51]只要患者所受损害并非医疗行为固有风险，[52]患

〔46〕 Cass. civ. （1）, 3 April 2007, no. 06－1357. M. Bacache－Gibeili, *Traité de droit civil. Les obligations. La responsabilité civile extracontractuelle*, 2nd edn, Paris: Economica, 2012, 900.

〔47〕 Cass. civ. （1）, 9 April 2002, *Responsabilité Civile et Assurance*, 2002, comm. no. 234. M. Bacache－Gibeili, *Traité de droit civil. Les obligations. La responsabilité civile extracontractuelle*, 2nd edn, Paris: Economica, 2012, 899.

〔48〕 Cass. civ. （1）, 6 May 1958, B. I no. 229; 9 October 1984, B. I, no. 251.

〔49〕 最高法院第一民事法庭2000年5月23日两件判决：第一件，膝盖韧带手术中，医生切断患者动脉；第二件，患者拔除智齿，遭受神经损害。在通常情形下，所涉医疗行为不会导致患者所受损害，故医生应承担责任。就相关评析，参见M. Bacache-Gibeili, *Traité de droit civil. Les obligations. La responsabilité civile extracontractuelle*, 2nd edn, Paris: Economica, 2012, 902-4.

〔50〕 M. Bacache-Gibeili, *Traité de droit civil. Les obligations. La responsabilité civile extracontractuelle*, 2nd edn, Paris: Economica, 2012, 902.

〔51〕 P. Jourdain, “Responsabilité d'une clinique à l'occasion d'un accouchement: le recours aux présomptions impose par la Cour de cassation”, RTD civ. 2013, 386.

〔52〕 Cass. civ. （1）, 20 January 2011, no. 10－17. 357, RTD civ. 2011, 354, note P. Jourdain; Cass. civ. （1）, 29 November 2005, B. I, no. 456, *Responsabilité Civile et Assurance*, 2006, comm. 59, obs. C. Radé.

者也没有遭受任何使得所受损害不可避免发生的身体异常，[53]法院即倾向于为此推定。

法国法院基于欠缺固有风险而认定过错的做法，非常接近英国法院在类似案情下的思路。事实自证（*res ipsa loquitur*）当然包括“遗落的纱布”案件，法院得推断被告的过失，此推断自可反驳。[54]若被告就损害本可如何发生给出合理解释（当然无关其过失），即可反驳法官的推断。司法实践中，英国法院也往往会认为操作设备的错误构成过失。[55]手术中，并非直接受手术影响的身体部位遭受伤害的，即得为此推断。换言之，就实际发生的伤害，手术并未造成任何特别风险。在最近的托马斯诉柯利案中，[56]患者的胆管在常规胆囊手术中遭受伤害，被告自应 35
证明，若非其过失，损害当会怎样发生。反之，倘所受损害正吻合医疗措施固有风险的表现，即不得遽然认定被告有过失。[57]

---

〔53〕 Cass. civ. （1），23 May 2000，B. I，no. 153，JCP G 2000，I，280，obs. G. Viney，JCP G 2001，I，336，obs. V. Byk.

〔54〕 Cassidy v. Ministry of Health [1651] 2 KB 343，365-6 per Denning LJ；Garner v. Morrell，The Times，31 October 1953（CA）. 译按：事情本身说明（res ipsa loquitur），一项证据规则，即在过失造成伤害的案件中，推定被告有过失。适用此项规则，必须：第一，造成伤害的工具（器械）由被告控制或管理；第二，按照当时的环境，根据一般的经验和常识，如果不是被告的疏忽大意，事故不会发生；第三，原告所受伤害是事故造成的。被告如要推翻此项推定，必须提出相反的证据。参见薛波主编：《元照英美法词典》，法律出版社 2003 年版，第 1189 页。

〔55〕 注射过程中切断神经：Hammond v. North West Hertfordshire Health Authority（1991）2 AVMA Medical and Legal Journal（no. 1），12；施用过量麻醉剂：Jones v. Manchester Corporation [1952] QB 852.

〔56〕 Thomas v. Curley [2013] EWCA civ. 117.

〔57〕 Tagg v. Countess of Chester Hospital Foundation Trust [2007] EWHC 509. 患者手术后肠子破洞，这是手术固有风险，不得据此事实认为医生犯有过失，但医生竟未能发现肠子破洞，得据此事实认为医生犯有过失。另见 Weeks v. Wright，14 November 2013，QB（未报道案例，治疗所用设备发热致患者直肠组织受损害，这是该治疗方法的固有风险，不得据此认为医生应负责任）.

英法两国法院如何评估医疗被告人行为，更重要的分歧大概源于两国法律体制就专家证人角色在程序法方面的差异。虽说英国程序法亦推动利用双方当事人共同的单一专家（single joint expert），[58]由其来评判证据，但司法实践中当事人都会任命自己的专家。这不同于法国程序法，法国是由法院任命单一专家。[59]是以在英国审判中，法院通常都会面对相冲突的专家证言，而在法国，法院是依单一专家出具的报告来裁判。在英国法上，博勒姆原则既已讲了，倘“颇多稔熟特定技艺的负责任的医界人士认为某惯常做法允当无误，行为合乎此的”，即不能“仅仅因为有派见解针锋相对”，遽认为医生有过失，[60]而法官又面对就被告人行为你争我夺的论辩，故只有确信被告方面的专家意见在逻辑上完全站不住脚，方能认为医疗执业人犯下过失，博莱索诉哈克尼卫生局案即为适例。[61]法官要形成如此确信，自然并非易事，这样的案例实在稀见罕闻也是理所当然。[62]如布
36 朗-威尔金森勋爵（Lord Browne-Wilkinson）于博莱索案中所言，“在绝大多数案件中，倘所涉领域声名卓著的专家持特定观点，即证明这是合理观点”，[63]从中可窥见对医疗职业不由自主的服从态度，在今日法官界无疑仍甚普遍。显然，就原被告双方面

---

〔58〕 Civil Procedure Rules, Practice Direction 35, para. 7.

〔59〕《民事诉讼法典》第264-272条。

〔60〕 Bolam v. Friern Hospital Management Committee [1957] 2 All ER 118, 122.

〔61〕 Bolitho v. City and Hackney Health Authority [1998] AC 232. 译按：参见［英］马克·施陶赫：《英国与德国的医疗过失法比较研究》，唐超译，法律出版社2012年版，第72页。

〔62〕 要说法官倾向于拒绝被告专家证据，有些学者对此颇表质疑，参见，例如A. Maclean, “Beyond Bolam and Bolitho”, *Medical Law International*, 5 (2002), 205 at 211。但据马尔赫林最近的研究，法官愿意于合适案件中从事此类分析。R. Mulheron, “Trumping Bolam: a Critical Legal Analysis of Bolitho's Gloss”, *Cambridge Law Journal*, 69 (2010), 609.

〔63〕 Bolitho v. City and Hackney Health Authority [1998] AC 232, 243.

临的挑战来说，英国法的机制是不对称的。[64]就专家证言发生争议的，原告不但必须使法官确信自己的专家证言经得起逻辑分析，还必须使法官确信被告的专家证言经不起逻辑分析，如此方可能胜诉。反之，就被告来说，只要其专家证言经得起逻辑分析，即得胜诉。被告不必证明原告专家证言如何如何。

这与法国法截然不同，法国法院任命专家证人，避开了原被告双方面临任务的不对称。原则上，法国法官更容易认定被告人的过错。只要有专家证言认定被告犯下过错，法官即得如是认定，不必非得将其他相冲突的专家证言无视（disregard）。法官亦得拒绝专家证言，但一般是专家证言超出了接受的任务，或者是在专家证言提交之后又有其他因素介入，改变了专家观点的关联性。[65]初审法院或上诉法院判决背离专家证言的，即冒巨大风险，法国最高法院或者国务委员会或会以未正确适用证据法为由将判决撤销。西蒙·惠特克（Simon Whittaker）在产品责任法的背景下强调了专家证据在法国法律体制中的地位：

“在英国程序法上，专家证言就法院判决来说不过起证据作 37
用，双方大可就此激辩，而在法国程序法上，虽说当事人尽可于专家面前发表其观点，但专家报告出具的意见不论对法官还是对当事人，几乎不可质疑（unchallengeable）。在法国法的背景下，倘有多个科学或技术观点就责任决定事宜颇具分量，那么结果在很大程度上取决于法官选择的专家。”[66]

此外，虽说专家的作用限于就事实问题而非就法律问题得

[64] R. Mulheron, “Trumping Bolam: a Critical Legal Analysis of Bolitho’s Gloss”, *Cambridge Law Journal*, 69 (2010), 619.

[65] M. Harichaux, “l’ obligation du médecin de respecter les données de la science (à propos du cinquantenaire de l’arrêt Mercier) ”, JCP G 1987, I, 3306.

[66] S. Whittaker, *Liability for Products. English Law, French Law and European Harmonisation*, Oxford University Press, 2005, 214.

出结论，[67]但事实裁决和法律裁判的边界往往难以划定。大体来说，法国法官更愿意循规蹈矩地顺着专家的过错裁决来，而英国法院则要分析，在特定案件中，医疗执业人的行为不同于惯例这件事实是否果真构成法律上的过错。法国法院判决书风格取向简约，过错分析多少有些浮皮潦草，而且判决书几乎不会明确考察，基于案件事实，为何被告人的行为构成过错。法国最高法院和国务委员会当然保有权力，得审查初审法院将事实界定为构成过错是否准确，但最高法院和国务委员会的判决书并不会重新评估提交给初审法院的证据，最初向初审法院提交的专家报告，往往径依其记载而得到采纳。[68]

(二) 过错责任的例外：缺陷医疗产品

依《公众健康法典》第 L. 1142-1 条，过错责任原则不适用于医疗产品缺陷造成的事故。可以理解为将此类事故简单移交给由 1985 年产品责任指令引入的责任体制处理，[69]这套体制通过《民法典》第 1386-1 条至第 1386-18 条转化为内国法，依这些规则，生产者就其投入流通的缺陷产品造成的损害负严格责任。此际，医疗执业人或医疗组织提供给患者的缺陷产品造成损害的，应负赔偿责任，除非其于获悉受害人赔偿请求之日起三个月内，指明产品提供人或者生产者。[70]依此解释，于其他

---

〔67〕 参见《民事诉讼法典》第 238 条。

〔68〕 S. Whittaker, *Liability for Products. English Law, French Law and European Harmonisation*, Oxford University Press, 2005, 44.

〔69〕 Directive 85/374/EEC on the approximation of the laws, regulations and administrative provisions of the Member States concerning liability for defective products, OJ 1985 no. L210, 7 August 1985, 29.

〔70〕《法国民法典》第 1386-7 条。译按：欧盟产品责任指令与中国产品责任法制立场不同，原则上只有产品生产者负严格责任（欧盟产品责任指令第 1 条）。无法识别产品生产者的，产品提供人若不能在合理期限内指明生产者或者向自己提供产品之人，方对受害人负赔偿责任（欧盟产品责任指令第 3 条第 3 款）。《法国民法典》

情形（应指医疗服务人并非产品提供人的情形），医疗职业人或 38
医疗机构就医疗产品造成的伤害，仅当证明其有过错的，方负赔偿责任。

但在公立医院医疗产品造成事故的场合，前段所述进路却并不反映国务委员会的立场。法国最高行政法院向来坚持令医院承担严格责任，不得因指出生产者而逃避责任。[71]国务委员会2003年判例指出，[72]公立医院对其所用医疗产品设备给患者造成的损害，承担严格责任。在该案中，患者因呼吸设备运行缺陷而受伤害。医院以服务提供人身份承担了严格责任。欧洲法院2011年指出，令医疗职业人或者医疗机构于此情形下承担严格责任，并不抵触1985年产品责任指令的立场。[73]依欧洲法院的意见，医疗服务人于治疗过程中利用产品的，并不构成商业生产及流通链条的环节，故而只是服务提供人而非产品提供人，并不落入产品责任指令的适用范围。[74]是以，针对利用医

（接上页）第1386-7条却并未附加“无法识别产品生产者”的要件，直接令“销售人、出租人或者其他任何职业供应商，按照产品生产者相同的条件，对有缺陷的产品承担责任”。参见罗结珍译：《法国民法典》（下册），法律出版社2005年版，第1116页。另外正文中所谓“三个月”，并非第1386-7条的内容，但未注明所本。应特别注意，此句针对的情形应是医疗服务人扮演了产品提供人的角色，是以产品责任法中产品提供人的身份承担相应责任。

〔71〕　当然，视具体案情而定，得依契约法或侵权法向生产者追偿。

〔72〕　CE, 9 July 2003, AP-HP c/ Marzouk, D. 2003, IR 2341, *Actualité Juridique Droit Administratif*, 2003, 1946, note M. Deguergue,

〔73〕　Case C-495/10, Centre hospitalier universitaire de Besançon [2011], ECR I-14155; J. -S. Borghetti, “Nouvelles precisions sur le champ d’application de la directive du 25 juillet 1985 relative à la responsabilité du fait des produits défectueux”, D. 2012, 926.

〔74〕　Case C-495/10, Centre hospitalier universitaire de Besançon [2011], ECR I-14155, para. 33.

疗产品的医疗服务人，内国法制订特别责任规则的，并无任何障碍。[75]基于此立场，就手术中所用电热毯造成的灼伤，[76]测量动脉含氧水平的仪器造成的损害，[77]国务委员会肯定了令医疗服务人负严格责任的合法性。最高行政法院更进一步，就植入的缺陷假膝给患者造成的损害，同样肯定医院应负严格责任。[78]如此，不管是单纯利用产品（例如电热毯），还是利用并
39 “提供”医疗产品（例如假体植入物），国务委员会不做区分。

令评论家惊诧的是，于诸多类似判例中向来坚持严格责任的法国最高法院，[79]近来竟颠覆了自己的立场，称缺陷医疗产品造成损害的，医疗职业人有过错的方负赔偿责任。[80]此番改

〔75〕 Case C-495/10, Centre hospitalier universitaire de Besançon [2011], ECR I-14155, para. 39. 译按：参见唐超：“医疗机构就缺陷产品致患者损害的责任——欧洲法院贝桑松大学医院案判决述评”，《中国卫生法制》2017年第5期。

〔76〕 CE, 12 March 2012, no. 327449.

〔77〕 CE, 24 April 2012, no. 331967 and no. 332061, *CH de Mantes-La-Jolie, M. Et Mme Digna*: Jurisdata no. 2012-008931.

〔78〕 CE, 25 July 2013, no. 339922, *M. Falempin*: Jurisdata no. 2013-015783; D. Duval-Arnould, “Quelles responsabilités pour les professionnels et les établissements de santé en cas de défectuosité d'un produit de santé?”, JCP G 2013, I, doctr. 1151; RTD civ. 2014, 134, note P. Jourdain; L. Bloch, “Produits de santé défectueux: désordre au sommet des ordres”, *Responsabilité Civile et Aaaurances*, 2014, 1. 译按：应特别注意，在本段讨论的情形，医疗服务人不是以产品责任法中产品提供人的身份承担责任，而是在判例法建立的新体制下，以服务人的身份承担严格责任。参见唐超：“医疗机构与产品责任——《侵权责任法》第59条的理解与适用”，《东南大学学报》（哲学社会科学版）2018年第2期。

〔79〕 Cass. civ. (1), 9 November 1999, B. I, no. 300, JCP G 2000, Ⅱ, 10251, note Ph. Brun; JCP G 2000, I, 243, obs. G. Viney; D. 2000, 117, note P. Jourdain. 原告不能证明所用产品有缺陷的，医疗职业人即不负责任：Cass. civ. (1), 4 February 2003, B. I no. 40, *Responsabilité Civile et Assurances*, 2003, comm. no. 143; Cass. civ. (1), 22 November 2007, D. 2008, 816, note M. Bacache.

〔80〕 Cass. civ. (1), 12 July 2012, JCP G 2012, I, 1036, note P. Sargos; D. 2012, 2277, note M. Bacache; RTD civ. 2012, 737, note P. Jourdain.

弦更张，颇受学界抨击，[81]而最高法院大概是想对 2002 年法律引进的过错责任体制表达尊重之意，该法得解释为适用于未落入产品责任指令领域的一切案件。相反，国务委员会似决意贯行严格责任，哪怕是落入新法规整的案件。[82]最近一件发生在新法适用领域的判例可为明证，该案中骨科手术所用工具断裂，造成患者损害，法院令医院承担严格责任。[83]国务委员会和最高法院于此不幸生出分歧，当事人的命运遂取决于其诉讼由哪家法院听审，何其不公也哉。

在同样的案件中，英国的医疗执业人和医疗机构通常只负 40
过错责任，法国行政法院的立场显然对患者更为有利。在英国，倘可以认为医疗职业人或医疗机构向患者提供了产品而产品又有缺陷，受害人即可能援引将产品责任指令转化为内国法的 1987 年《消费者权益保护法》（Consumer Protection Act）相关条款。*

（三）医院感染

2002 年改革将发生于医院或诊所的感染设计为过错原则的例外。《公众健康法典》第 L. 1142-1 条遂写道，“医疗院所（health establishments）、医疗机构和医疗组织应为院区感染造成的损害负赔偿责任，证明存在外部原因的不在此限”。[84]这条规

---

〔81〕 See e. g. RTD civ. 2012, 737, note P. Jourdain.

〔82〕 RTD civ. 2014, 134, note P. Jourdain; D. Duval-Arnould, “Quelles responsabilités pour les professionnels et les établissements de santé?”, JCP G 2013, I, 1151.

〔83〕 CE, 14 March 2012, no. 324455, *CHR Bordeaux*: Jurisdata no. 2012-005112（尽管该判决并未特别援引《公众健康法典》第 L. 1142-1 条）.

* 译按：此句相对于前句所谓“通常（mostly）”。某些情形，医疗服务人单纯起到产品流通角色，即可能以“产品”提供人身份承担严格责任。

〔84〕 P. Sargos, “Le nouveau régime juriduque des infections nosocomiales”, JCP G 2002, I, 117; D. Dendoncker, “Les infections nosocomiales, la jurisprudence et la loi”, *Gazette du Palais*, March-April 2003, 823. 译按：医疗院所（health establishments）包括医院和诊所。

则维护了此前判例法确认的立场。[85]针对民事责任的经济负担，责任保险行业抗议声四起，2002年12月的修正法遂迅速将该条规则调整。[86]结果是，遭受25%程度永久残疾或者更严重伤害的，由依据专门赔偿体制设计的国家基金（state fund）予以赔付。此际，为了不害及法的威慑效果，倘医院严重违反针对医院感染的防范规则，国家得向医院提起追偿诉讼，要求医院支付赔付金额。[87]

严格责任规则并不适用于在医疗院所外执业的医生。是以，若感染发生于个体医生门诊处（individual doctor's surgery）而非诊所或医院，医生仅对过错负责。2002年之前，个体医生是对医院感染负严格责任的，故在这方面，对患者来说，2002年改革可算是倒行逆施。[88]2002年法律（溯及）自2001年9月5日生效施行，法国法院遵循传统偏向患者的立场，主张就该日之前发生的医院感染，个体医生仍应负严格责任。[89]

41 《公众健康法典》将医院感染界定为，“发生于医疗院所内，关联医疗服务（medical care, *soins*）的任何感染”，[90]为了更有力地帮助受害人，法院对医院感染给予宽泛理解。这里的“医疗服务”即从宽解释，比如说，受感染的瓶装牛奶致婴儿罹患传染病即包括在内。[91]此外，不管行政法院还是民事法院，也

---

〔85〕 CE, 9 December 1988, Rec., 431; Cass. civ. (1) 21 May 1996, Bull. civ. I, no. 219; Cass. civ. (1), 29 June 1999, JCP G 1999, Ⅱ, no. 10138, rapp. P. Sargos.

〔86〕 Law no. 2002 - 1577 of 30 December 2002; "relative à la responsabilité médicale".

〔87〕 《公众健康法典》第L. 1142-17条。

〔88〕 Cass. civ. (1), 29 June 1999, JCP G 1999, Ⅱ, 10138, rapp. P. Sargos.

〔89〕 Cass. civ. (1), 21 June 2005, *Responsabilité Civile et Assurances*, 2005, *comm. no.* 254, *Revue Droit Sanitaire et Sociale*, 2005, 870, obs. F. Arhab.

〔90〕 《公众健康法典》第R. 6111-6条。

〔91〕 Cass. civ. (1), 1 July 2010, no. 967465.

不管是外源性感染还是内源性感染（外源性感染意指传染病细菌来源于医院；内源性感染则指病人于进入医院前身体即已携带细菌，细菌又因医疗行为，一般在手术过程中，而散布到传染区），医疗院所都要负严格责任。[92]（仅有的免责事由）外部原因的证明极为困难。[93]

英国法对医院感染的立场完全不同，只能依过失侵权法追究责任。医院传染病防范系统安全牢靠的证据越是强大，就越容易证明传染系由医院工作人员过失操作系统所致。在沃勒诉朴茨茅斯公司案中，[94]患者接受脊柱麻醉术后感染脑膜炎。从提交到法院的证据看，麻醉剂本身未受污染。虽然并未精确证明医疗事故如何发生，但法院得出结论，一定是未能采取正确灭菌措施导致传染。就术后感染，过失证明更为困难。[95]这和法国立场形成鲜明对比，法国法上的“医疗服务”概念极为宽泛，即便术后感染情形，被告人也极难逃避责任，必须证明感染源头独立于医院。

下文还会看到，在医院感染情形，法国法院就因果关系也 42
采取了弹性进路。

比较两国过错责任进路可知，两国法院在解释过错概念的

---

〔92〕 Cass. civ. (1), 4 April 2006, RTD civ. 2006, 567, obs. P. Jourdain, *Responsabilité Civile et Assurance*, 2006, étude 20, N. Chekli; CE, 10 October 2011, no. 328500.

〔93〕 要构成有效抗辩，外部原因必须不可预见、不可预防。CE, 10 October 2011, no. 328500. See C. Alonso, “La responsabilité du fait des infections nosocomiales: état des lieux d'un régime en devenir”, *Revue Française de Droit Administratif*, 2011, 329.

〔94〕 Voller v. Portsmouth Corporation [1947] 203 LTJ 264. M. Jones, *Medical Negligence*, 4th edn, London: Swell and Maxwell, 2008, 399; A. Grubb, J. Laing and J. McHale, *Principles of Medical Law*, 3rd edn, Oxford University Press, 2010, 238.

〔95〕 格拉布等认为，发生术后感染不能用为过失的证据，因为没办法确保不会发生这样的感染。A. Grubb, J. Laing and J. McHale, *Principles of Medical Law*, 3rd edn, Oxford University Press, 2010, 238.

方法上多少有些相似。英国博勒姆规则余波所在，整个20世纪70年代到80年代，法官对医疗职业惟命是从，[96]直到英国法院的博莱索案裁判（*Bolitho*），标志着法院的改弦更张。法国法对医疗事故受害人更为关照。法国法院在这个发展进程中向来甚为活跃，立法机关最近设计的过错责任例外即是法院在这个方向上早期动作的反映。在操作错误（gestural errors）的情形推定过错，在医院感染和产品责任情形宽泛解释严格责任，都是法院优遇受害人进路的延续。

三、因果关系

如同英国法，法国法就因果关系证明亦采“若非－则否（but for）”标准。倘原告所受损害无论如何都会发生，被告即不必负赔偿责任。[97]依法国法，原告必须证明因果联系确定无疑（certitude）。[98]但在司法实践中，法院往往认为因果关系达

---

〔96〕 Bolam v. Friern Hospital Management Committee [1957] 2 All ER 118. 就博勒姆案后法官对医疗职业的恭顺态度，参见，例如 H. Teff, “The Standard of Care in Medical Negligence-Moving on from Bolam?”, *Oxford Journal of Legal Studies*, 18 (1998), 473; M. Brazier, J. Miola, “Bye-bye Bolam: A Medical Litigation Revolution?”, *Medical Law Review*, 8 (2000), 85; Lord Woolf, “Are the Courts Excessively Deferential to the Medical Profession?”, *Medical Law Review*, 9 (2001), 1.

〔97〕 Cass. civ. (1), 25 May 1971, JCP G 1971, Ⅱ, 16859; Cass. civ. (1), 26 March 1996, B. I, no. 155 and 156; RTD civ. 1996, 623, obs. P. Jourdain; Cass. civ. (3), 12 June 2003, D. 2004, 523, note S. Beaugendre.

〔98〕 Cass. civ. (2), 15 November 1998, B. Ⅱ no. 206, RTD civ. 1990, 487, obs. P. Jourdain; G. Viney, P. Jourdain, S. Carval, *Traité de droit civil. Les conditions de la responsabilité*, Paris: LGDJ, 2013, 269; M. Fabre-Magnan, *Droit des obligatiojns. Responsabilité civile et quasi-contrats*, Paris: PUF, 2007, 207; M. Bacache-Gibeili, *Traité de droit civil. Les obligations. La responsabilité civile extracontractuelle*, 2nd edn, Paris: Economica, 2012, 519; P. Le Tourneau, *Droit de la responsibilité et des contrats. Régimes d'indemnisation*, Paris: Dalloz, 2012, 659; P. Brun, *Responsibilité civil extracontractuelle*, Paris: LexisNexis, 2014, 168.

到高度盖然性的程度（strong probability）即足以令被告承担责任，而且法院会基于“重大、精确和相对应的（serious，precise and corresponding）”因果关系表征而认定因果关系。[99]至于个 43
案事实是否合乎这些要件，交由初审法院裁量。在医疗领域里特别显著的就是，虽就因果关系尚可质疑，法国法官亦可认定特定医疗产品和患者损害间有因果关系。例如，患者服用治痛风药物 Colchimax 后罹患莱尔氏病（Lyell's disease）。法院查明，患者服用药物后 21 天即患病，停止服药后症状即消失，患者并非易罹患此种疾病的体质，处方亦无差错，基于这些事实，法院认定药物和患者所受损害间有因果关系。[100]更有争议的是注射乙肝疫苗和多发性硬化间的因果关系，虽说没有任何科学证据，法院仍基于患者注射疫苗和疾病发作间相距短暂以及患者此前的健康状况这些表征，认为两者有因果关系。[101]

此外，为了让医疗事故受害人更容易得到赔偿，如同就“过错”概念的解释思路，法国法院也发展出了很多技术来克服因果关系不确定的难题，尤其是将损害重新界定为机会丧失，并在有复数可能原因的情形采取富有弹性的思路。

（一）机会丧失

法国法院在医疗责任领域频繁利用机会丧失规则。法院就医疗作为或不作为与患者所受损害间的因果关系不能形成内心确信的，遂得利用此概念，将患者所受损害界定为失去了得到恰当治疗或治愈的机会。法国最高法院最早在 1965 年判例中采

---

〔99〕《法国民法典》第 1353 条。

〔100〕 Cass. civ.（1）5 April 2005，B. I no. 173，D. 2005，2256，note A. Gorny，JCP G 2005，Ⅱ，10085，note L. Grymbaum；M. Bacache-Gibeili，*Traité de droit civil. Les obligations. La responsabilité civile extracontractuelle*，2nd edn，Paris：Economica，2012，521.

〔101〕 CE，9 March 2007，no. 267635，Gazette du Palais，2007，no. 2，47，note S. Hocquet-Berg；Cass. civ.（1），10 July 2013，no. 12-21314.

纳此路径。[102]在该案中，医生诊断错误，遂致治疗欠妥当，使
44 患者失去治愈机会，法院判令医生承担责任。稍后，最高民事法院又有两件判决肯定了此立场。头一件，法国最高法院维持上诉法院判决，法院虽明白承认，并不能证实是被告人过失行为致患者死亡，仍判令医生就患者失去生存机会负赔偿责任。[103]第二件，医生未能确保麻醉师立即介入，法院认为医生危及患者生存机会。[104]不管民事法院还是行政法院，都坚持不懈以此方法克服因果关系不确定难题。[105]有些案件，看上去患者得救不过纯粹可能性而已（possibility），更可能的倒是（probably）被告过失行为于结果全无影响，但受害人就丧失治愈或生存机会仍得到赔偿。有件案子，患者是位年轻女性，流感引起并发症。被告先是迟误将患者收入医院，继而又治疗失误，最终患者死亡。专家报告并不确信妥当治疗是否可避免此结果发生。上诉法院只是认定，若被告医生正确施治，受害人本得更早入院，但很难说这会对患者病情的演化有何影响，患者系呼吸困难死亡，然病因仍未确定。可法国最高法院认为：

45 “但凡错过有利结果（favourable outcome），即为机会丧失，

[102] Cass. civ. (1), 14 December 1965, JCP G 1966, Ⅱ, 14753, note R. Savatier, D. 1966, 453, RTD civ. 1967, 181.

[103] Cass. civ. (1), 18 March 1969, JCP G 1970, Ⅱ, 16422, note A. Rabut; RTD civ. 1969, 797, obs. G Durry.

[104] Cass. civ. (1), 27 January 1970, JCP G 1970, Ⅱ, 16422, note A. Rabut, D. 1970, somm., 70.

[105] Cass. civ. (1), 22 March 2012, no. 11-10935, B. I, no. 68（牙医取除患者牙箍后，未采取正确医疗措施，法院虽同意即便采取了正确措施，患者损害仍可能发生，但还是认为医生使患者失去了治愈的机会）. 行政法院的判例参见：CE, 24 April 1964, Rec. CE. 259; CE, 6 May 1985, Juris-Data 40705; CE, 9 July 1975, Rec. CE. 421; CE, 6 February 2013, no. 344188; CE, 17 February 2012, no. 342366.

是以，虽说病情演化趋势并不清晰，导致死亡的严重呼吸困难也未得到恰当解释，可这些都不会妨碍认定医生过错行为与患者生存机会丧失之间的因果关系。”〔106〕

将损害重新界定为机会丧失，固然便利了因果关系证明，但也意味着受害人就其所受损害只能得到一定比例的赔偿，也就是法院评估所丧失机会的百分比。

英国上议院在两件医疗过失诉讼中拒绝利用机会丧失规则。〔107〕当然，有些著述认为，英国法是否会在特定情形下认可机会丧失诉求仍是个开放问题。〔108〕不过，英国法在因果评估工作中已经容纳了怀疑的空间（embrace doubt），就被告过失行为和原告所受损害间的因果关系，原告只需要证明或然性（probability），而不是确定性。像怀特诉剑桥医生集团案这样的判例，〔109〕清楚展现了特定案情下英国法对医疗过失受害人的潜在好处。在该案中，上诉法院认定，医生出于过失未将患者及时转送医院是患者传染病未康复的可能原因（likely cause），* 医生应为此承担责任（医院后来的治疗也有过错）。患者能否治愈并不确定，故法院事实上是就失去的治愈机会判给赔偿金。

---

〔106〕 Cass. civ.（1），14 October 2010，no. 09 - 69195，D. 2010，2682，note P. Sargos，D. 2011，37，obs. O. Gout，*Revue des Contrats*，2011，77，obs. J. -S. Borghetti.

〔107〕 Hotson v. East Berkshire Area Health Authority［1987］2 All ER 909；Gregg v. Scott［2005］UKHL 2.

〔108〕 M. Jones，*Medical Negligence*，4th edn，London：Swell and Maxwell，2008，paras. 5-095 to 5-100；A. Grubb，J. Laing and J. McHale，*Principles of Medical Law*，3rd edn，Oxford University Press，2010，340-347.

〔109〕 Wright v. Cambridge Medical Group［2011］EWCA 669.

* 译按：likely 表明事情发生或存在的可能性要大于不可能性。涉及法律上的“近因（proximate cause）”，说到伤害“很可能（likely）”是不法行为的后果，likely 在可能性程度上大于 possible，小于 probable。参见薛波主编：《元照英美法词典》，法律出版社 2003 年版，第 851 页。

就同样的因果不确定难题，法国法院也会认为医生使患者失去了治愈机会。可在怀特案中，患者得到赔偿的是全部损失（未能从传染病中完全康复），而在法国，患者只能得到反映全部损失一定百分比的赔偿金，[患者所受损害] 被界定为失去了避免损害的机会。

46 法国法形式上要求原告证明因果关联的确定性（实践中并不必然如此），在受害人不能证明确定性的场合，机会丧失规则提供了得到赔偿的途径。[110] 机会丧失规则在医疗过失诉讼领域格外流行，盖患者于此类案件中要证明因果关系往往面临巨大困难。但机会丧失规则之适用，非惟使受害人不能就其全部损害得到赔偿，亦且导致恣意武断的判决，但凡法官就因果关系存疑，纵使可能丧失之机会至为微末，亦得随意循此路径，而配置给丧失的机会多大百分比，法官权限又甚宽广。职是之故，颇有卓越学者批评于此情形利用机会丧失规则，[111] 有些学者主张基于过失制造风险（negligent creation of risk）来追究医疗职业人的责任。[112]

（二）可能致害根源为复数情形的因果证明

如同英国法，损害有复数可能原因而且只有其一来自被告的，只要原告证明被告的作为或不作为促成了损害，纵使只是若干累积

---

〔110〕 这是库里的观点，参见 L. Khoury, *Uncertain Causation in Medical Liability*, Oxford: Hart Publishing, 2006, 135.

〔111〕 G. Viney, P. Jourdain, S. Carval, *Traité de droit civil: les conditions de la responsabilité*, Paris: LGDJ, 2013, 290; R. Savatier, "Le droit des chances et des risques dans les assurances, la responsabilité", *Revue Générale du Droit des Assurances*, 1973, 471. See also L. Khoury, *Uncertain Causation in Medical Liability*, Oxford: Hart Publishing, 2006, 130.

〔112〕 See G. Viney, P. Jourdain, S. Carval, *Traité de droit civil. Les conditions de la responsabilité*, Paris: LGDJ, 2013, 292-293.

因素中的一个，也不妨碍令被告人就全部损害承担责任。[113]

就医院感染，受害人的难题是没法证明到底是所涉医院中的哪一家造成了损害。依传统的因果原则，没有哪家医院应为此负责，盖感染更可能是其他医院的某一家造成。法国法院将证明责任倒置，来帮助受害人并解决难题。2010 年有件案子，[114]患者曾在六家医院就诊，在其中某家医院（但不能确知）感染疾 47
病，最终死亡。[115]在患者家属针对两家医院提起的诉讼中，法国最高法院称，“医院感染已得证实，但感染可能发生在几家医院中任一家的，赔偿请求所针对的任一家医院都负有责任证明其并未造成感染。”此类案件，被告对受害人的损害负连带赔偿责任，[116]而在几位被告间如何分担责任的问题随之而生，法国法院迄今未就此发布指示。[117]在此类案件中令被告人承担连带责任，最高民事法院并将同样思路应用于缺陷产品责任领域，无法证实到底是哪家制药厂造成受害人损失的，令几家制药厂承担连带责任。将负担加诸被告人，证明其并未造成原告

---

〔113〕 英国法参见 Bonnington Castings v. Wardlaw［1956］AC 613.。法国法参见 Cass. civ.（2），30 June，B. 1971，Ⅱ，no. 240；Cass. civ.（2），12 January 1984，no. 82-14346；Cass. civ.（2），no. 06-12430. Fabre-Magnan，*Droit des obligatiojns. Responsabilité civile et quasi-contrats*，Paris：PUF，2007，224；P. Brun，*Responsibilité civil extracontractuelle*，Paris：LexisNexis，2014，168.

〔114〕 Cass. civ.（1），17 June 2010，no. 09-67011，B. Ⅰ，no. 137，*Revue des Contrats*，2010，1247，obs. G. Viney；*Responsabilité Civile et Assurances*，2010，comm. 259，obs. Ch. Radé；RTD civ. 2010，567，obs. P. Jourdain.

〔115〕 这位患者于 2000 年死亡，正在 2002 年法律颁行之前，这也解释了为何医院就严重感染的责任成为当时关注的话题。

〔116〕 CA Paris，26 October 2012，no. 10-1897，D. 2012，2859，note C. Quétand-Finet.

〔117〕 有学者建议，以患者在各家医院停留时长为依据来分担责任。See S. Porchy-Simon，“Les infections nosocomiales”，*Revue Générale de Droit Médical*，special edition，“Dix ans d'application de la loi Kouchner”，2013，83，at 94.

损害。[118]

但在英国法上，此类案件的受害人原则上不能赢得诉讼。在费尔柴尔德诉格伦黑文殡葬服务公司案中，[119]几位雇主提供的工作场所都受石棉污染，故都未对雇员尽到创造安全工作环境的义务，而违反此义务所造成的风险类型，正会导致原告所罹患的间皮瘤疾病，几位雇主对原告所受损害负连带责任。产品责任案件，至少是涉及设计缺陷的产品责任案件，处理方式
48 相似，盖只有制造人将缺陷产品投入流通的，才会牵扯到制造人责任。可要在医院感染案件中以同样方式推定医院有责任（presumption of liability），法院就必须走得更远，推定被告作为或不作为与原告损害间存在因果关联，哪怕那家医院事实上并没有致病细菌。如此，法国的医院感染判决实际上已经超越了对所制造风险的责任，盖原告无须证明个别医院确实制造了风险。法国法院为便利医疗事故受害人得到赔偿，不惜走得多远，医院感染案件又提供了一个好例子。

四、医疗信息的披露

在过错和因果关系难以证明的情形，法国法院认可医疗事故受害人得以医生的说明义务（相关条款）为替代的请求基础，以此为手段便利受害人得到赔偿。判例法发展起来的诸多对受害人颇为友好的规则，皆为《公众健康法典》第 L. 1111-2 条所确认。医生应向患者说明一切多发风险，说明一切可预见的严重损害风险，不管这些风险多么遥远。知情同意的证明责任倒

---

〔118〕 Cass. civ. (1), 24 September 2009, no. 08 - 16305, B. Ⅰ no. 187, JCP G 2009, 304, note P. Mistretta, 381, note S. Hocquet-Berg; *Revue des Contrats* 2010, 90, obs. J. -S. Borghetti.

〔119〕 Fairchild v. Glenhaven Funeral Services Limited [2002] UKHL 22.

置（reversed）。* 是以医生必须证明向患者说明了治疗包含的风险。要完成这个证明任务，医生可以制作书面证据（医疗实务中一般是患者签字的知情同意书[120]），援引证人，或者通过证明已和患者交流多次、已给了患者充分的考虑时间，通过患者病历上的记载或者医生往来信函，推定信息已向患者披露。仅仅是医生口头确认（oral affirmations）已提供信息并不足够。[121] 通过将证明责任倒置，法国法的立场接近弱化的严格责任。[122]

就不充分的信息披露，得利用机会丧失规则来克服因果不 49
确定难题。患者并不必须证明，倘若得知正确的风险信息，当会拒绝接受治疗，只要认为患者失去了通过拒绝治疗来避免损失的机会，法国法院即给予原告相应赔偿。[123] 同样，原告只能得到代表其损害一定比例的赔偿金，对应法院评估的所丧失机

---

* 译按：《法国民法典》第 16-3 条第 2 款写道，“损害人之身体的完整性”，“均应事先征得当事人本人同意”。主文即为不得损害他人身体，但书即为经同意的除外。依译者的理解，但书本来即应由被告人负担证明责任，并非证明责任的倒置。

〔120〕 当然，倘知情同意书系以格式条款写成，并未特别针对患者的个人情况，仅有签过字的文件并不够。Cass. civ.（1），28 October 2010，no. 09-13990. 医生应考虑患者的个性特征、社会文化背景来履行说明义务。M. Bacache-Gibeili，*Traité de droit civil. Les obligations. La responsabilité civile extracontractuelle*，2nd edn，Paris：Economica，2012，851.

〔121〕 Cass. civ.（1），14 October 2010，no. 09-70221. 译按：确认（affirmation），一种正式的陈述或声明，用以担保宣誓书（affidavit）的内容或证人的证词是真实的。在某些情况下，用这种形式来代替宣誓。参见薛波主编：《元照英美法词典》，法律出版社 2003 年版，第 48 页。

〔122〕 M. Bacache-Gibeili，*Traité de droit civil. Les obligations. La responsabilité civile extracontractuelle*，2nd edn，Paris：Economica，2012，850.

〔123〕 Cass. civ.（1），7 December 2004，*Responsabilité Civile et Assurance*，February 2005，comm. 60，obs. Ch. Radé；Cass. civ.（1），7 February 1990，B. I，no. 39；Cass. civ.（1），8 July 1997，JCP G 1997，Ⅱ，22921 note P. Sargos；Cass. civ.（1），27 February 2002，JCP G 2002，IV，3050. 行政法院亦利用机会丧失规则：CE，5 January 2000；CE，2 February 2011，no. 323970；CE 5 January 2000，JCP G 2000，Ⅱ，10271，note J. Moreau.

会的百分比。在英国法上，医生的说明义务近年来亦颇有扩展，法院也采取了更有弹性的思路在不充分的信息披露和患者损害间建立因果关系。[124]但还没有发展到以知情同意规则为手段来为医疗事故受害人拓宽赔偿道路的地步，说明义务也没有那么宽泛，证明责任并未倒置，法院也没有认可机会丧失诉求。[125]

第二节　医疗职业人的刑事责任

在法国法上，医疗执业人和医疗机构有可能为诸多犯罪承担刑事责任。[126]医疗服务人因为过错造成患者死亡或者人身伤害的，可能负刑事责任。[127]医生的过错可能是出于操作医疗设备的错误，轻率（imprudence），疏忽（carelessness），过失或者
50 违反一级或二级立法要求的安全或注意义务。医生未能向危难中人施以援手，[128]故意不遵守安全措施陷他人于危险境地，[129]亦可能构成犯罪。对责任构成来讲，一般过失（*faute simple*）即

---

〔124〕 Chester v. Afshar [2005] 1 AC 134 [2004], 3 WLR 927.

〔125〕 第六章讨论民事责任法对医患关系的影响，还会更深入考察两国知情同意法制。

〔126〕 就医事刑法的深入研究，详参 P. Mistretta, *Droit pénal medical*, Paris: Editions Cujas, 2013; M. Kazarian, D. Griffiths, M. Brazier, "Criminal Responsibility for Medical Malpractice in France", *Journal of Professional Negligence*, 27 (2011), 188; M. Kazarian, "The Role of Criminal Law and the Criminal Process in Healthcare Malpractice in France and England", unpublished doctoral thesis, University of Manchester, 2013. 就法国法上过失犯罪的一般研究，参见 J. R. Spencer, M. -A. Brajeux, "Criminal Liability for Negligence—A Lesson from Across the Channel?", *International and Comparative Quarterly*, 59 (2010), 1.

〔127〕《刑法典》第 221-6 条：过失致人死亡（*atteintes involontaires à la vie*），第 222-19 条和第 222-20 条：过失伤害（*atteintes involontaires à l'intégrité de la personne*）。

〔128〕《刑法典》第 223-6 条。

〔129〕《刑法典》第 223-1 条、第 223-2 条。

足够，而过错的评判思路与民事责任极为相似。[130]2000 年 7 月 10 日法律本来意在减轻医疗决策人（decision maker）的刑事责任，[131]如今却在被告人的作为或不作为只构成伤害间接原因的情形提供了不同进路。比如说，被告身处管理职位而并未直接参与致害行为的，此际，只有被告人“故意藐视法定的安全规则，或者犯下格外严重的过错，未尽到应有的注意，使他人陷入极为严重的风险境地”，方才负刑事责任。[132]

刑法为医疗事故受害人提供了替代救济措施。受害人在发动刑事追诉程序上扮演了极为活跃的角色，而程序的简便易行亦激励受害人如是为之。[133]患者要做的（患者死亡的，则为其家属），不过就是向当地警局投告或者向检察官寄交书面诉状。警察应为初步调查，以确认指控是否真实以及强度如何。倘若警察决定不展开全面调查，或者检察官决定不起诉，投诉人亦得以自诉人身份（*partie civile*）向当地大审法院（*Tribunal de Grande Instance*，初审法院）的调查法官投书。[134]这样可以启动 51
公诉程序，检察官最初决定不起诉于此无碍。[135]

乞援于刑事法院给受害人极大好处。以自诉人身份，受害

[130] 当然，刑法上对被告人行为的评估更为主观（*in concreto*）。译按：民法上的过失为客观过失，刑法上的过失则要考察被告人的具体情况（主观）。

[131] Law no. 2000 - 647 of 10 July 2000, JO 11. 7. 2000. See P. Mistretta, “La responsabilité pénale médicale à l'aune de la loi du 10 juillet 2000. Evolution ou révolution?”, JCP G 2002, I, 79.

[132] D. Papanikolauo, “La responsabilité des members de l'équipe médicale”, *Revue Générale du Droit Médical*, 2004, 79.

[133] See P, Mistretta, *Droit pénal médical*, Paris: Editions Cujas, 2013, 32.

[134] 自诉人（*partie civile*），犯罪行为的直接受害人，并以受害人身份成为刑事诉讼程序的当事人。详参 G. Viney, *Traité de droit civil. Introduction à la responsabilité*, 3rd edn, Paris: LGDJ, 2007, 188.

[135]《刑法典》第 85 条。法典设置了若干条件，基于案情事实，必须有充分的公诉基础。

人得要求被告人赔偿损害，而刑事法院将依民法原则评判受害人的请求。刑事诉讼还是受害人或其家属寻求“复仇”的通途大道，远好过利用民事诉讼。在最严重的案件中，给被告定罪增加了将之即时收监或者判处缓刑的可能。刑事惩罚机制对法国的受害人更为重要，盖在法国的民事和行政法院，领薪医生豁免于个别诉讼，[136]受害人被剥夺了利用民事、行政诉讼追究医生个人责任这个惩罚手段的机会。而在英国法上，尽管多数民事诉讼基于替代责任直接针对医生的雇主提起，但亦得直接起诉犯下过失的医生。

刑事诉讼还给了医疗事故受害人实际好处。除了程序的启动更为简洁，诉讼成本由国家承担之外，刑事程序获取证据的力度也更强。[137]不过，刑事法院判给的赔偿金低于行政法院和民事法院。[138]

在法国，近年来针对医生提起的刑事诉讼的数量实际在下
52 降，[139]判决医生承担刑事责任的案件相对较少。比如对私人医

〔136〕 除非医生的作为或不作为如此离谱，完全落在其业务职能之外。

〔137〕 警察得将受指控的医生拘留（detention）、盘问（interview）。预审法官（examining judge）权力更大，包括下令掘出尸体予以解剖，扣押包括病历在内的文件，听取证人陈述，组织双方当事人参与的临时审讯。P，Mistretta，*Droit pénal médical*，Paris：Editions Cujas，2013，32.

〔138〕 依据《医疗风险观察》（*Observatoire des Risques Médicaux*）2006-2009年统计数据，以赔偿金额在15 000欧元以上的案件为限，刑事法院在医疗诉讼中判给的赔偿金平均数额为69 754欧元，而行政、民事、刑事法院总的平均数为82 879欧元。刑事法院判给的最高金额为535 025欧元，而三套司法系统的最高金额为3 735 918欧元。A. Laude，J. Pariente，D. Tabuteau，*La judiciarisation de la santé*，Paris：Editions de Santé，2012，77.

〔139〕 A. Laude，J. Pariente，D. Tabuteau，*La judiciarisation de la santé*，Paris：Editions de Santé，2012，71；MACSF *Rapport d'activité* 2011，6；S. Hocquet-Berg，“Place respective et influences réciproques des responsabilités civile et pénale en droit médical”，*Responsabilité Civile et Assurance*，2013，dossier 26.

生最主要的责任保险人法国互助医疗保险公司（MACSF）来说，在刑事法院针对其顾客提出的诉讼请求从 1999 年的 249 件降到 2009 年的 108 件。法国互助医疗保险公司 2011 年的年度报告显示，其 128 636 位成员当年卷入 78 起刑事诉讼中，刑事法院发布判决 11 份，涉及 9 位医生。8 位医生被判有罪，其中 6 位医生被判处从 4 个月到 1 年不等的缓期徒刑，2 位被判处罚金刑。〔140〕涉及的犯罪行为，有医生拒绝赴诊，耽搁诊断，致患者因心脏病死亡，也有病童服用止痛药后死亡。有意思的是，在 2011 年的这 8 件罪案中，7 件涉及的都是患者因过失行为而死亡，这表明司法实务中过失行为的后果确实可能导致定罪量刑。〔141〕根据公立医院的主要保险人医院互助保险协会（SHAM）提供的数据（统计所涉事宜截至 2010 年），在 2010 年针对其投保人提起的刑事诉讼，只有 11%得到有罪裁判。〔142〕若说定罪量刑终究稀见罕闻，刑法却是确凿无疑地存在于医生和公众的脑海里。刑事程序令人心力憔悴，危及医生的名声，还有入牢坐监的风险（不管风险多么遥远），医生自然心生畏惧。刑法亦与公众息息相关，对一些备受瞩目的大规模伤害事件，往往动用刑法来调查事件起因并予公布，〔143〕而在联合王国，一般是通过公共调查（public inquiry）来完成这些工作。

---

〔140〕 MACSF *Rapport d'activité* 2011, 84.

〔141〕 这里只是提出假说，还需深入研究来证实。有学者同样说，“虽说医生得仅因简单过失（simple negligence）而遭刑事处罚，若如此公诉的数字可能高达数千，法国刑事法院似乎只会判处那些最为严重的未尽注意义务的行为有罪”。M. Kazarian, D. Griffiths, M. Brazier, “Criminal Responsibility for Medical Malpractice in France”, *Journal of Professional Negligence*, 27 (2011), 196.

〔142〕 SHAM, Panorama du risque médical des établissements de santé en 2011 (2012), 82.

〔143〕 例如输入感染艾滋病毒的血液案，生长激素案，还有最近的缺陷药品美蒂拓（Mediator）事件。

53 虽说在英国法上，对医疗职业人的刑事追诉也愈见普遍，比之法国，却仍是小巫见大巫。根据奥利弗·奎克（Oliver Quick）的实证研究，在1996~2005年间接受刑事调查的40起医疗事件，判决有罪的一共只有7件。[144]相较法国法上提起公诉和判决有罪的判例件数，两者真是不可同日而语。究其原委，或在以下数端。第一，英国法没有法国法那么多的过失犯罪：在英国法上，一般只有重大过失造成死亡事故的，才会提起公诉。就重大过失非预谋杀人（manslaughter），在英国提起刑事诉讼困难很大。[145]第二，英国法没有法国法上自诉人那样的对应机制，是以英国的医疗事故受害人没有强大驱动力去启动诉讼。第三，以刑法为手段对过失行为加以适当惩罚，确凿无疑的是法国文化的深厚传统，于英国法上却甚为稀薄。[146]

---

〔144〕 O. Quick, "Medical Manslaughter: the Rise (and Replacement) of a Contested Crime?", in C. Erin, S. Ost eds., *The Criminal Justice System and Health Care*, Oxford University Press, 2007, 29 at 33.

〔145〕 从皇家检察署（Crown Prosecution Service）拿到75份结案文档，只有4件提起诉讼，2件判决有罪。另外71件案子，因为难以证明重大过失或者因果关系而未起诉。M. Kazarian, D. Griffiths, M. Brazier, "Criminal Responsibility for Medical Malpractice in France", *Journal of Professional Negligence*, 27 (2011), 190. 译按：非预谋杀人罪（manslaughter），指无预谋恶意地非法终止他人生命的行为。普通法把非预谋杀人罪分为非预谋故意杀人（voluntary manslaughter）和过失杀人（involuntary manslaughter）两类，对前者的处罚重于后者。现美国多数司法区仍采用此种分类法，但有些司法区采用了新的分类标准，如纽约州按刑罚轻重将非谋杀罪分为一级非谋杀罪和二级非谋杀罪，新泽西州分为加重非谋杀罪和一般非谋杀罪。参见薛波主编：《元照英美法词典》，法律出版社2003年版，第891页。

〔146〕 据法国民意调查所（*Société française d'enquête par sondage*）1994年研究成果，71%的受访人表示，倘家属遭受医疗伤害，除了民事赔偿外，定会要求对医生或医院提起公诉。M. Kazarian, D. Griffiths, M. Brazier, "Criminal Responsibility for Medical Malpractice in France", *Journal of Professional Negligence*, 27 (2011), 191. 在英国的知情同意诉讼中，法院认定被告行为构成故意侵害的（battery，殴击），可谓稀见罕闻，据说部分原因即在于侵权法上的故意侵害（battery）和刑法上的企图伤害罪（assault）密切关联，会将医生污名，法院不忍为之。M. Stauch, *The Law of Medical*

第三节　行政赔偿体制

本节讨论法国医疗事故的诉讼外解决机制（out-of-court settlement scheme），[147]两国法制的差异将因之更为鲜明，而法国体制对医疗事故受害人的优势也将更为彰明较著。就最严重医疗事故的受害人，这套机制保证受害人得到全部赔偿，并不考虑医疗事故是否系由过错行为所造成。这套机制为患者提供 54
了相对简便快捷的救济途径，同时也多少避免了法律诉讼剑拔弩张的对立气氛。受害人得免费利用这套救济机制，[148]不论是在私营还是公办医疗部门接受治疗的患者，一视同仁。

这套机制将过错和无过错赔偿体制的程序结合起来。医疗执业人或医疗机构的过错行为造成患者损害的，由责任保险人支付赔偿金。[149]立法令医疗执业人负投保责任险的义务。[150]倘医疗服务人无甚过错，则由资金来自社会保险的国家基金（state fund）承担赔偿受害人损失的责任。[151]

这套机制由三组独立行政机构运营。25 家和解及赔偿事务委员会（*Commissions de conciliation et d'indemnisation*）负责评估申请人的诉求是否成立，国家医疗事故赔偿总署（*Office national d'indemnisation des accidents médicaux*，ONIAM）负责由国家基金

（接上页）*Negligence in England and Germany. A Comparative Analysis*，Oxford：Hart，2008，98. 译按：参见［英］马克·施陶赫：《英国与德国的医疗过失法比较研究》，唐超译，法律出版社 2012 年版，第 159-162 页。

〔147〕　就关乎 2002 年法律的众多文献，详参第 26 页［边码］脚注。

〔148〕　专家费用由这套机制或责任保险公司支付。得由律师或其他人代理参加听证，但并非强制。

〔149〕　《公众健康法典》第 L. 1142-14 条。

〔150〕　《公众健康法典》第 L. 1142-2 条。

〔151〕　《公众健康法典》第 L. 1142-1 条。

向受害人支付赔偿金，医疗事故国家委员会（*Commission national des accidents méducaux*，CNAMed）负责起草专家名单，并确保这25家和解及赔偿事务委员会的决定立场连贯。和解及赔偿事务委员会由一位法官任主席，并包括20位成员，内中有患者、医疗职业人、保险公司，以及“其他能胜任之人”，例如学者。从2014年起，成员逐步减少至12人。[152]国家医疗事故赔偿总署由一位高级文官任主席，由来自政府、患者及医疗行业的代表共同组成。

一、赔偿条件

要依这套机制得到赔偿，患者（患者因医疗事故死亡的情形，其家属）必须证明两点：第一，患者因医疗事故遭受损害，且事故发生于2001年9月5日后（含本日）；第二，损害达到了法律要求的严重程度。[153]“医疗事故”概念含义宽泛，举凡
55 医疗照护、诊断、预防、治疗造成之损害皆涵盖在内，[154]也包括医院感染。考虑到患者接受治疗前的病情，倘患者所受损害系医疗作为或不作为的异常结果，即构成“医疗事故”，倘损害不过是疾病自然发展的结果，即非为医疗事故。[155]

“严重损害（serious harm）”要件是为了限制对这套机制的

---

〔152〕 *Décret* no. 2014-19 of 9 January 2014.

〔153〕《公众健康法典》第L. 1142-1条。

〔154〕《公众健康法典》第L. 1142-1条。

〔155〕 不可辨识的原因造成不可预见的结果，以及虽知晓但极少发生的风险，皆属“异常结果（abnormal consequence）”。是否构成异常结果，要考虑是什么疾病、治疗的类型以及患者病情，逐案判断。要说风险的发生频率高到什么地步就不再算“异常”，自然极难界定。A. Laude，B. Mathieu，D. Tabuteau，*Droit de la santé*，3rd edn，Paris：Presses Universitaires de France，2012，537. 另见后文第五章第99-100页［边码］。

利用。为合乎此要件，受害人必须证明遭受永久残疾，且程度超过24%。[156]这意味着伤害甚巨，例如一目失明。[157]惯用手完全丧失紧握能力或者惯用手四指截除，为20%程度的永久残疾，即未达到此处严重损害的标准。[158]另外，受害人在过去12个月里丧失工作能力达6个月的，或者经受其他的身体疼痛或伤残超过6个月，已相当于50%程度残疾的，受害人亦得向这套机制寻求救济。下面两种例外情形，申请人亦合乎严重损害要件：受害人证明，永久失去了继续从事其在遭受事故前正从事职业的能力，或者事故给受害人的生活方式带来严重影响。[159]

如前所述，医疗院所就医疗场所感染负严格责任。[160]由于 56
责任保险行业的抗议，2002年12月的修正立法称，医疗场所感染造成患者死亡或者永久残疾程度超过25%的，不考虑医疗服务人犯下过错与否，都由国家基金承担赔偿责任。[161]

这套机制意在快捷地让受害人得到赔偿。申请人向地方/大区（regional）和解及赔偿事务委员会递交请求，委员会认为未达到严重伤害要件的，在初步筛查阶段即驳回请求。专家针对每一份合格申请起草报告，接着由委员会全面审查，邀请（并鼓励）申请人出席。[162]自最初申请之日起6个月内，委员会应

[156] 《公众健康法典》第D. 1142-1条。

[157] M. Lorrain, Senate debates, 6 February 2002.《公众健康法典》附件11-2为残疾程度表，依此表格判断是否构成永久残疾。要考虑残疾的性质、受害人的病情、受害人的年纪、受害人生理心理官能、受害人的技能职业资质等因素。

[158] See G. Huet, *Rapport d'information sur l'indemnisation des victims d'infections nosocomiales et l'accès au dossier médical*, AN no. 1810, 93.

[159] 《公众健康法典》第D. 1142-1条。

[160] 《公众健康法典》第L. 1142-1条。

[161] 《公众健康法典》第L. 1142-1-1条。

[162] 《公众健康法典》第R. 1142-16条。www. oniam. fr/crci/la-procedure-e-indemnisation.

就案情、事故原因、损害的性质和程度以及可适用的赔偿机制等事宜做出决定。[163]在接下来的4个月里，医疗服务人犯下过错的，即由保险公司负责赔偿，医疗服务人未犯过错的，即由国家医疗事故赔偿总署（ONIAM）运营的国家基金负责赔偿。[164]自患者接受赔偿提议（offer）之日起一个月内支付完毕。[165]

这套机制顾及到难以获得责任保险公司合作的情形。保险公司在和解及赔偿事务委员会做出决定后未能或者拒绝赔偿受害人的，或者保险单未涵盖此损失的，国家医疗事故赔偿总署（ONIAM）即予赔偿，并得启动追索诉讼，通过法院要求保险公司支付赔偿金额。[166]若是患者认为保险公司的提议过低，得请求法院评估应支付的赔偿金额。倘法院认为保险公司的提议“显然不足”，法院得命令保险公司向受害人支付全部赔偿金，并在该笔赔偿金额15%的限度内另向国家医疗事故赔偿总署支付罚款。[167]通过这些措施确使保险公司乐于合作。[168]类似地，
57 就无过错事故，倘受害人认为国家医疗事故赔偿总署提议的赔偿金额过低，得向法院提起诉讼。[169]

依立法，相对于责任保险公司，国家基金起附属作用（subsidiary）。过错得到证明的，即由保险公司负赔偿责任。如此，国家的经济负担不至于过重，而医疗服务人对过错负责的立场

〔163〕《公众健康法典》第L. 1143-8条第2款（para. 2）。

〔164〕《公众健康法典》第L. 1142-14条（过错，fault），第L. 1142-17条（无过错，no fault）。

〔165〕《公众健康法典》第L. 1142-4条。

〔166〕《公众健康法典》第L. 1142-14条。

〔167〕《公众健康法典》第L. 1142-14条。

〔168〕不过15%的罚款显然不足以威慑保险公司的抵制态度。See P. -A. Lecocq, “l'indemnisation amiable des accidents médicaux. Bilan du traitement des 15000 dossiers par les CRCI et l'ONIAM”, *Revue Générale de Droit Médical*, 2009, 221.

〔169〕《公众健康法典》第L. 1142-20条。

亦得到维护。[170]但在医疗服务人未向患者充分披露信息从而就丧失的机会应负损害赔偿责任的情形，生出难题。为避免患者于此种情形只得到部分赔偿金，法国最高法院裁判认为，涉案事故构成医疗事故的，得同时向责任保险公司和国家医疗事故赔偿总署（ONIAM）请求赔付。[171]医疗服务人就丧失治愈机会应负赔偿责任的，国务委员会（最高行政法院）亦采取类似进路。[172]是以，国家医疗事故赔偿总署于此际支付的金额只是起补足作用（top-up），确使受害人得到全部赔偿。

在这套机制下，向受害人支付的社会保险金，国家得向应负责任的（liable）医疗职业人的保险公司追偿。受害人最初依这套机制请求赔偿的，应向委员会说明因医疗伤害已经得到的社会保险金数目。[173]这笔金额即从保险公司应向受害人支付的赔偿金中扣除，并由责任保险公司直接向相关社会保险机构偿付。

二、赔偿机制的运行

国家医疗事故赔偿总署（ONIAM）和医疗事故国家委员会（CNAMed）每年都会就行政赔偿体制的运营情况发布统计数据。这些统计数据表明，法国的行政赔偿体制远不是对所有人开放，这和新西兰及斯堪的纳维亚国家宽泛的赔偿体制形成鲜明对比。

---

[170] P. Jourdain, "l'indemnisation entre responsabilité et solidarité nationale", in M. Bacache, A. Laude, D. Tabuteau eds., *La loi du* 4 *mars* 2002 *relative aux droits des malades*: 10 *ans après*, Brussels: Bruylant, 2013, 207.

[171] Cass. civ. (1), 11 March 2010, no. 09-11270, B. Ⅱ, no. 63, D. 2010, 1119, note M. Bacache.

[172] CE, 20 March 2011, no. 327669, RTD civ. 2011, 550.

[173] 《公众健康法典》第 L. 1142-7 条。

58 2013年，共计4 314名申请人向法国行政体制请求赔偿，[174]其中1 237名医疗事故受害人得到赔偿。[175]因为门槛的限制，多数申请人被排除在外。就该年的数字看，37%的赔偿申请在初步审查阶段即遭和解及赔偿事务委员会驳回，[176]多数是因为和解及赔偿事务委员会认为损害不够严重。[177]就通过初步审查阶段的案件，和解及赔偿事务委员会认为只有44%的案件中赔偿金是合适的。[178]拒绝申请的主要理由有三：第一，未能证明医疗事故与患者损害间的因果关系；第二，患者所受损害未达到所要求的严重程度；第三，得以疾病的自然进展来解释损害何以发生，而不能以任何过错或者合乎条件的事故来解释。[179]

目前，从提出赔偿申请到做出决定，平均耗时7.8个月，在给予赔偿金的场合，平均时长增加到11个月。[180]迄今为止，行政赔偿体制无法达到制定法在6个月内做出决定的要求，主要是在专家报告这个环节易生迟滞。

---

〔174〕 Commission Nationale des Accidents Médicaux (CNAMed), *Rapport au Parlement et au Gouvernement*, *année*2013, 17. 数据仅限法国本土。

〔175〕 Ibid., 27.

〔176〕 1 616件申请（ONIAM, *Rapport d'activité* 2013, 12）。

〔177〕 占62%（CNAMed, *Rapport* 2013）。

〔178〕 CNAMed, *Rapport* 2013, 25.

〔179〕 Ibid.

〔180〕 CNAMed, *Rapport* 2013, 35. 这个时间跨度略微长于法国大审法院民事诉讼的平均时长，8.7个月［*Annuaire statistique de la justice* (2008), 31, figure for 2006］。这个数字代表了大审法院所有类型的诉讼请求，并不能真正反映医疗过失诉讼的平均耗时。医疗过失诉讼涉及的事宜更为复杂，需要详尽的专家报告，拖延更久。法国民事诉讼中还有所谓自动上诉权，一旦上诉，更是迁延时日，平均拉长15个月。

第四节　国家医疗事故赔偿总署运营的其他赔偿体制

除主要职能外，国家医疗事故赔偿总署（ONIAM）还经办 59
其他几项赔偿基金，这些赔偿基金都是为特定类型的医疗事故受害人设立的。这些基金的大多数，其运行基础不同于前节介绍的一般赔偿体制。不论医疗服务人是否犯下过错，在这些特别赔偿体制下，都是由国家医疗事故赔偿总署担负赔偿责任。倘受害人选择向基金提出赔偿请求而不是乞援于诉讼途径，多数情况下径直向国家医疗事故赔偿总署申请即可，不必经过和解及赔偿事务委员会。

自国家医疗事故赔偿总署（ONIAM）于2002年成立以来，其就特别赔偿体制所负职责一直在逐步增加。目前特别赔偿体制针对的情形首先有以下几类：因输入受污染的血液而感染艾滋病毒[181]和丙肝，[182]因强制接种疫苗而遭受伤害，[183]为对付严重公共卫生风险而采取紧急医疗措施，因而发生医疗事故或传染。[184]就这四类医疗事故受害人，目前的赔偿规则完全一样。[185]在这些情形，国家医疗事故赔偿总署应自申请之日起6

〔181〕《公众健康法典》第L.3122-1条。

〔182〕《公众健康法典》第L.1221-14条（introduced by Law no. 2008-1330 of 17 December 2008）。

〔183〕《公众健康法典》第L.3111-9条。

〔184〕《公众健康法典》第L.3131-4条。例如，为对付猪流感［A（H1N1），swine flu］于2009-2010年开展大规模接种，因此遭受损害的患者即得请求这笔基金赔偿。

〔185〕先是依2008年12月17日法律，针对艾滋病毒、丙肝、强制接种患者的程序规则得以统一，而后依2011年1月18日法令，又扩展至紧急健康安全措施的受害人。

个月内做出决定，[186]申请人接受赔偿提议的，必须在一个月内支付赔偿金。[187]

还有其他特别赔偿体制，适用不同实体和程序规则。生物医学研究造成受试人损害而研究机构又不必承担责任的，由国家医疗事故赔偿总署（ONIAM）负责赔偿。[188]此际，受害人向和解及赔偿事务委员会提出申请，但不同于一般赔偿体制，并不要求损害达到特定的严重程度。国家医疗事故赔偿总署还负责赔偿生长激素导致的亚急性海绵状脑病（Greutzfeldt-Jakob disease，克雅氏病）给患者带来的损害。[189]最近，国家医疗事故赔偿总署又负担起管理一套新体制的职责，这套体制针对的
60 是苯氟雷司（benfluorex，药物美蒂拓 Mediator 的活性成分）受害人。依这套体制的程序，[190]受害人直接向国家医疗事故赔偿总署提出申请，专家委员会于 6 个月内就申请人是否系因该药物而遭受损害做出决定。倘认定如此，药品生产商或者其保险公司应于 3 个月内提出赔偿建议。药品生产商或者其保险公司未为赔偿提议的，受害人得要求国家医疗事故赔偿总署支付。生产商或其保险公司拒绝合作的，法院得处以罚款。[191]

---

〔186〕《公众健康法典》第 R. 1221-73 条。

〔187〕《公众健康法典》第 R. 1221-74 条。

〔188〕《公众健康法典》第 L. 1142-3 条。生物医学研究机构必须证明自己未犯过错才能不承担责任。

〔189〕《公众健康法典》第 L. 1142-22 条（al. 3）。

〔190〕《公众健康法典》第 L. 1142-24 条。

〔191〕《公众健康法典》第 L. 1142-24-6 条，第 L. 1142-24-7 条。译按：就美蒂拓事件，可参见王蔚佳："法国 Mediator 减肥药涉嫌致死 500 人"，载《第一财经日报》2011 年 1 月 19 日，转引自凤凰网财经资讯（http://finance.ifeng.com/news/bgt/20110119/3233172.shtml，2018 年 4 月 19 日访问）。

第五节　结论

对比英法两国医疗事故与救济法制可见，虽然两国法制皆以过错责任为主体，在这方面相似，但法国法确实在很多案件中对受害人的损害赔偿请求给予便利。部分是通过给过错责任创设若干例外，对因果关系适用弹性进路，当然，法院适用机会丧失规则并不必然有利于原告。知情同意规则也发展起来，以方便原告得到赔偿。此外，刑法也为法国患者提供了替代救济途径。

两国法制最为显著的差异在于，法国立法机关为医疗事故引入诉讼外解决机制，确保最严重伤害的受害人得到赔偿，并提供了廉价、相对快捷、较少对立气氛的救济途径。而在英国法上，受害人不能证明过失的，只好乞援于私人保险或者社会保险体制。

第三章
不同的民事责任文化

61 第二章考察了法国法如何将判例法的发展和立法介入结合起来，创造出一套在诸多方面对医疗事故受害人都更为友好的法制。如此，医疗事故与救济法制也就和民事责任法的其他领域立场贯通，反映了就损失分摊，就如何看待被告人和受害人利益间的恰当平衡，英法两国秉有的不同法律传统。此种法律传统的不同，得以两国法律文化，更具体地说是侵权法文化的差异来解释。在针对英法两国的比较法研究中，务必将此差异牢记在心。这当然不是说两国法制不能彼此借鉴，但必定意味着要将法国医疗责任法制进路全盘引入英国，当会遭遇很大阻力。

第一节　英法两国不同的民事责任传统

一、法国民事责任传统

今天可以观察到的英法两国民事责任法制的进路差异，实际是19世纪末才浮现出来的。《法国民法典》于1804年问世之际，民事责任背后的主要思想还是责任与道德义务（moral responsibility）间的有力联系，[1]这也反映在其第1382条的措辞

〔1〕 G. Viney, *Traité de droit civil*, *Introduction à la responsabilité*, 3rd edn, Paris: LGDJ, 2008, 22-5; M. Bacache-Gibeili, *Traité de droit civil. Les obligations: la responsabilité civile extracontractuelle*, 2nd edn, Paris: Economica, 2012, 4-5.

中，该条以过错为民事责任的核心标准。

这就和当今由“赔偿思想（ideology of compensation）”主 62
导的法国民事责任法形成鲜明对比。[2]目前的民事责任与救济法制格外看重的社会连带，不过是兴起于19世纪末的观念，当时意外事故因工业化进程而大增，责任保险亦随之发展起来，法律人将责任保险看作是利用民事责任规则来集体化处理风险（collectivization of risk）的有效手段。[3]法国最早是在1898年，针对工伤事故引入了雇主的严格责任。[4]众多法定无过错赔偿体制陆续跟进。在这一系列的立法改革中，最值得注目的大概就是1985年引入的交通事故赔偿体制。[5]在诸多其他赔偿体制中，政府本身担负起了事故赔偿的经济责任。[6]通过立法介入，方便特定类型的事故受害人得到赔偿俨然已为法国传统，而医疗事故的诉讼外解决体制正是此传统的更深入表现。

法国法院适用民事责任规则的思路同样反映了其便利事故受害人得到赔偿的愿望，以此贯彻社会连带和损失分摊的理念。

---

〔2〕 L. Cadiet, “Sur les faits et les méfaits de l'idéologie de la réparation”, *Mélanges offerts à Pierre Drai: Le juge entre deux millénaires*, Paris: Dalloz, 2000, 495.

〔3〕 G. Viney, *Traité de droit civil, Introduction à la responsabilité*, 3rd edn, Paris: LGDJ, 2008, 32.

〔4〕 Law of April 1898.

〔5〕 Law no. 85－677 of 5 July 1985 *tendant à l'amélioration de la situation des victimes d'accidents de la circulation et à l'accélération des procédures d'indemnisation.* 交通事故受害人得请求驾驶人、“控制”机动车的人或者保险公司赔偿，只要机动车卷入事故即可，不必证明过错。

〔6〕 尤其是针对恐怖事件及其他刑事犯罪受害人的赔偿基金（Law of 9 September 1986, “relative à la lutte contre le terrorisme et aux atteintes à la sécurité de l'Etat”）；针对因输血感染艾滋病的受害人的赔偿基金（art. 47 Law no. 91－1406 of 31 December 1991）；针对石棉病受害人的赔偿基金（arts. 53 I to 53 X Law Finances 23 December 2000）。欲求概览，可参见 G. Viney, *Traité de droit civil, Introduction à la responsabilité*, 3rd edn, Paris: LGDJ, 2008, 48-61 and especially J. Knetsch, *Le droit de la responsabilité et les fonds d'indemnisation*, Paris: LGDJ, 2013.

众所周知的例子就是在侵权法上，就物件造成的损害，依《民法典》第 1384 条第 1 款发展出严格责任规则，同样是在工业革命后的社会背景下，从 19 世纪末演化形成。[7]类似地，在医疗
63 事故救济领域，尤其是 20 世纪 90 年代以来，也可以看到法国法院是如何展现其将风险集体化处理进而分摊损失的法学思想。[8]

二、英国民事责任传统

无可避免地，英国法同样必须解决如何平衡矫正正义和社会责任（social responsibility）的问题。[9]工业化使得意外事故大量增加大概就是推动现代过失侵权法之为一般责任法发展的重要因素。[10]但不同于法国，要说通过责任保险机制来分摊损失，发展这样的责任规则在英国从未达成共识。是以，迪普洛克勋爵（Lord Diplock）于 1978 年发表学术论文称，“就意外事故造成的人身伤害，将个案的赔偿成本加诸那些最容易通过责任保险来抵御风险的人头上，而不考虑其是否犯下过错，由

---

〔7〕 The *Teffaine* case, 18 June 1896, S. 1897, 1, 17, note A. Esmein, concl. Sarrut, note Saleilles. 经过一段法律立场不确定的时期，最终得到最高法院判例确认：21 January 1919, DP 1922, 1, 25, note G. Ripert. 更多案例，参见 L. Cadiet, “Sur les faits et les méfaits de l'idéologie de la réparation”, *Mélanges offerts à Pierre Drai: Le juge entre deux millénaires*, Paris: Dalloz, 2000, 500.

〔8〕 参见第二章第 25-26 页［边码］；S. Taylor, “The Development of Medical Liability and Accident Compensation in France”, in E. Hondius ed., *The Development of Medical Liability*, Cambridge University Press, 2010, 70, at 89-93.

〔9〕 See B. Hepple, “Negligence: the Search for Coherence”, *Current Legal Problem*, 50 (1997), 69, at 71-86.

〔10〕 G. E White, *Tort Law in America: an Intellectual History*, Oxford University Press, 2003, 16; M. Lunney, K. Oliphant, *Tort Law Text and Materials*, 5th edn, Oxford University Press, 2013, 15. 译按：参见［美］G. 爱德华·怀特：《美国侵权行为法：一部知识史》（原书增订版），王晓明、李宇译，北京大学出版社 2014 年版。

此将经济负担分摊到社会公众中去，这绝非过失侵权法的职责”。〔11〕

但在19世纪末20世纪初，侵权法势头扩张，更有利于原告的诸多法律规则也发展起来。〔12〕早在1868年的赖兰兹诉弗莱彻案中，〔13〕就针对置于土地上一旦逸失很可能造成危险之物的控制人，引入了严格责任规则。1897年引入了无过错的工伤赔偿体制，〔14〕上议院在多诺霍诉史蒂文森案中扩张了过失侵权法的注意义务，〔15〕过错以客观标准来判断，事实自身说明（*res ipsa* 64
loquitur）在特定案件中用来转移证明责任。尽管20世纪60年代末70年代初的知识潮流倾向于以福利主义视角看待损失分摊，〔16〕但英国侵权法仍然更靠近矫正正义视角的民事责任观，从未服膺法国式的“赔偿思想”。相较法国，英国法上向来只有

---

〔11〕 Lord Diplock, “Judicial Development in the Law of the Commonwealth”, *Malayan Law Journal*, 1 (1978), cviii. 当然有其他法官发表完全不同的见解，例如 Nettleship v. Weston [1971] 2 QB 691 (Lord Denning MR); Smith v. Bush [1990] 1 AC 831 at 858 (Lord Griffiths). See B. Hepple, “Negligence: the Search for Coherence”, *Current Legal Problem*, 50 (1997), 69, at 82.

〔12〕 M. Lunney, K. Oliphant, *Tort Law Text and Materials*, 5th edn, Oxford University Press, 2013, 15; B. Hepple, “Negligence: the Search for Coherence”, *Current Legal Problem*, 50 (1997), 69, at 78-79.

〔13〕 Rylands v. Fletcher (1986) LR 3, HL 330. 译按：就赖兰兹案确立的规则在英国法上的演进，可参见唐超：“论高度危险责任的构成”，载《北方法学》2017年第4期，第82-83页。

〔14〕 Workers' Compensation Act 1897.

〔15〕 Donoghue v. Stevenson [1932] AC 562.

〔16〕 从20世纪60年代末起，对侵权法体制的极端不满屡见文献。See Terence Ison, *The Forensic Lottery: A Critique of Tort Liability as a System of Personal Injury Compensation*, London: Staples Press, 1968; D. W. Elliott and Harry Street, *Road Accidents*, London: Penguin, 1968; Patrick Atiyah, *Accidents, Compensation and the Law*, Littlehampton Book Services, 1970.

极少机会乞援于严格责任。[17]英国法当然不是对特别赔偿体制闻所未闻，例如，针对刑事伤害，[18]输血感染艾滋病毒和丙肝的受害人，[19]疫苗伤害，[20]都设有赔偿体制，但英国法远不如法国法那般倚重这些救济途径。在这方面，医疗过失责任与过失侵权法的其他领域没有区别。近些年来，英国法多多少少从过于听命医疗职业人的立场向着更倾向于受害人赔偿以及认可患者权利的方向演进。可虽说学界甚至医疗行业向来有支持无过错责任的声音，[21]但从未为医疗事故受害人设立无过错赔偿

---

〔17〕 判例法上的严格责任：依赖兰兹诉弗莱彻案，就置于或保存于地上之物造成的损害。立法上的严格责任：核事故（Nuclear Installations Act 1965）；工业安全立法（e. g. Provision and Use of Work Equipment Regulations 1998，SI 1998，no. 2306）。依1987年《消费者权益保护法》，生产商就其投入流通的缺陷产品造成的损害负严格责任。但这不能用作英国法爱好严格责任的证据，盖此严格责任规则是欧盟产品责任指令转化为内国法的结果，而且联合王国政府当时是引入发展风险抗辩的主力，这个抗辩多少削弱了严格责任的力量。

〔18〕 Criminal Injuries Compensation Scheme, now under the Criminal Injuries Compensation Act 1995.

〔19〕 The MacFarlane Trust and the Eileen Trust for HIV infection through blood transfusion; the Skipton Fund for Hepatitis C infection through blood transfusion.

〔20〕 Vaccine Damage Payments Act 1979.

〔21〕 就学界的支持，参见，例如，A. Merry and A. McCall Smith, *Errors, Medicine and the Law*, Cambridge University Press, 2001; K. Oliphant, "Defining 'Medical Misadventure': Lessons from New Zealand", *Medical Law Review*, 4 (1996), 1, at 30-31. 行业组织也支持引入无过错责任体制，参见，例如，British Medical Association (BMA), *Report of the BMA No-Fault Compensation Working Party* (1987); BMA, *Funding No-Fault Compensation for Medical Injuries* (July 2003); Royal College of Physicians, *Compensation for Adverse Consequences of Medical Intervention: A Report by the Royal College of Physicians* (1990); Public reports and Department of Health consultation paper: I. Kennedy (chair), *Learning From Bristol: The Report of the Public Inquiry into Children's Heart Surgery at the Bristol Royal Infirmary* 1984-95, Cm 5207 (1), 2001; Chief Medical Officer, Making Amends: A Consultation Paper Setting Out Proposals for Reforming the Approach to Clinical Negligence in the NHS (2003)（建议为出生过程中遭受神经损害的儿童设立无过错赔偿体制）；1991年有位无公职议员提出议案，未获采纳：National Health Service (Compensation) Bill 1991。

体制。[22]

65

第二节　不同的民事责任文化

这些鲜明差异，得由不同的内国民事责任与救济法律文化部分解释。[23]

“法律文化”概念模糊而多面。[24]依劳伦斯·弗里德曼（Lawrence M. Friedman）的分类法，[25]法律文化包括“内部”法律文化（法律人的文化）和“外部”法律文化（更广阔层面的社会对待法律的态度）。本章所谓“法律文化”，意指英法两国法律共同体以及更广阔层面的社会，如何看待民事责任法的作用。更具体地说，是考察两国社会就民事责任法在“法律思想

〔22〕 医院为其工作人员的过失行为负替代责任，当然也是某种形式的严格责任，但不能改变患者仍然必须证明过错要件这个事实。

〔23〕 就内国侵权法文化的较早思考，可参见《欧洲侵权法杂志》（*Journal of European Tort Law*）2012 年第 3 期，“欧洲侵权法文化”专辑。

〔24〕 See R. Cotterrell, *Law, Culture and Society. Legal Ideas in the Mirror of Social Theory*, Farnham: Ashgate, 2006, 84-87.

〔25〕 See L. M. Friedman, *The Legal System: a Social Science Perspective*, New York: Russell Sage Foundation, 1975. 以法律文化为主题的文献甚夥，参见，例如，R. Cotterrell, “Comparative Law and Legal Culture”, in M. Reimann and R. Zimmermann eds., *Oxford Handbook of Comparative Law*, Oxford University Press, 2008, 710; R. Cotterrell, *Law, Culture and Society. Legal Ideas in the Mirror of Social Theory*, Farnham: Ashgate, 2006; D. Goldberg, E. Attwooll, “Legal Orders, Systemic Relationships and Cultural Characteristics: Towards Spectral Jurisprudence”, in E. Orücü, E. Attwooll and S. Coyle, *Studies in Legal Systems: Mixed and Mixing*, The Hague: Kluwer, 1996, 313; J. Bell, D. Ibbetson, *European Legal Development: The Case of Tort*, Cambridge University Press, 2014. 译按：所引弗里德曼书有中译本，参见［美］弗里德曼：《法律制度》，李琼英、林欣译，中国政法大学出版社 2004 年版。

（legal ideology）”上的差异。〔26〕

66 法律文化与法律演化方式之间的联系是棘手难题，本章自当谨慎探讨。本章无意穷尽分析法律文化对内国方案的影响，只打算提及法律文化的若干侧面，依余浅见，这些侧面有助于解释英法两国医疗责任与救济法制的进路差异。外部侧面约略论及，重点在“内部”法律文化的影响。

一、外部民事责任文化

法国的民事责任法对受害人更为友好，最显而易见的解释大概就是，相较英国法，法国社会偏向于以更为集体化而更少个体化的思路来解决意外事故受害人赔偿事宜，民事责任法的规则正反映了这一倾向。〔27〕倘果真如此，这也反映了更为广阔的国家层面对社会连带的思路，从法国的公共社会支出 GDP 占比在经济合作与发展组织国家中最高即可见一斑。〔28〕

要从更宽泛的文化角度来解释英法两国的法律差异，社会学家的知识背景自然较法律人更为优胜：就不同社会的文化性

---

〔26〕 罗杰·科特瑞尔（Roger Cotterrell）将“法律思想”界定为，“观念、信念、价值及态度所呈现出来的趋势和倾向，深植于惯行，通过惯行表现并为惯行所塑造”。R. Cotterrell, “The Concept of Legal Culture”, in D. Nelken ed., *Comparing Legal Cultures*, Dartmouth Publishing, 1996, 13, at 21.

〔27〕 戴维·豪沃思（David Howarth）将英国侵权法进路描述为，本质上适用的是某种形式的“社会个体责任（social individual responsibility）”（个人行为影响他人的，应就相应后果负责），相对的则是“集体责任（collective responsibility）”（特定群体的成员遭遇不幸的，群体担负照顾受害人的责任）。David Howarth, “Three Forms of Responsibility: On the Relationship between Tort Law and the Welfare State”, *Cambridge Law Journal*, 60 (2001), 553.

〔28〕 OECD figures for 2009. 在 2009 年，法国公共社会支出占 GDP 的比例为 32.1%，联合王国则为 24.1%。公共社会支出覆盖的主要社会政策领域有，老人、未亡人（survivor）、残疾人福利、健康、家庭、积极劳动力市场项目、失业及住房。See www.oeck.org/social/expenditure.htm (last consulted February 2014).

格，社会学家吉尔特·霍夫施泰德（Geert Hofstede）已经做了
很多研究工作。[29]范·戴姆（Van Dam）试图将霍夫施泰德勘 67
明的诸文化价值与各内国侵权法勾连起来。[30]如此有可能在
霍夫施泰德发现的文化特征（英国文化更重个人主义，法国文
化则倾向于“避免不确定性”）与内国法律进路（如何看待
严格责任或过错责任，是否偏爱特别赔偿基金）之间建立对应
关系。

此类研究当然支持下面的看法，认为就如何看待社会连带、个人主义以及国家在事故救济方面的作用，英法两国在观念上背道而驰，分歧根深蒂固，这影响了两国民事责任与救济法制的进路。倘此论不虚，即意味着趋同无望，障碍根植于分配正义事宜。但就这样的分析，须小心留意。事实上这个领域的学术文献向来不情愿关注外部文化特征，盖可得之经验数据甚为有限。[31]此类研究还倾向于夸大社会特征，暗示存在着实则未必真有的永久性事物。显然，就任何具体问题，社会主流观念都可能时移世易，并改变法律的方向。[32]例如，1945 年到 1973 年这段时间被称为联合王国的“福利共识（welfare consensus）”

〔29〕 G. Hofstede, *Culture's Consequences*, 1st edn, London: Sage, 1980, and 2nd edn, London: Sage 2001. 霍夫施泰德以 IBM 公司雇员为调查对象，这些雇员分布在 72 个国家，调查内容包含涉及价值观念的诸多问题，收回问卷 116 000 份，再结合其他实证研究，辨识出若干文化维度（cultural dimensions），据此即得勾勒出不同社会的文化差异。

〔30〕 C. Van Dam, “European Tort Law and the Many Cultures of Europe”, in T. Wilhelmsson, E. Paunio, A. Pohjolainen eds., *Private Law and the Many Cultures of Europe*, The Hague: Kluwer, 2007, 53.

〔31〕 See J. Bell, *French Legal Cultures*, London: Butterworths, 2001, 14.

〔32〕 就法律发展与社会、政治、经济变迁之间的关联，可参见 J. Bell, D. Ibbetson, *European Legal Development: The Case of Tort*, Cambridge University Press, 2014, 12-18.

时代。[33]可随着撒切尔夫人1979年主政，政治意识形态丕变，侵权法而非社会保险体制的扩张更靠近保守主义的经济学说。[34]而在差不多四十年前，经由诸如特伦斯·伊森（Terence Ison）、哈里·斯特里特（Harry Street）、帕特里克·阿蒂亚（Patrick Atiyah）等学者的鼓噪，[35]福利主义视角的意外事故赔偿观念曾甚嚣尘上，这个事实亦表明社会观念一直在变迁当中。当前主流思想倾向并不青睐大刀阔斧地改革意外事故赔偿法制，但也不能说激进变革的思路就该永远摒弃。[36]无论如何，相较新西兰式的整体项目，针对特定责任领域的有限改革总是更为现实的立场。

68 在不那么抽象的层面上，可以猜测有其他社会特征会影响医疗责任法的发展方式。是以有可能主张，在这两个国家，侵权责任在媒介和公众心目中的不同形象多少促成了各自的发展路径。在英国，近年来所谓“责难（blame）”或“赔偿文化”的涨潮颇受关注。[37]这样的担忧可能会增强全民医疗服务系统

---

〔33〕 See, e. g. D. Fraser, *The Evolution of the British Welfare State*, 2nd edn, Basingstoke: Palgrave, 1984, 250. 该书认为，联合王国的“福利共识”从20世纪70年代初开始受侵蚀，1973年石油危机乃是触发点。

〔34〕 Ibid.

〔35〕 参见第64页［边码］脚注。

〔36〕 See P. Cane, *Atiyah's Accidents, Compensation and the Law*, 8th edn, Cambridge University Press, 2013, 491. 译按：该书第6版有中译本，参见［澳］彼得·凯恩：《阿蒂亚论事故、赔偿及法律》（第6版），王仰光等译，中国人民大学出版社2008年版。

〔37〕 就联合王国的“赔偿文化”是虚构还是现实，参见K. Williams, “State of Fear: Britain's Compensation Culture Reviewed”, *Legal Studies*, 25 (2005), 499; A. Morris, “Spiralling or Stabilising? The Compensation Culture and Our Propensity to Claim Damages for Personal Injury”, *Modern Law Review*, 70 (2007), 349-378; R. Lewis and A. Morris, “Tort Law Culture in the UK: Image and Reality in Personal Injury Compensation”, *Journal of European Tort Law*, 3 (2012), 230.

正遭受过度索赔的看法。[38]这又会影响公众的观念，进而影响是否启动改革的政治判断：任何便利受害人寻求赔偿的改革建议，都可能会被看作赔偿文化的又一生动写照，被看作是对民众钱包的无端刮索，而不是看作便利陷入困境的医疗事故受害人得到赔偿的可欲手段。2006 年颁行《损害赔偿法》（Compensation Act），[39]最近又在征询意见，打算通过立法来呵护创新医疗、避免防御医疗，[40]这些都是就联合王国的责任规则，所谓“赔偿文化”影响政策思考的有力证据。

法国的一些医疗责任案件，例如最高法院照准了错误生命诉 69
求的佩吕什案（*Perruche* dicision），[41]甚为吸引媒介及公众注意力。一些医疗产品责任案件也是如此。[42]不过，媒体和公众对民事责任的兴趣相对比较低，[43]当然，这兴趣或许正在增长。[44]

---

〔38〕 哈普伍德观察到，2005-2007 年，新闻报道医疗过失案件的次数有显著增加，认为这就是在医疗过失领域新闻媒介推动赔偿文化的例证。V. Harpwood, *Medicine*, *Malpractice and Misapprehensions*, Abingdon: Routledge-Cavendish, 2007, 127-128.

〔39〕 该法第 1 条规定，法院听审过失案件，要认定被告行为是否未尽到注意标准，应考虑如此认定是否会阻吓社会成员从事社会称许的行为。第 2 条规定，“道歉，提议为受害人治疗或者提供其他救济，本身并不等于对过失的自认”。

〔40〕 Department of Health, *Legislation to Encourage Medical Innovation. A Consultation*, 2014.

〔41〕 Ass. Plén. 17 November 2000, JCP G 2000, Ⅱ, 10438, rapp. P. Sargos, concl. J. Sainte-Rose, note F. Chabas.

〔42〕 例如最近媒体对缺陷药物美蒂拓（Mediator）的广泛关注，但更多关注还是在于刑事追诉。

〔43〕 J. -S. Borghetti, “The Culture of Tort Law in France”, *Journal of European Tort Law*, 3 (2012), 158.

〔44〕 M. Mekki, “La cohesion sociologique du droit de la responsabilité”, in O. Deshayes, C. Pérès, J. -S. Borghetti, eds., *Etudes offertes à Geneviève Viney*, Paris: LGDJ, 2008, 739, at 758.

如学者观察到的，[45]即便是像佩吕什案这样在错误生命诉讼中判给赔偿金，以至被称为“小德雷福斯事件（petite affaire Dreyfus）”的案子，[46]媒体关注的重点也主要围绕社会对待残疾人态度的伦理议题，而不在于妇科医生和超声检查技师因之面临的责任增加的风险。社会对民事责任相对缺乏兴趣，部分原因或许在于将更多注意力放在了刑法身上，如前所述，刑法在法国医疗事故责任领域发挥的作用胜过英国，在一些大规模侵权案件中起到了贯彻矫正正义并为受害人洗冤的功能。或许还可以这样解释，法国社会对民事责任相对缺乏兴趣，是因为法国社会更容易接受将风险集体化处理并以之为民事责任法发展动力的观念。更高的责任风险不会在法国引发同样的恐慌，盖损失分摊被看作恰当的事故解决方案。是以，在法国 2002 年法制改革过程中，虽说医疗行业和保险人这股强大的游说力量当然会格外关注民事责任事宜，但着实未听到社会真有声音反对将相当的赔偿负担直接加诸政府肩头。纵然事故系私人主体造成，政府也该上前承受事故的经济负担，这正是法国的主流价值观念。诚如博尔盖蒂（Borghetti）指出的，最近因药物美蒂拓（Mediator）及其活性成分苯氟雷司（benfluorex）引发的丑闻事件即为生动例证，虽说致害风险系由私营生产商造成，政府却立即介入并建立了受害人赔偿基金。[47]

---

〔45〕 J. -S. Borghetti, “The Culture of Tort Law in France”, *Journal of European Tort Law*, 3 (2012), 171.

〔46〕 P. -Y. Gautier, “Notes autour de l’affaire P…”, *Droits*, 2002, 147.

〔47〕 J. -S. Borghetti, “The Culture of Tort Law in France”, *Journal of European Tort Law*, 3 (2012), 171. 《公众健康法典》第 L. 1142-24-1 条到第 L. 1142-24-8 条，依 2011 年 7 月 29 日法律（*Loi des finances recticative*）加入。

二、内部民事责任文化 70

除了这些可能的“外部”文化因素，还有一些“内部”文化因素得用来解释法律差异。是以得主张，法国法律共同体秉持的那些观念，反映了更为广阔的社会对民事责任作用的主流看法。在法国民事责任法，更具体地说，在医疗事故责任法的发展过程中扮演了核心角色的法国法官，即为如此。而对法律发展具有重要影响的法国学者，整体上亦奉行同样的优遇受害人的哲学。

法国学者参与了法律塑造并于其间起到重要作用。法国民事责任法如何形成“优遇受害人（victim-friendly）”的传统，一个解释就是，若干学者坚定支持以民事责任为践行社会连带的手段。雷蒙·萨莱耶（Raymond Saleilles）对于19世纪末严格责任法制的发展居功至伟，〔48〕而从20世纪40年代末起，鲍里斯·斯塔克（Boris Starck）在专业/职业服务领域引领了批判过错责任的学术潮流，并促成了此领域的法律改革。〔49〕安德列·

〔48〕 R. Saleilles, *Les accidents du travail et la responsabilité civile*, Paris: Librairie Nouvelle de Droit et de Jurisprudence, 1897; L. Josserand, *La responsabilité du fait des choses inanimées*, Paris: Rousseau, 1897; M. Teisseire, “Essai d'une théorie générale sur le fondement de la responsabilité”, doctoral thesis, Aix en Provence, 1902. 这当然并不意味着法国学界曾整体上反对过错责任，也不意味着严格责任的线性发展。事实上萨莱耶的风险责任观念遭到当时若干顶尖学者的批评。See A. Eismein, note S. 1899, I, 497; M. Planiol, “Etudes sur la responsabilité civile”, *Révue Critique de Droit International Privé*, 1905, 277. 不过这些反对派也赞成扩大民事责任范围以便利事故受害人得到赔偿，但主张合适的思路是调整过错概念，而不是弃过错而取风险。这个进路后来也得到其他有力学者的阐发（Henri et Léon Mazeaud, *Traité théorique et pratique de la responsabilité civile, délictuelle et contractuelle*, Prix Dupin Aîné, 1932）。就此议题的学说沿革可参见Viney, *Introduction à la responsabilité*, L. G. D. J, 2008, 3e edition, 112.

〔49〕 B. Starck, *Essai d'une théorie générale de la responsabilité civile, considérée en sa double fonction de garantie et de peine privée*, doctoral thesis, Paris, 1947.

顿克（André Tunc）也从 1964 年开始鼓唱背离过错责任。[50] 20 世纪 90 年代，一些有影响力的学者推动了优待医疗事故受害人
71 的法律规则的发展。[51] 甚至法国作家的措辞亦能表现其立场：因事故请求损害赔偿的，称“受害人（victims）”而非“原告（claimants）”。[52] 今天学界的主流倾向仍是偏袒受害人，[53] 当然也有学者质疑此路径的价值。[54]

英国学者对法律发展的影响，自不能与法国学者相提并论。但近年来，英国法官也对学术作品的价值给予极大认可，戈夫勋爵（Lord Goff）将法官和学者的作用描述为“互补的（complementary）”。[55] 前面提到，从 20 世纪 60 年代末起，诸多著述表达了对侵权法体制的极度不满，如特伦斯·伊森的《诉讼如摸彩：对侵权法之为人身伤害赔偿机制的批判》，埃利奥特和

---

〔50〕 A. Tunc, “Les problèmes contemporains de la responsabilité délictuelle”, *Revue Internationale de Droit Comparé* 19, 1967, 757.

〔51〕 See e. g. G. Viney and P. Jourdain, “l’indemnisation des accidents médicaux: que peut faire la Cour de cassation”, JCP G 1997, I, 4016; P. Sargos, “Réflexions sur les accidents médicaux et la doctrine jurisprudentielle de la Cour de cassation en matière de responsabilité médicale”, D. 1996, chronique 365.

〔52〕 J. -S. Borghetti, “The Culture of Tort Law in France”, *Journal of European Tort Law*, 3 (2012), 173, citing S. Whittaker, “La responsabilité pour fait personnel dans l’avant projet de réforme du droit de la responsabilité: donner voix aux silences du Code civil”, *Revue des Contrats*, 2007, 89 at 99.

〔53〕 主要代表人物是维内（Geneviève Viney）和茹尔丹（Patrice Jourdain）。

〔54〕 See e. g. P. Remy, “Critique du système français de responsabilité civile”, *Droit et Cultures* 36, 1996, 31; P. Remy, “La responsabilité contractuelle: histoire d’un faux concept”, RTD civ. 1997, 323; J. -S. Borghetti, “La responsabilité du fait des choses, un régime qui a fait son temps”, RTD civ. 2010, 1.

〔55〕 P. Mitchell, “The Impact of Institutions and Professions on Fault Liability in England”, in P. Mitchell ed., *The Impact of Institutions and Professions on Legal Development*, Cambridge University Press, 2012, citing R. Goff, “The Search for Principle”, *Proceedings of the British Academy*, 69 (1983), 169, 182-187.

斯特里特的《交通事故》，还有帕特里克·阿蒂亚的《事故、赔偿与法律》第一版。[56]相较在法国类似学说对法律发展的影响，这番福利主义的观念在四十多年前的英国从未对实体法产生同样显著的效果。

博尔盖蒂称，法国法院往往倾心于偏袒受害人的进路，部分原因在于，法官念大学时受教于那些学者从而深受影响。[57]法官就民事责任的作用确实持有同样见解，法国民事责任法给了法官发挥此作用的自由，盖《法国民法典》的抽象措辞给了创造性解释极大空间，而法国法院判决书行文简约的风
格也给了法官创造的机会，不必条分缕析地详尽阐述判决 72
理由。

和适才一点相关联的，是法律人在多大程度上考虑责任规则更广泛的经济或社会后果。虽说有些显著例外，[58]但法国学者整体上不若其英国同侪那般关注此类问题。正如博尔盖蒂针对法国学术分析所阐述的，[59]依法国学界奉行的教义学进路，分析重心倾向于限制在法律规则本身以及规规矩矩的法律推理，纵是论及法律规则背后更为宽泛的正当理由，也往往局限于便

〔56〕 Terence Ison, *The Forensic Lottery: A Critique of Tort Liability as a System of Personal Injury Compensation*, London: Staples Press, 1968; D. W. Elliott and Harry Street, *Road Accidents*, London: Penguin, 1968; Patrick Atiyah, *Accidents, Compensation and the Law*, Littlehampton Book Services, 1970.

〔57〕 J. -S. Borghetti, "The Culture of Tort Law in France", *Journal of European Tort Law*, 3 (2012), 178.

〔58〕 See e. g. J. - S. Borghetti, "Les interest protégés et l'étendue des prejudices réparables en droit de la responsabilité civile extra - contractuelle", in O. Deshayes, C. Pérès, J. -S. Borghetti, eds., *Etudes offertes à Geneviève Viney*, Paris: LGDJ, 2008, 739, at 145.

〔59〕 J. -S. Borghetti, "The Culture of Tort Law in France", *Journal of European Tort Law*, 3 (2012), 176-177.

利受害人得到赔偿的必要性。[60]在医疗事故责任与救济领域，虽说也有作品关注责任规则是否会妨碍责任保险的供给，对医疗职业有哪些潜在影响，[61]但学术界确实极少讨论，将医疗事故责任的经济负担加诸政府以及责任保险公司，可能对投入医疗服务的资金产生怎样的影响。[62]由于法国法院判决书行文简约，故很难辨识出法官判决背后的论证思路，但没有任何证据显示，法国法官的思路与学界流行的思路有任何不同。在这里，想想佩吕什案当很有意思。法律总顾问热妮·圣罗丝（advocate-general Jerry Sainte-Rose）是反对就错误生命给予赔偿的，但其向法国最高法院提交的意见却完全立足于法律原则和伦理，至于认可此类赔偿权利会给医疗执业人以及保险公司带来巨大财政压力这么显而易见的论据，却压根儿没有提及。[63]时任法院顾问皮
73 埃尔·萨尔戈斯（Pierre Sargos）也写道，佩吕什案的法官意在为严重残疾的孩子提供更好的生活。[64]事实上，佩吕什案判决发布后，医疗行业和责任保险公司担心民事责任洪水涌至，一时惶恐不安。医生行业威胁不再施行某些产前检查并开始采取劳工行动，责任保险公司也声称要退出医疗责任保险市场。

〔60〕 学术界对民事责任的经济负担事宜漠不关心，对此表达强烈不满的，可参见 L. Cadiet, “Les metamorphoses du prejudice”, in *Les metamorphoses de la responsabilité*, Paris: Presses Universitaires de France, 1997, 37, esp. 38-39.

〔61〕 E. g. C. Radé, “Plaidoyer en faveur d'une réforme de la responsabilité civile”, D. 2003, 2247 at 2249.

〔62〕 显著的例外，see P. Loiseau, *La maîtrise des dépenses de santé confrontée à la responsabilité médicale aux Etats-Unis et en France*, Presses Universitaires Aix-Marseille, 2005；另见经济学家的意见，J. Bichot, “La coûteuse euthanasie de l'obstétrique libérale”, *Revue Droit Sanitaire et Sociale*, 2010, 83.

〔63〕 J. Sainte-Rose, conclusions, *Les texts de référence de l'arrêt Perruche*, *Espace éthique*, La lettre hors-série no. 3, Winter-Spring 2001, 57.

〔64〕 JCP G 2000, Ⅱ, 10438, rapp. P. Sargos.

若是想到法国进路不过是风险集体化处理观念的表现，那么也就知道对政府承受的财政负担不那么关注实在是顺理成章之事。〔65〕

但英国法律界却对这些议题投以更具体的关注。在医疗过失领域，避免“开启诉讼洪闸（opening the floodgates）”以及避免全民医疗服务系统遭受过重经济负担永远都是英国过失侵权法发展进程当中的显著特征，法官对此亦开诚布公予以认可。〔66〕医疗过失诉讼给全民医疗服务系统带来的成本，也是英国学术界时常讨论的议题，相较法国同侪，英国学者的法律分析工作往往不会采取那么绝对的原则导向的进路（principle-oriented approach）。〔67〕是以，对待法律议题，英国进路总体而言更为开阔：法律要放在经济和社会背景下来考察，对经济和社会因素的考量公开参与了法律塑造。

在医疗事故这个话题背景下，考虑到联合王国医疗服务的
组织形式（指医疗服务供给侧的制度设计），对法律规则的经济 74
后果感到担心，当然可以理解。自 1995 年 4 月 1 日起，所有针

---

〔65〕 就此点可参见 B. Markesinis, “Unité ou divergence: à la recherche des ressemblances dans le droit européen contemporain”, *Revue Internationale de Droit Comparé*, 2001, 807, at 824.

〔66〕 例如，霍夫曼勋爵在费尔柴尔德案中即称，在石棉致癌案件中，雇主对其制造的风险应负责任，但不能将此原则延伸及于医疗过失领域，一个原因就是担心这会令全民医疗服务系统承受过重的负担（Fairchild v. Glenhaven Funeral Services Ltd [2002] UKHL 22, per Lord Hoffman）。另见 Gregg v. Scott [2005] UKHL 2, para. 90, per Lord Hoffman; Rees v. Darlington Memorial Hospital NHS Trust [2003] UKHL 53, at para. 6, per Lord Bingham; Whitehouse v. Jordan [1980] 1 All ER 650, 658, per Lord Denning.

〔67〕 See e. g. V. Harpwood, *Medicine, Malpractice and Misapprehensions*, Abingdon: Routledge-Cavendish, 2007; J. K. Mason, G. Laurie, *Mason and McCall Smith's Law and Medical Ethics*, 8th edn, Oxford University Press, 2011, 122-123; M. Brazier, E. Cave, *Medicine, Patients and the Law*, London: Penguin, 2011, 239.

对全民医疗服务机构（NHS bodies）的损害赔偿请求，皆由“为医疗基金提供的医疗过失救济计划（Clinical Negligence Scheme for Trusts）”来处理。* 全民医疗服务机构向该救济计划缴费。一旦认定全民医疗服务机构应该对医疗事故受害人负损害赔偿责任，即由该救济计划从成员缴费（member's contributions）的可用金钱中支出。这些缴费来自全民医疗服务系统分配给各全民医疗服务组织（NHS organizations）的款项，这些款项又来自卫生部每年拨给全民医疗服务系统的资金。是以，在为医疗救济而支出的费用与留给医疗服务的经费之间，在全民医疗服务系统的民事责任与纳税人的缴费之间，便有直接关联。而在诸如法国那样的以保险为基础的体制下（insurance-based system），就不存在如此这般直接关联。〔68〕诚然，在法国，国家医疗事故赔偿总署（ONIAM）用来赔偿医疗事故受害人的资金是由议会每年以社会保险醵资法分配并由各公办医疗服务保险基金（healthcare insurance funds）支付给国家医疗事故赔偿总署。正是这些基金为多数公办医疗服务提供资金，是以国家医疗事故赔偿总署支出的赔偿金额与可用于医疗服务的经费之间当然有关联。不过，只要越过无过错事故往更远处看，过错责任的经

---

* 译按：为应对医疗过失诉讼成本日益增长的局面，英国于 1995 年建立全民医疗服务系统诉讼局（NHS Litigation Authority），专门负责向加入了全民医疗服务系统的医疗基金（participating trusts）发放“保险单（insurance policy）”，这个保单即称“为医疗基金提供的医疗过失救济计划（Clinical Negligence Scheme for Trusts, CNST）”。目的是为全民医疗服务组织应对医疗诉讼成本提供资金来源。虽说是自愿，但目前全部医疗基金都已加入计划。See Vinita Nair, Edwin Chandraharan, “Clinical Negligence Scheme for Trusts (CNST)”, *Obstetrics, Gynaecology & Reproductive Medicine*, Volume 20, Issue 4, April 2010, pp. 125-128.

〔68〕马克·施陶赫于其英德比较法专著中亦持此论（M. Stauch, *The Law of Medical Negligence in England and Germany: A Comparative Analysis*, Oxford: Hart, 2008, 57 and 158-159）。译按：参见［英］马克·施陶赫：《英国与德国的医疗过失法比较研究》，唐超译，法律出版社 2012 年版，第 98 页，260 页。

济负担最初仍是由责任保险公司承受，而并非直接来自用于医疗服务的公帑。当然，保险公司支出的金额必然会影响可用于医疗服务的费用，民事责任增加会促使保险公司提高保费，增加的费用最终有部分还是会落在政府头上，盖医生支付的责任保险费，政府有所分担（contribute to），而医生通过提高诊金来弥补保费支出的，政府还要通过社会保险机制在限额内（defined ceiling）予以报销。[69]区别在于，在法国，责任成本与医疗服务经费间的关联更为弥散，更容易忽略。是以，在法国，民事责任当然会导致公帑私帑成本增加，关联不容否认，但偏向受害人赔偿的法律规则依然蓬勃发展起来，那成本对医疗服务的影响却不大可能起到制动的作用。

第三节　结论

英法两国医疗事故责任与救济法制进路上的不同，得以两 75
国法律传统和文化方面的差异来解释。法国法律界对民事责任的主流观念更偏向集体视角，英国法则在个人主义与社会福利间求取平衡，而且和矫正正义关系密切，甚于风险集体化处理。这是对此处所从事的比较法研究工作的警醒。“侵权法文化”方面的差异会成为法律制度整体移植的巨大障碍，特定的民事责任与赔偿规则可能在一定程度上只适合具体的文化环境。虽说针对医疗事故的无过错责任体制在英国也并非完全排除的选项，但相较法国，英国法律界和整个社会的抵制一定更强烈。

但这并不意味着英国法就不能从法国经验那里有所借鉴。后面数章将依次考察法国法对诸项事宜产生的影响，包括医疗

〔69〕 See J. Bichot, “La coûteuse euthanasie de l'obstétrique libérale”, *Revue Droit Sanitaire et Sociale*, 2010, 83.

救济在财政方面的可持续性事宜，法律规则的连贯性事宜，医患关系，医疗差错的公开以及患者安全事宜。对于英国医疗事故责任与救济法制探索改革方向而言，这些法国经验当然是宝贵的财富。

第四章

医疗事故救济的成本

医疗事故救济的成本是英国法的首要关切，担心就医疗事 76
故赔偿事宜采纳无过错体制会显著增加政府的经济负担，正是改革的重大障碍。国家医务顾问于 2003 年发布报告《穷则变》，即认为全面无过错赔偿体制乃全民医疗服务系统所无力承受。倘引入无过错体制，以 2001 年为例，据估算，即便赔偿水平降低 25%，全民医疗服务系统的赔偿金额也将高达 16 亿英镑（设 19%的合格受害人请求赔偿）到 40 亿英镑（设 28%的合格受害人请求赔偿）。[1]而全民医疗服务系统当年实际的医疗赔偿金额为 4 亿英镑，从经济角度看，比较的结果自然极为不利。[2]更晚些时候，下议院的健康委员会估计，倘采纳无过错体制，全民医疗服务系统用于解决医疗过失纠纷的成本将增加 20%到 80%。[3]

在法国法上，就遭受最为严重伤害的医疗事故受害人，不论医疗服务提供过程中是否有过错，都可以得到赔偿，而且还发展出其他额外途径来便利受害人救济，想来医疗事故责任与救济的成本当会高过英国，可事实上，法国的总体成本看起来

---

〔1〕 Chief Medical Office, *Making Amends: A Consultation Paper Setting Out Proposals for Reforming the Approach to Clinical Negligence in the NHS*, Department of Health, 2003, 112.

〔2〕 Ibid.

〔3〕 House of Commons Health Committee, *Sixth Report*, *Complaints and Litigation*, June 2011, paras. 151-157.

要显著低一些。

第一节　法国的医疗事故救济成本

77 根据国家医疗事故赔偿总署（ONIAM）2013年报告，当年同意赔偿医疗事故受害人7 250万欧元。[4]另外还要加上行政费用和律师费用。2013年报告未提到这些费用的具体数字，但2012年支出的专家费用为355万欧元，律师费用为262万欧元。[5]2013年的行政成本大概为800万欧元。[6]是以可以估算出，2013年，法国政府为无过错医疗事故损害大约支出8 500万欧元。

当然，法国医疗事故责任的总成本要远远高出国家医疗事故赔偿总署（ONIAM）支出的金额，盖医疗过错造成的医疗事故，是责任保险公司承受了损害赔偿的经济负担。这个经济负担通过保险费用转移给了医疗服务人，由于政府承担了一定比例的保险费用，在这个范围内，经济负担又转移给了政府。[7]因为保险行业并未提供统一数据，故不能勾画出法国医疗责任

---

〔4〕 ONIAM, *Rapport d'activité* 2013, 15（这个数字放在历年数据里属于高档）。2008年为7400万欧元，2011年为4400万欧元，2012年为6200万欧元。就输血感染丙肝和艾滋病的受害人以及强制接种的受害人，国家医疗事故赔偿总署还经管着专门的赔偿体制，把这些赔偿金额也算上，2013年一共支付1.04亿欧元。ONIAM, *Rapport d'activité* 2013, 51.

〔5〕 ONIAM, *Rapport d'activité* 2012, 54.

〔6〕 ONIAM, *Rapport d'activité* 2013, 50, 53（国家医疗事故赔偿总署经管的各个赔偿机制，2013年总的行政费用为1130万欧元，事故赔偿机制占了70%）.

〔7〕 Decree no. 2006-1559 of 7 December 2006. 政府为妇产科医生保费支出的最高分担额为1.8万欧元（Social Security Code, art. D. 185-1）。政府分担额占了个人责任保费的很大比重，例如一位妇产科医生的保费为1.5万欧元，政府付了1万欧元，参见S. Hocquet Berg, "Responsabilité médicale et solidarité nationale: d'un rapport de subsidiarité à unelogique de substitution", in Nicole Guimezanes ed. *Leçons du droit civil. Mélanges en l'honneur de François Chabas*, Brussels: Bruylant, 2011, 41.

总成本的全景，但从一些大保险公司公布的统计数据中，就法
国医疗事故赔偿的总经济成本，又可以得到一些信息。法国最
大的医疗责任保险公司医院互助保险协会（SHAM），据称占有
50%的医疗责任保险市场，[8]担当 75%公办医院及 30%私营诊
所的责任保险人，[9]2013 年总的事故责任成本为 2.56 亿欧元。
法国的 22 万医生，有 12.8 万是法国互助医疗保险公司（*MACSF* 78
sou medical）的客户，该公司 2012 年因败诉支付的赔偿金为
4930 万欧元。[10]巴黎的 37 家医院，是法国仅有的自我保险的医
疗机构，2012 年支付给医疗事故受害人的赔偿金为 1700 万欧
元。[11]总的医疗责任保险费，2009 年高达 4.78 亿欧元，[12]而
据保险业某位头面人物 2009 年估测称，法国总医疗事故责任成本
大约为 4 亿欧元。[13]虽然很难拿出精确数字，但看起来跟英国
全民医疗服务系统单是 2013～2014 年度就高达 12.4 亿英镑
（15.7 亿欧元）的责任成本还是有些距离的，[14]而据 2003 年的
估算，若是英国引入基础广泛的无过错体制，赔付金额将是 16 亿

〔8〕 www. sham. fr. /Decouvrir-Sham/Presentation/Chiffres-cles. Figures for 2013, last consulted July 2014.

〔9〕 公办医院承担了 80%的住院医疗服务。A. Laude, J. Pariente, D. Tabuteau, *La judiciarisation de la santé*, Paris: Editions de Santé, 2012, 28.

〔10〕 MACSF, *Panorama des risques professionnels en santé*, 2013 edition, www. risque-medical. fj/decisions-justice/rapport-2012/decisions-justice, last consulted June 2014.

〔11〕 AP-HP (*Assistance Publique-Hôpitaux de Paris*), *Rapport d'activité* 2012, 41. 这 37 家医院每年接待 700 万患者，预算接近 70 亿欧元（www. aphp. fr/aphp/les-chiffres-clefs, last consulted July 2014）。

〔12〕 G. Johanet *Rapport aux ministres*, Jan 2011, 1, available at www. sante. gouv. fr/IMG/pdf/Rapport_ Responsabilite_ Civile_ Medicale. pdf. 引用数据：*Autorité de contrôle prudential et de resolution*, *Rapport réalisé en execution de la loi du* 31-12-2007 *et de l'arrêté du* 24 *juin* 2008, *Rapport sur l'exercice* 2009.

〔13〕 J. -Y. Nouy, managing director of SHAM, "Deuxième table ronde: comment améliorer l'indemnisation des victims?", *Revue Générale Droit Médical*, no. 33, December 2009, 137, at 148.

〔14〕 NHS Litigation Authority, *Fact Sheet*, *Financial Information*, 2013/14, 2.

到40亿英镑。[15]经济合作与发展组织2006年有份报告，中间的数据也倾向于证实英法两国责任水平确实有很大差距。[16]

虽说法国的责任成本显然较低，法国的医疗责任法制却饱受责任保险行业和医疗行业批评。这些批评并不特别指向行政赔偿体制。2002年改革的思路是令医疗执业人仅对过错造成的事故负责，将无过错赔偿的负担转移给政府，从而减轻保险行
79 业自20世纪90年代以来日益加重的民事责任经济负担。2002年法律令医疗机构就医院感染负严格责任，曾令保险行业颇感忧虑，但就最为严重的感染，政府很快担负起赔偿受害人的重任，将保险行业绥抚。在改革之后，保险行业和医疗行业一直批评法国法院处理医疗事故责任的思路，认为令医疗行业承受了过重的责任负担，尤其在诸如外科、妇科这样的高风险领域。[17]法国互助医疗保险公司2006年即宣布将保费提高20%，盖公司认为，不论是医疗损害赔偿请求，还是给予的赔偿水平，都在顽固增长。还有公司威胁要退出妇科医生的责任保险市场。[18]保险公司称，医疗事故不断增加，赔偿水平越来越高，判例法的发展动向又是格外偏袒受害人，这些都给保险公司带来很大困难。[19]保险公司还批评责任性质含糊不确定。[20]毫无

---

〔15〕 Chief Medical Office, *Making Amends: A Consultation Paper Setting Out Proposals for Reforming the Approach to Clinical Negligence in the NHS*, Department of Health, 2003, 112.

〔16〕 OECD, *Medical Malpractice, Prevention, Insurance and Coverage Options*, no. 11, 2006, 69. 据这份报告估测，总的医疗事故责任成本，英国全民医疗服务系统为7.3亿欧元，法国2003年为3.5亿欧元。

〔17〕 当然这可能是保险公司的策略，用来得到更多让步。

〔18〕 Inspection générale des affaires sociales (IGAS), *l'assurance en responsabilité civile médicale* (2007).

〔19〕 N. Gombault, "La situation de l'assurance de responsabilité médicale", *Revue Droit Sanitaire et Social*, 2010, 51.

〔20〕 Ibid.

疑问，2002 年的法律改革，还有明确医疗执业人仅就过错医疗行为负责任，并未能消除法律上的不确定。事实上，2002 年法律改革催生了医疗责任领域很长时间的司法能动（judicial activity），就诸多关键概念的解释，法律陷入极大不确定状态，[21]最高法院创制的规则急剧波动，使得风险暴露的精确评估工作变得极为困难。[22]考虑到保险费的分区计算（sectorization），责任 80
保险市场本身的组织也在极大程度上促成了医疗行业特定专科领域面临的困难。诸如外科、产科这些高风险领域，通过高昂的保费，承受了责任经济成本最重的担子，[23]从 2004 年到 2009 年，这些专科的保费增加了 59.6%。[24]

虽说保险行业和医疗执业人担忧如此，学界却倾向于认为法国的医疗事故责任与救济法制在经济上可以承受。[25]法国法

〔21〕 例如“医疗事故（medical accident）”概念的界定难题，参见下文第五章第 99-102 页［边码］。就责任保险人的困难，参见 P. Pierre，“Assurance，responsabilité et santé：réflexions sur une trilogie en devenir”，*Revue de Droit Sanitaire et Social*，2010，7.

〔22〕 保险公司批评的，是那些让风险评估工作变得困难的因素，而不是使风险增加的因素，盖风险成本得通过提高保费来转嫁。

〔23〕 Inspection générale des affaires sociales（IGAS），*l'assurance en responsabilité civile médicale*（2007），5.

〔24〕 G. Johanet *Rapport aux ministres*，Jan 2011，6，available at www. sante. gouv. fr/IMG/pdf/Rapport_ Responsabilite_ Civile_ Medicale. pdf

〔25〕 See e. g. P. Jourdain，“Propos conclusifs et prospectifs”，in7*èmes états généraux du dommage corporel*：2002-2012-2022…*La Loi Kouchner entre deux décennies*，special issue，*Gazette du Palais*，16 June 2012，no. 168，50；C. Radé，“La Loi Kouchner a dix ans（déjà）”，*Responsabilité Civile et Assurances*，no. 3，March 2012，alerte 5，3. See also S. Penet，“Comment améliorer l'indemnisation des victims”，transcript of round table discussion in conference，“Bilan de la loi Kouchner du 4 mars 2002”，*Revue Générale de Droit Médical*，December 2009，101，at 151（作者来自法国保险公司公会，对当前体制甚为满意，认为对医疗服务人来说不再有任何可保性的难题）. 奥凯·贝格（Hocquet-Berg）则批评法国法不该朝着一切损害皆予赔偿的错误观念盲目冲锋。See S. Hocquet-Berg，“l'ONIAM ou la grenouille qui veut se faire aussi grosse que le boeuf…”*Responsabilité Civile et Assurances*，no. 10，October 2004，alerte 30.

以看起来显著低于英国的成本，提供了一套更有利于受害人赔偿的体制，这一切是如何实现的？有三个可能的因素，大概可以用来解释何以法国的救济成本较为低廉：两国在索赔比率、人身损害赔偿水平以及法律成本三个方面的差异。

法国救济成本较为低廉的可能解释：

（一）损害赔偿请求更少一些？

要说英国的医疗事故救济请求是否比法国更多，很难得出任何确凿的结论。据英格兰全民医疗服务系统诉讼局的数据，在英格兰，2013-2014 年度针对全民医疗服务系统新提起的医疗过失损害赔偿请求为 11 945 件，此前一年为 10 129 件，2008-2009 年度则为 6 088 件。[26]就整个联合王国医疗过失损害赔偿
81 请求的数据，[27]社会福利金追索处（Compensation Recovery Unit）提供的数字大概最为可靠。[28]据这些数字，2012-2013 年度，共有 16 006 件医疗过失损害赔偿请求在社会福利金追索处登记，2011-2012 年度为 13 517 件，2006-2007 年度为 8 575 件。虽说从 2000 年到 2010 年间，损害赔偿请求的数字在 7 000 件到 10 000 件之间波动，但看得出，自 2010 年以来，损害赔偿

〔26〕 NHS Litigation Authority, *Factsheet* 3: *Information on Claims* 2013-14.

〔27〕 A. Morris and R. Lewis, "Tort Law Culture in the United Kingdom: Image and Reality in Personal Injury Compensation", *Journal of European Tort Law*, 3 (2012), 230; R. Lewis, A. Morris, K. Oliphant, "Tort Personal Injury Claims Statistics: Is There a Compensation Culture in the United Kingdom?", *Journal of Personal Injury Law*, 30 (2006), 87; V. Harpwood, *Medicine, Malpractice and Misapprehensions*, Abingdon: Routledge-Cavendish, 2007, 5.

〔28〕 www.dwp.gov.uk/other-specialists/compensation-recovery-unit/。社会福利金追索处负责从应支付的赔偿金［指赔偿义务人］那里追还已向原告支付的社会保障福利金。所有赔偿义务人都必须将针对自己的人身损害赔偿请求事宜知会社会福利金追索处。就搜罗人身损害赔偿请求统计数据的话题，参见 V. Harpwood, *Medicine, Malpractice and Misapprehensions*, Abingdon: Routledge-Cavendish, 2007, 1-47.

请求的件数一直在快速增长。联合王国的这些数据涵盖一切医疗事故损害赔偿请求，不论是否经过诉讼。这些损害赔偿请求绝大多数都是针对英格兰全民医疗服务系统提出的。[29]

法国的数据则很难获得。法国司法部就各类法院的活动倒是发布统计数字，但就损害赔偿请求的类型，一般都不会包含足够详细的信息。责任保险公司也会就索赔事宜发布信息，但找不到整体的数据。这里的分析主要基于 2012 年出版的关于法国医疗事故诉讼比率的一份研究成果。[30]根据这份研究，2009 年法国民事法院共审理医疗责任案件 4 361 起。[31]行政法院的数据有些陈旧，2006 年的数字为 509 件。[32]因为在法律改革后，法院受理案件的数量从趋势看是走向平稳甚至略微下调，[33]故可估测出法国法院当前每年审理医疗责任案件大约为5 000件。《医疗风险 82
观察》2012 年发布的报告估测，从 2006 年到 2011 年间，62%的损害赔偿请求未经诉讼途径即已解决（settled），[34]这意味着

---

〔29〕 针对苏格兰全民医疗服务系统的医疗过失损害赔偿请求，2009 年不到 400 件（see F. Stephen, A. Melville, T. Krause, *A Study of Medical Ngeligence Claiming in Scotland*, Scottish Government Social Research, 2012, 24.）。在威尔士，针对全民医疗服务系统医院及社区医疗中心的投诉，2010-2011 年度为 2002 件（see https://statswales.wales.gov.uk/）。虽说没有找到针对威尔士全民医疗服务系统医疗过失诉讼的数据，但有把握说，远低于投诉的数字。

〔30〕 A. Laude, J. Pariente, D. Tabuteau, *La judiciarisation de la santé*, Paris: Editions de Santé, 2012.

〔31〕 Ibid., 51.

〔32〕 Eco-Santé France, May 2011, from DREES data, SAF/Base IDS TA, taken from A. Laude, J. Pariente, D. Tabuteau, *La judiciarisation de la santé*, Paris: Editions de Santé, 2012, 27.

〔33〕 A. Laude, J. Pariente, D. Tabuteau, *La judiciarisation de la santé*, Paris: Editions de Santé, 2012, 134-135.

〔34〕 Observatoire des risques médicaux, *Rapport d'activité* 2012, *années* 2006-2011, 7. 包括向［行政］赔偿体制提出的申请（2013 年为 4 394 件），以及未经诉讼也未向［行政］赔偿体制申请即解决的索赔请求。

每年的医疗损害赔偿请求大约为 13 000 件。这当然是极为粗糙的估计，据此得出任何确凿的比较结论都很困难，也不明智。从英国社会福利金追索处（CRU）提供的 2012-2013 年度的数字看，目前英国医疗过失损害赔偿请求的比率更高一些，但仅据一年的数字显然没法证实。清楚无疑的是，联合王国的损害赔偿请求比率在快速增长，而正如稍后将论及的，法国的损害赔偿请求比率似乎已经稳定。

（二）赔偿水平更低一些?

要说法国的责任成本何以更低，若是比较索赔率并不能给出确凿答案，那么比较一下损害赔偿水平大概会更有说服力。有项关于欧盟和欧洲自由贸易联盟（EFTA）国家损害赔偿水平的研究成果于 2003 年出版，[35]假设人身伤害的受害人为 40 岁的医生和 20 岁的律师秘书，比较在各种不同伤害类型下，各国法院给予的赔偿水平如何。这项成果提供的数据表明，英国的赔偿水平总是高过法国。[36]而且英国给予极高赔偿的情形似乎也更多一些。据报道，2014 年 1 月，全民医疗服务系统以 2400 万英镑了结一起医疗过失纠纷。[37]截至 2006 年 12 月 31 日，全民医疗服务系统医疗过失救济计划给出的最高 10 笔赔偿金，都高过 500 万英镑。[38]2009～2010 年度，因医疗过失而遭受大脑

〔35〕 D. McIntosh, M. Holmes, eds., *Personal Injury Awards in EU and EFTA Countries*, The Hague: Kluwer Law International, 2003.

〔36〕 同上注。参见该书的损害赔偿金比较表格，第 52-53 页，第 56-57 页。

〔37〕 Najeeb v. Great Ormond Street NHS Hospital Trust. "NHS faces £24m bill after glue injected into girl's brain at Great Ormond Street", *The Guardian*, 27 January 2014.

〔38〕 V. Harpwood, *Medicine, Malpractice and Misapprehensions*, Abingdon: Routledge-Cavendish, 2007, 25, citing figures provided by Roise Winterton in an answer to a House of Commons Written Question, 29 January 2007, column 57w.

性麻痹的 19 位受害人，共得到 6 300 万英镑赔偿，[39]平均每人 83
超过 330 万英镑。这些数字与法国的赔偿水平形成鲜明对比。根据法国《医疗风险观察》2013 年报告（时间跨度为 2007 年到 2012 年，分析了赔偿金额超过 1.5 万欧元的 8 332 件案例，其中既有协商解决的，也有法院判决的），赔偿金额高过 300 万欧元的案子只有 11 件，其中只有 2 件赔偿金高过 500 万欧元。[40]从法国互助医疗保险公司（MACSF）发布的 2012 年数据看，该年有 5 件案子的赔偿金额在 300 万欧元到 500 万欧元之间。[41]根据《医疗风险观察》2013 年报告，2007 年到 2012 年的平均赔偿金额为 116 548 欧元，不过这个统计数据只考虑了超过 1.5 万欧元的赔偿。[42]法国国家医疗事故赔偿总署（ONIAM）2013 年的平均赔偿金额为 98 915 欧元。[43]在英国，根据医疗事故发生的财政年度所得数据，2008-2009 年度，医疗过失救济计划共登记 7 104 件赔偿请求，总价值 961 442 000 英镑，[44]也就是说平均索赔价值（claim value，而非判给金额）为 135 338 英镑（161 384 欧元）。

（三）法律成本更低一些？

何以英国的救济成本更高，英法两国法律成本上的高低差异也是重要解释因素。2013~2014 年度，全民医疗服务系统为

[39] NHS Litigation Authority, *Ten Years of Maternity Claims—An Analysis of NHS Litigation Authority Data*, October 2012, 97.

[40] Observatoire des risques médicaux, *Rapport d'activité* 2013, *années* 2007-2012, 25. 六年间最高的赔偿金额为 7 482 000 欧元。

[41] MACSF, Panorama des risque professionnels en santé, edition 2013, www. risque-medical. fr/decisions-justice/rapport-2012/decision-civiles-2-2-11.

[42] Observatoire des risques médicaux, *Rapport d'activité* 2013, *années* 2007-2012, 22.

[43] ONIAM, *Rapport d'activité 2013*, 15.

[44] NHS Litigation Authority, *Fact Sheet*: *Information on Claims*, July 2013, 3.

当年结案的索赔请求共计支付 2.85 亿英镑法律成本，包括超过 2.33 亿英镑的原告费用（claimant costs）。[45]英国的法律成本更高，部分是普通法的法律程序性质使然，当事人搜集证据的担子要更重一些，而且重心在最后的庭审。法国法制则大相径庭，法官在搜集证据方面起到更大作用，通过一系列小的听讯程序将大量证据处理，使得法官可以面会证人，缩窄争点，最后的庭审就相对简洁多了。英国医疗过失诉讼的付费方式也在很大
84 程度上推高了法律成本。附条件费用协议（conditional fee agreements）增加了被告人的成本负担，盖直到不久前，被告人都要支付此类协议中约定的成功费用（success fee）。[46]法律援助体系经过最近的改革，不再向医疗过失诉讼提供法律援助（法律设定了若干例外），[47]这意味着现在多数原告都不得不依赖附条件费用协议以及基于损害赔偿金的费用协议（damages-based agreements）来解决诉讼经费难题，但原告不得再要求被告支付成功费用以及事后保险（after-the-event insurance）的成本。

法国法的一般规则正如同英国，败诉方当事人不但要支付自己的成本，还要支付对方当事人的费用。[48]这里涉及法定的几类费用，法律认为这些费用于审判至关重要并由《民事诉讼法典》第 695 条予以列举。这些“关键费用（essential costs，*dépens*）”包括法庭费用（court fees）和证人费用（witnesses' expenses），

---

〔45〕 NHS Litigation Authority, *Fact Sheet*: *Information on Claims*, 2014, 3.

〔46〕 Lord Justice Jackson, *Review of Civil Litigation Costs*, *Preliminary Report*, Norwich: TSO, 2009, 1（认为附条件费用协议是民事诉讼费用增长的一个主要原因）. 依 2012 年法律援助法（Legal Aid, Sentencing and Punishment of Offenders Act），原告不得再要求被告支付成功费用。

〔47〕 Legal Aid, Sentencing and Punishment of Offenders Act 2012, schedule 1 Part 2.

〔48〕 就法国法律成本规则的考察，简洁的英文资料可参见 Lord Justice Jackson, *Review of Civil Litigation Costs*, *Preliminary Report*, Norwich: TSO, 2009, 566-573.

但并不包括诸如律师费这样的大头开销。胜诉方当事人遂可能申请法院依《民事诉讼法典》第700条发布命令，由败诉方当事人承担这些支出。依该条，是否判给这些费用，赔偿水平如何，皆由法官自由裁量。司法实践中，法官判令赔偿的一般仅限于部分证人费用。[49]有专门针对欧洲各国民事诉讼费用与开支的比较研究成果，发现各国法律成本差异巨大，[50]英法两国即为如此。以因医疗过失而截瘫的原告设例，这项成果估算法国的原告费用刚过3万欧元，英国则为16万欧元。[51]就大中级别的商业案件，法国法院依《民事诉讼法典》第700条判令支付的费用一般为2 000欧元到5 000欧元。[52]

综上，法国医疗事故责任与救济法制的经济成本相较英国 85
更低，主要原因大概在于损害赔偿水平和法律成本大小不同。

第二节　法国经验之于英国法

针对医疗事故引入诉讼外救济机制在财政方面会产生怎样的效应，法国经验大概颇能让人放心。法国经验似乎表明，相较遭英国拒绝的宽泛的无过错体制改革方案，范围适度的无过错体制给财政承受能力带来的风险较小。倘英国采纳法国式的行政赔偿体制，当能有助于改善赔偿的成本效益。不过，在受

[49] L. Cadiet, E. Jeuland, *Droit judiciaire privé*, 8th edn, Paris: LexisNexis, 2013, 49.

[50] C. Hodges, S. Vogenauer, M. Tulibacka, "Costs and Funding of Civil Litigation: a Comparative Study", Legal Research Papers Series, University of Oxford, paper no. 55/2009.

[51] Ibid., 99-102.

[52] Lord Justice Jackson, *Review of Civil Litigation Costs*, *Preliminary Report*, Norwich: TSO, 2009, 569.

害人继续通过法院寻求救济的场合，不那么肯定的，由于较高的索赔率，更为肯定的，由于较高的赔偿水平再加上被告人应支付的法律成本更高，英国的救济成本仍将更为高昂。

英国人担心引入无过错赔偿体制会导致成本大幅攀升，与此紧密相关，英国人担心“开启诉讼洪闸”，诉讼激增，“赔偿文化”大行其道。[53]行政赔偿体制对索赔率会产生怎样的影响，法国经验提供了适例。法国的数据在一定程度上抵消了对诉讼大潮涌至的恐慌。若是将向法院提出的诉讼请求与向法定体制提出的赔偿申请相加，2006 年的医疗事故赔偿请求合计 7 995 件。[54]与之相较，2002 年的医疗事故诉讼为 5 791 件。[55]从这些数据看，自行政赔偿体制建立到 2006 年，总的损害赔偿请求似乎增加了 28%。但患者索赔实际百分比的增长要低一些，因为大约 13%的医疗事故受害人同时利用行政体制和法院提出平
86 行请求。[56]行政赔偿体制的引入似乎对诉讼率有缓抚效应，同样这段时间，诉讼率相对平稳，[57]民事法院的数据实际上从 2003 年 5 196 件诉讼的顶峰滑落到 2009 年的 4 361 件。[58]责任保险公司更近一些的数据也勾勒出类似的画面。以医院互助保

〔53〕 Chief Medical Officer, *Making Amends: A Consultation Paper Setting out Proposals for Reforming the Approach to Clinical Negligence in the NHS*, Department of Health, June 2003, 15.

〔54〕 A. Laude, J. Pariente, D. Tabuteau, *La judiciarisation de la santé*, Paris: Editions de Santé, 2012, 149. 可惜这项研究提供的数据只到 2006 年。1999 年的数字为 4 791件（ibid., 148）。

〔55〕 Ibid.

〔56〕 医疗事故受害人经常如此选择（MACSF, *Rapport d'activité* 2011, 87）。《医疗风险观察》2012 年报告称，根据六年间的数据，13%的案件最初是向行政体制申请赔偿，最终由法院判决结案（*Observatoire des risques médicaux* 2012, 7）。

〔57〕 A. Laude, J. Pariente, D. Tabuteau, *La judiciarisation de la santé*, Paris: Editions de Santé, 2012, 134.

〔58〕 Ibid., 52（数据来自法国司法部）.

险协会（SHAM）为例，从2005年到2010年，针对公司客户医疗服务人的索赔请求，每年不过增加2%，不过2011~2012年度倒是激增7.5%。[59]从法国互助医疗保险公司（MACSF）发布的数据看，2006年以来的索赔件数一直在轻微下跌。[60]向行政赔偿体制申请的件数倒是在增加，但幅度也不大。根据国家医疗事故赔偿总署（ONIAM）发布的数据，过去四年里，向行政体制请求赔偿的件数平均每年增长不到2%，2013年为4 394件。[61]

利用刑事公诉请求损害赔偿的，在法国比例很小，数据似乎还在下降。[62]刑事诉讼太过剑拔弩张，一些患者更愿意向行政体制申请赔偿，当然也可能是一些更为实际的动因在起作用，盖2002年法律改革头一次允许患者直接获取病历资料，[63]而且为适格申请人免费提供专家报告。[64]改革之前，患者在民事诉讼中可享受不到这些待遇，这是当时患者选择启动可以得到这些待遇的刑事诉讼程序的一个主要动因。刑事公诉渐受冷落的其他原因可能在于2000年刑法改革，这次改革使得更难针对医疗决策人（decision-makers）成功提起刑事诉讼。[65]

同时，医疗行为的数量在这一时段里大幅增加，本来这会 87
导致索赔请求同步增多，（但却并未发生）这自然意味深长。从2000年到2009年，私营医院的住院人次增长26.7%，公立医院

[59] SHAM, *Panorama du risque médical*, press release, September 2012, 1.

[60] MACSF, *Rapport d'activité* 2011, 6.

[61] ONIAM, *Rapport d'activité* 2013, 12.

[62] A. Laude, J. Pariente, D. Tabuteau, *La judiciarisation de la santé*, Paris: Editions de Santé, 2012, 69-71.

[63] 《公众健康法典》第L.1111-7条。

[64] See S. Gibert, *Guide de responsabilité médicale et hospitalière: quelle indemnisation du risque médical aujourd'hui?* Paris: Berger-Levrault, 201, 412.

[65] Law no. 2000-647 of 10 July 2000.

增长 22.1%，[66]私人医生在医疗院所外实施的医疗行为同样显著增长。[67]

是以敢说，法国引入的行政赔偿体制，十有八九不能认为其导致了索赔“洪水”，英国人对改革效果大可不必杯弓蛇影。损害赔偿请求的总体规模当然攀升这点不足为怪，但相对来说都可控制，而且 2006 年以来的诉讼数量似乎还在下降。[68]

当然也有可能，行政赔偿体制对索赔率的影响要放在特定文化背景下考察，尤其考虑到英国现行侵权法体制并未提供无过错赔偿机制这个事实，在英国引入类似体制诚然可能导致损害赔偿请求的巨幅增加。但所谓英国盛行“赔偿文化”的说法大抵夸大其词，[69]“洪闸”口子大概也不会开得如担心的那般大，尤其是像法国那样范围适度的行政赔偿体制，更不必恐慌。威尔士依《全民医疗服务系统救济法》引入新的投诉与救济机制后，据某家医疗委员会的年度报告，次年投诉（非索赔）即增加 2/3，[70]但其他医疗委员会的年度报告都未提到如此增长。[71]

88 若是如此性质的改革将医疗损害赔偿请求从法院处转移到行政赔偿机制那里，如同法国法院那般，在医疗行为大幅增长

---

〔66〕 A. Laude, J. Pariente, D. Tabuteau, *La judiciarisation de la santé*, Paris: Editions de Santé, 2012, 29.

〔67〕 Ibid., 55（2000 年为 901 247 000 人次，2009 年为 1 100 047 000 人次）.

〔68〕 但行政赔偿体制对追索和代位诉讼数量的影响却很难估计。

〔69〕 See R. Lewis, A. Morris, “Tort Law Culture in the United Kingdom: Image and Reality in Personal Injury Compensation”, *Journal of European Tort Law*, 3 (2012), 230.

〔70〕 Betsi Cadwaladr University Health Board, *Putting Things Right Annual Report*, 2011-12, 2. 据其 2012/13 年度的报告，当年正式投诉又增长 19%。不过只有 5 件投诉以提出经济赔偿方案结案，总价值 3.5 万英镑（*Putting Things Right Annual Report* 2012/13, 3）。

〔71〕 Aneurin Bevan Health Board, *Putting Things Right Annual Report*, June 2012; Powys Teaching Health Board, *Putting Things Right Annual Report*, 2012.

的同时，诉讼数量还能保持平稳甚至下跌，那么就能保证赔偿金落到最需要的人手里，而且更为快捷，更少对抗，成本效益更高。为医疗事故引入行政赔偿体制，着实可能对英国的行政法律成本与赔偿金之比（administrative and legal cost/compensation ratio）产生积极影响。若是纳入专家费用和律师费用，国家医疗事故赔偿总署（ONIAM）经办的各赔偿机制，2013 年总共支出 1800 万欧元运营费用，[72]占了当年行政和赔偿总成本的 14.7%。再考虑到行政赔偿体制还使得责任保险公司要向受害人为大致相同数量的给付，那行政成本与赔偿金之比就更为有利于赔偿了。法国的这些数据当然极大优于英国全民医疗服务系统，据全民医疗服务系统诉讼局的报告，就 2012~2013 年度结案的医疗损害赔偿请求，法律成本与损害赔偿金之比为 54.9%。[73]此外，全民医疗服务系统诉讼局当年内部运营及处理纠纷还支出了超过 1300 万欧元行政成本。[74]

是以，引入法国式的诉讼外解决机制，对背负着极为沉重诉讼成本担子的英国医疗事故纠纷被告人来说，当会是好消息。

不过，即便引入范围适度的无过错赔偿体制的好处显而易见，英国要全盘采纳法国式救济体制似乎也极不可能，至少中短期来看是如此。反对此路径最有力的理由显然在于，这样的体制要求政府承担赔偿无过错事故的财政成本，而在英国法上，政府眼下是没有这个负担的。法国法制改革不可否认地令政府承受了巨大财政负担，一是政府同意承担严重无过错事故的赔

[72] ONIAM, *Rapport d'activité* 2013, 50. 大部分行政开销都涉及医疗事故行政赔偿机制，这个机制下赔偿请求和赔偿给付的规模都较其他机制远为庞大。2013 年，70%行政成本（包括律师费和专家费）都涉及医疗事故赔偿机制（ONIAM, *Rapport d'activité* 2013, 52.）。

[73] NHS Litigation Authority, *Report and Accounts* 2012/13, 16.

[74] NHS Litigation Authority, *Report and Accounts* 2012/13, 48.

89 偿成本，另外是政府给医生的责任保险费用提供补贴。这样的动作在英国更为困难，盖英国法上医疗过失责任的资金渠道不同于法国，总体责任负担更为直接地落在政府肩上，这不可避免地放大了英国人的忧虑：改革会让公帑承受多大成本，又会给医疗服务的质量以及获得医疗服务的难易带来怎样的后续影响。此外，如前所见，由于诸如损害赔偿水平以及法律成本的规则等外部因素的作用，英国责任负担的总体规模一直都会更高一些，是以，但凡行政赔偿体制可能造成责任成本总体增长，都难免遭受有力反对。

就法国来说，法制改革建立了一套便宜而且相对快捷的赔偿体制，确保因医疗事故遭受最严重伤害的受害人得到救济，避免了这些身处困境之人饱受法庭诉讼剑拔弩张的折磨，为诉讼结果的阴晴难测而忧心忡忡，颇堪赞许。而对英国来说，此类性质的改革必然会引发更为深刻的变化，不限于经济环境（economic climate），还包括当前主流政治心态（political mindset），反对任何类似福利国家扩张之举。

明乎此，看到《全民医疗服务系统救济法》为英格兰构想的救济机制框架，以及当前在威尔士运行的机制，颇不同于法国的诉讼外解决机制，也就不为怪了。法国改革的重心在于便利医疗事故受害人得到赔偿，同时确保法律救济在财政上可以承受并减轻责任保险公司向来负担的沉重经济压力。联合王国议会通过《全民医疗服务系统救济法》的初衷与关切则相当不同。2006 年法律的主要目的在于减轻国家的医疗事故救济成本，手段则为以更为快捷便宜的方式处理不那么严重的医疗事故，〔75〕正是

〔75〕 依威尔士条令，赔偿提议不得高过 2.5 万英镑。See Regulation 29 (1) of the NHS (Concerns, Complaints and Redress Arrangements) (Wales) Regulations 2011 (SI 2011, no. 704, W. 108).

在不那么严重的医疗事故场合，救济成本往往与所判给的赔偿金不成比例。是以，虽说英法两国都对救济机制的适用范围加以限制，确保财政上可以承受，法国体制是方便那些遭受最为严重伤害的受害人得到赔偿，正是这些患者处境最为困厄，最需要得到救济。《全民医疗服务系统救济法》和威尔士条令则为可得赔偿金封顶，[76]将超过上限的受害人留给莫测难定的诉讼， 90
盖国家救济成本的大头并非花在此类受害人身上。[77]遵循《全民医疗服务系统救济法》的框架，威尔士条令对损害赔偿请求的范围施加更严厉的限制。是以，威尔士全民医疗服务机构（NHS body）只有在认定所涉医疗行为“应承担侵权责任（qualifying liability）”的情况下，方负有依条令予以救济的义务。条令将“应承担责任”界定为：

“为他人诊断疾病，或者为患者提供护理或治疗服务，

（a）因医疗服务人的任何作为或不作为，且

（b）涉及合乎条件的医疗服务（qualifying services）之供给，

违反了注意义务从而造成人身伤害或损失，因之而生的侵权责任。”[78]

是以，医疗服务人未犯过失的，即不予患者赔偿，这套体

---

〔76〕 依2006年法律［Section 3（5）（b）of the NHS Redress Act］，卫生大臣（Secretary of State）得为赔偿金设定上限。依这部法律颁布时的内阁设想，上限当为2万英镑。See NHS Redress Bill HC（CAC），Fifth Report of Session 2005-2006，HC 1009，28 March 2006，Appendix，7-11.

〔77〕 Department of Health，*NHS Redress*：*Statement of Policy*，14 November 2005，5.

〔78〕 The NHS（Concerns，Complaints and Redress Arrangements）（Wales）Regulations 2011，reg. 2. 译按：所谓“合乎条件的医疗服务（qualifying services）”意指，提供某些医疗服务造成患者损害的，不在条令适用范围内。

制亦不提供其他形式的救济。

英国进路看重成本节省过于赔偿受害人，陈述此事实并不必然意味着对英国方案的批评。节约成本当然是完全合理的改革动因，尤其是在全民医疗服务系统这个讨论背景下，盖如前所述，诉讼成本的节省即意味着更多资金得用于医疗服务。英格兰框架和威尔士条令并未强调患者赔偿，更看重的是更宽泛意义上的救济。这里的宽泛救济可以包括向患者解释，道歉，向患者提交报告说明已采取或将采取何等措施以防范类似事情再度发生，当然还包括损害赔偿，损害赔偿可以是金钱形式，也可以是订立提供医疗服务的合同。[79]也就是说，2006 年法律
91 以及威尔士条令提供的救济，意在帮助患者理解发生了什么（这有助于患者更为心平气和地接受自己的伤情），同时力图帮助患者从所受伤害中恢复（要求医疗机构为受害人制订康复计划）。这多少有些像是装饰门面（window-dressing），盖患者本来就可以期待自己所受伤害在公办医疗系统得到治疗，不必框架立法再来确认此点。

是以，《全民医疗服务系统救济法》建立的框架，再加上付诸实施的威尔士体制，并未做太多工作去便利医疗事故受害人得到赔偿。[80]这里的风险在于，倘新体制不能为受害人提供有足够吸引力的诉讼替代路径，改革也就难以实现降低损害赔偿请求成本的目标，盖患者仍将青睐传统路径。

---

〔79〕《全民医疗服务系统救济法》第 3 条。

〔80〕对《全民医疗服务系统救济法》的分析，参见 A. M. Farrell and S. Delaney, "Making Amends or Making Things Worse? Clinical Negligence Reform and Patient Redress in England", *Legal Studies*, 27 (2007), 1.

第三节　结论

医疗事故救济的经济成本，乃英国全民医疗服务系统极为关切之事。法国法以较为低廉的直接成本，为更多类型受害人提供救济。法国医疗事故责任与救济法制的经济成本较为低廉，部分原因在于其诉讼外解决机制的行政成本效益更高（administrative cost-efficiency），但更多在于赔偿水平以及诉讼成本方面与英国的显著差异。引入类似法国的体制毫无疑问会导致英国民事责任的经济负担加重，在当前的经济环境下，再考虑到根深蒂固的政治心态，这是不可接受的。但这“心态”若是将来改变，法国体制或得看作实现恰当平衡的典范，帮助最为艰难的受害人，救济手段更合乎成本效益原则，同时不会导致责任成本火箭般蹿升。

法国经验还表明，引入行政赔偿体制并不一定会导致索赔 92
率爆炸，而且将损害赔偿请求从法院转移至新体制处，还减少了诉讼规模。这些论据或有利于将行政赔偿体制引入英国的主张，但并不涉及无过错因素。《全民医疗服务系统救济法》建立的框架，虽说在适用范围上显然更为节制，若能成功将患者从诉讼程序中吸引过来，倒是有可能提供一条降低不断增长的法律成本的有益路径，但遗憾的是，这套体制适用范围上的限制同样可能减弱其对受害人的吸引力。若果真能如法国体制般成功减少诉讼，即可能营造出不那么剑拔弩张的赔偿氛围，这将有助于改善医患关系，促进患者安全。〔81〕

---

〔81〕 参见后文第六章、第七章。

第五章

法国行政赔偿体制面临的难题

93 法国法以相对低廉的成本便利了医疗事故受害人获得赔偿，似乎提供了颇有吸引力的改革范本，但也付出了一些代价，即法律极为复杂和不确定，还有可能的一点，就是将医疗事故受害人分为几类，可界分却相当武断。

英国法上有着众多不同侵权行为，也就是说英国民事责任法本来就是高度类型化的（compartmentalized），但在过失侵权领域，人身伤害责任法制却是相对整齐划一，要求原告证明注意义务、该注意义务的违反，以及注意义务违反与具有法律意义的损害之间有因果关系。当然有一些例外，如产品责任法制，因为欧盟的介入，要求生产者承担严格责任，还有一些情形，对注意标准做更为柔和的调整。[1]但在医疗过失法领域，从未发生背离传统责任原则的激进运动，[2]从而构成这块相对齐整人身伤害责任法的一部分。在以契约而非侵权为责任基础的场合，要判断医疗服务人是否应负责任，适用几乎完全一致的规则。

英国法上并没有特别的医疗事故赔偿机制，法院也没有针

---

〔1〕 例如占有人的责任。就过失侵权法上变动的注意标准，相关讨论可参见 D. Nolan, "Varying the Standard of Care in Negligence", *Cambridge Law Journal*, 72 (2013), 651.

〔2〕 当然，为了适应医疗过失法领域的特征，会在一定程度上塑造特定规则，从而形成这块特别领域。例如切斯特案发展起来的风险说明义务的性质（Chester v. Afshar [2004] UKHL 41）。

对医疗事故发展出什么传统责任原则的重大例外，也就是说，
不同于法国法，英国医疗过失法并未将医疗事故损害赔偿请求 94
划分为若干类别，依不良事件的类型而异其责任规则。这样英
国法即避去了法国法面临的难题，也就是将损害赔偿请求划分
为若干类别，其正当性何在，又如何界分。

与英国法形成鲜明反差，法国民事责任法构成复杂的网状，各种类型的受害人和事故适用截然不同的规则。《法国民法典》第 1382 条写道，“因过错造成他人损害者，负赔偿责任”，文字如此简洁、一目了然，看起来又是那么无所不包、涵盖无遗，可安德列·顿克，这位 20 世纪后半叶顶尖的侵权法学家，却将法国人身伤害的民事责任法制描述为“令人晕头转向的沼泽（confusing morass，*maquis déroutant*）”，[3]不同的责任规则分别适用于各式各样的受害人类别。[4]

法国民事责任法在结构上的复杂特征，源于深植于法国法律文化和法国社会的对民事责任法的独特理解（参见第三章）。20 世纪以还，主流观念认为责任法的主要任务在于便利赔偿受害人，从而反映社会连带思想。这样的规则必然要求在经济上可以承受，这大概解释了何以法国从未引入新西兰式的适用范围宽泛的法定赔偿体制。《法国民法典》第 1382 条奉若神明的过错责任原则却渐遭立法和法院侵蚀，立法将特定类型事故的发生风险转移给了包括政府、风险制造人在内的诸多不同主体

---

〔3〕 André Tunc, A. Touffait, “Pour une motivation plus explicite des décisions de justice notamment de celles de la Cour de cassation”, RTD civ. 1974, 487, at 499.

〔4〕 See also, e. g. L. Cadiet, “Les metamorphoses du préjudice”, in Faculté de droit et des sciences sociales de Poitiers, *Les metamorphoses de la responsabilité*, Paris: Presses Universitaires de France, 1997, 37, at 39; C. Radé, “Plaidoyer en faveur d'une réforme de la responsabilité civile”, D. 2003, 2247.

负担，[5]法院也以判例法，尤其是通过发展起物件致人损害的责任来压缩过错责任。[6]由此创制的规则形成深网，不惟使法律繁杂难解，且就受害人权利事宜，亦导致武断的界分。[7]

95 同样的思路也伸展进入医疗事故责任与救济领域。虽说基本规则从未更易，向来都是就过错行为负责任，但在认为受害人特别值得保护的情形，或者在过错要件或因果关系要件格外难以证明的情形，法国法院已经摸索出一些办法来保护受害人。[8]立法设立的特别赔偿机制更为这个优遇受害人的工程进一步添砖加瓦。结果就是，正如一般民事责任法，整全的法国医疗事故救济法制已分崩离析为若干迥然相异的规则，这些规则视其所适用的受害人或损害类型而各不相同。

法国医疗事故责任法制的这个问题，早在立法引入特别赔偿机制之前就已经彰明较著了，优遇受害人的判例法已为过错责任原则创设了诸多例外或者重新解释过错责任原则。[9]民事法院和行政法院各行其是的局面更为法律规则的繁赜驳杂火上

〔5〕 最醒目的大概就是交通事故的严格责任赔偿体制，资金主要来自保险公司和道路利用人。针对石棉受害人，因输血感染艾滋病或丙肝的受害人，疫苗损害，因使用生长激素而罹患克雅氏病（Creutzfeld-Jacob disease）的受害人，法国立法者也都设立了专门的赔偿基金。

〔6〕 物件责任最早在 1896 年判例中得到认可（*Teffaine*, S. 1897, 1, 17, note A. Esmein）。就物件损害赔偿责任的发展情况，相关分析可参见 G. Viney, P. Jourdain, S. Carval, *Traité de droit civil. Les conditions de la responsabilité*, 4th edn, Paris: LGDJ, 2013, 777-887.

〔7〕 See e. g. C. Radé, "Responsabilité et solidarité: propositions pour une nouvelle architecture", *Responsabilité Civile et Assurances*, March 2009, chronique 5; C. Radé, "Plaidoyer en faveur d'une réforme de la responsabilité civile", D. 2003, 2247.

〔8〕 就法国医疗责任法上过错概念的发展（从 1850 年到 2000 年），参见 S. Taylor, "The Development of Fault in French Medical Liability Law 1850-2000", in E. Hondius ed., *The Development of Medical Liability*, Cambridge University Press, 2010, 70.

〔9〕 Ibid.

浇油，两套法院系统并不总是适用同样的规则，涉及责任基础的事宜尤其如此。这在对严重医疗事故的严格责任方面最为醒目，行政法院自1993年起即认可此立场，民事法院则向来深闭固拒。[10]

2002年立法改革意在向民事法院和行政法院重申过错责任的原则立场，从而消除不同受害人间的待遇差异。可这次改革又引入了一套范围适度的行政赔偿机制，与现行责任法制并行不悖，遂造成新的复杂局面。诚然，任何法律体制引入此类机制，都会面临如此难题，盖必须为新机制划定清晰的边界。[11] 96
将不同的法律规则适用于不同类别的受害人，就意味着如何界分不同类别的难题随之而生。这造成了法律的不确定。这样的法律不确定状态自非所欲，盖其会鼓励诉讼，加大责任保险行业精确评估风险的难度，若是使得医疗服务人就其医疗行为的潜在法律后果深感不确定，还可能会激励防御医疗大行其道。法律的不确定状态还会妨碍社会公众了解法律立场。将受害人划分为若干不同类别，就会导致下面的难题：将哪些受害人划入，又将哪些受害人划出，划分的理由何在，进而是否会造成不公平。

---

〔10〕 S. Taylor, "Clinical Negligence Reform: Lessons from France?", *International and Comparative Law Quarterly*, 52 (2003), 737, at 741.

〔11〕 即便是像新西兰那样适用范围极宽泛的赔偿体制，也要解决这个问题。在新西兰体制下，就是要判断受害人是否遭遇"事故（accident）"。

第一节　法国医疗事故赔偿法制下的受害人类型化

视权利请求人所遭受的事故及损害的具体特征而定，法国医疗事故责任与救济法制提供了一系列的替代方案，足以令人头昏脑涨。[12]如前所述，[13]针对因输血感染艾滋病和丙肝的受害人、强制接种的受害人、使用生长激素导致的克雅氏病人、甲型流感病人（H1N1）、生物医学研究的受害人以及缺陷药物苯氟雷司（Benfluorex）受害人的赔偿事宜，国家医疗事故赔偿总署（ONIAM）经办着好几套赔偿机制，适用各不相同的赔偿规则。若是转向医源性伤害，不仅要在立法引入的赔偿机制下，依据一些归根结底甚为武断的标准，将患者区分为合乎赔偿要件与不合乎赔偿要件两类，而且对于那些不合乎特别机制赔偿要件的患者，或者选择通过法院提起诉讼的患者，也要依据纯粹偶然的标准，也就是患者是在公办医院接受服务还是在私营诊所或门诊处接受服务，将患者划归不同法院管辖，在公办为行政法院，在私营则为民事法院。若是适用同样的规则，这些
97 也都无足轻重。不幸的是，虽说2002年改革志在熨平差异，民事法院和行政法院间的分歧却依然如故，[14]因之而生的问题不待智者而明矣，为何医疗事故救济法制不能置于同一法院系统

〔12〕 或会主张，同时存在若干不同类别的规则，确保了法律可以更好地适用于具体责任情境。这样，在医疗事故领域，最严重事故的受害人就单拿出来特别对待，盖自受害人导向的视角看，相较那些稍轻微伤害的受害人，最严重事故的受害人最需要得到帮助。

〔13〕 参见第二章第58-60页［边码］。

〔14〕 P. Pierre, “La responsabilité médicale à l'aune de la loi kouchner. Esquisse d'un bilan d'étape”, *Revue Lamy Droit Civil*, 2007, supplement 35, 22.

下？聊举数例，直到不久前，民事法院和行政法院就何谓“医院感染”的界定都还不同，[15]就知情同意事宜，[16]就医疗机构对所用缺陷产品所致损害应负的责任，[17]两套法院系统的进路到现在都还不一致。此外，人身伤害赔偿金的计算方式也有区别，程序规则更是有重大差异。[18]法国的患者当然也可以选择向刑事法院起诉。

要说法国医疗事故救济法制的复杂，医院感染乃为格外形象的适例。[19]若是造成感染的医疗行为发生于2001年9月5日之前，视患者系于公办抑或私营医院诊所接受医疗服务，得适用的规则相应有异。感染发生于公办医院的，适用过错责任，[20]民事法院则贯行严格责任。[21]若是医院感染发生于2001

---

〔15〕 法国最高法院自2006年以来即认为，医院感染也包括患者自己带入医院的传染病。Cass. civ. (1), 4 April 2006, D. 2006, 1187, *Revue Droit Sanitaire et Social*, 2006, 749, note P. Hennon-Jacquet. 国务委员会2002年判例的立场相反（2002, CE, 27 September 2002, Neveu, Lebon 315, *Actualité Juridique Droit Administratif*, 2003, 72）。国务委员会只是在2011年的判例中采纳了民事法院的理解（2011, CE, 10 October 2011, D. 2012, 55, obs. O. Gout）。

〔16〕 两套法院系统都认可，患者被剥夺了为医疗伤害做好心理准备的能力，是为精神伤害（moral harm），但就证明负担仍存分歧。参见第六章第129页［边码］。

〔17〕 参见第二章第37-40页［边码］。

〔18〕 为了损害赔偿金的计算，两套法院系统以不同方式将伤害和损害归类。当事人可以采取哪些手段搜集证据，还有是否可能加速程序，也都有不同。程序的长度也不一样，行政法院程序更为漫长。

〔19〕 See S. Porchy-Simon, “Les infections nosocomiales”, *Revue Générale de Droit Médical*, 2013, 83.

〔20〕 CE, 9 December 1988, aff. Cohen, *Actualité Juridique Droit Administratif*, 1989, 405, D. 1990, 487.

〔21〕 Cass. civ. (1), 29 June 1999, D. 1999, 559, RTD civ. 1999, 841, obs. P. Jourdain.

98 年9月5日到2002年12月31日之间，[22]依《公众健康法典》第L.1142-1条，医疗院所要承担严格责任。2003年1月1日以后发生的医疗行为导致的医院感染，若患者所受伤害经评定为25%以上程度的残疾，由国家医疗事故赔偿总署（ONIAM）给予救济，就低于该程度的伤害，医疗院所负严格赔偿责任。受害人到底适用哪些法律，这些规则的界分可谓相当武断，不宁唯是，在个案中还往往很难判断适用哪套责任规则，盖无法精确知道特定感染发生于何时何地。以立法引入不具溯及效力的新责任规则，内在地会带来这些难题。这些区分工作当然很麻烦，但随着时间推移也就烟消云散。可2002年改革还带来其他一些并不会消散的区分工作，最醒目的就是不同情形下责任规则的差异：若感染发生于医疗院所，国家医疗事故赔偿总署（ONIAM）或者责任保险人负责赔付，不必证明过错要件，可若是感染发生于医生私人门诊处（private surgery），受害人就不得不证明独立执业人的过错。[23]

第二节　不同责任与救济规则界分工作的不确定

划定无过错赔偿体制的边界，一直都是困难的工作。损害
赔偿请求权固然不再系于过错造成的损害，却仍有必要清晰界
定哪些类型的损害应予救济，以将此类损害与伤病的通常后果
区分开来，民事责任与救济法并不对后者负有义务。正如新西
99 兰医疗事故赔偿体制一直面临“医疗伤害（treatment injury）”

---

〔22〕 2002年体制自2001年9月5日生效，随后经2002年12月30日法律修正，该法自2003年1月1日生效。

〔23〕 Caen, 30 January 2007, D. 2007, 2147, note O. Smallwood.

概念的界定难题，[24]法国行政赔偿体制则纠缠于“医疗事故(medical accident)”概念的解释工作，法律不确定状态的主要原因即在于此。

一、“医疗事故”

这里的难题主要有二：一是如何区分医疗事故与疾病的通常后果；二是如何区分无过错医疗事故与过错行为造成的医疗事故。

（一）事故与疾病

如前所述，依《公众健康法典》第 L. 1142-1 条，以患者接受治疗前的健康状况为参照，患者所受损害必须是医疗作为或不作为的异常后果，方构成“医疗事故”。倘患者所受损害纯粹是疾病自然演进的结果，即不构成医疗事故。患者接受脊髓手术后出血死亡，而专家报告认为，鉴于患者的心脏病史，很容易出现出血状况，那么患者的死亡即不构成行政赔偿体制下所谓“事故”。[25]

将“医疗事故”界定为治疗行为的“异常”结果也就意味着，医疗行为某些固有风险的发生并不构成医疗事故。是以，医疗行为的某项结果是否“异常”，需要评估医疗行为实施时发生此结果的风险大小。根据 2002 年法律的预备文件（*travaux préparatoires*），医疗行为不可预见的结果自然为“异常”结果，虽为医疗行为的已知风险，但发生此结果极为稀见罕闻，以至于考虑到医疗行为的预期疗效，承担此风险完全合理的，亦为

〔24〕 See K. Oliphant, “Beyond Misadventure: Compensation for Medical Injuries in New Zealand”, *Medical Law Review*, 15 (2007), 357.

〔25〕 Cass. civ. (1), 31 March 2011, no. 09-17. 135.

100 “异常”结果。〔26〕大多数学术作品都接受了此界定。〔27〕只有发生了异常结果，方得依行政赔偿体制寻求救济，而要在个案情境下精确判定何者算是足够稀见罕闻的风险从而合乎异常结果的界定，绝非等闲易事。患者接受疝气手术后四肢麻痹，被认为是此类手术的“典型并发症”，是以不构成行政赔偿体制下的医疗事故，〔28〕因手术遭受神经损害，发生风险为 6.8%，同样不构成医疗事故。〔29〕在具体情境下到底什么才算是异常结果，相关判断毫无疑问是随着科学知识的累积而演化的：某种损害，过去是医疗行为不可预见的结果，故而认为构成异常事故，可随着相关领域知识的发展，再要得到同样结论可就越来越困难了。若是在先病情，加上某罕见或未知风险同时发生作用，造成患者损害，难题于兹生焉。〔30〕如何评估不同起因事件的“原因力（causal potency）”，并不太清楚。有著述指出，和解及赔偿事务委员会纵使认定患者在先病情就所生损害起到了实质作用（substantial role），仍经常决定给予受害人赔偿。〔31〕这就表明，医疗事故概念的模糊性给了和解及赔偿事务委员会宽松解释的机会。评估工作还涉及委员会评判小组与专家间的互动，

〔26〕 C. Huriet, *Proposition de loi no. 277 relative à l'indemnisation de l'aléa medical et à la responsabilité médicale, rapport fait au nom de la Commission des Affaires sociales*, 19 April 2001.

〔27〕 See e. g. A. Laude, B. Mathieu, D. Tabuteau, *Droit de la santé*, Paris: Presses Universitaires de France, 2012, 537; S. Gibert, *Guide de responsabilité médicale et hospitalière: quelle indemnisation du risque médical aujourd'hui?* Paris: Berger-Levrault, 2011, 462.

〔28〕 *Tribunal Administratif Paris*, 9 June 2009, 0903479.

〔29〕 *Tribunal Administratif Paris*, 4 February 2011, 0807246.

〔30〕 S. Gibert, *Guide de responsabilité médicale et hospitalière: quelle indemnisation du risque médical aujourd'hui?* Paris: Berger-Levrault, 2011, 468.

〔31〕 同上注。吉尔贝（Sabine Gibert）时任国家医疗事故赔偿总署法务主任（legal director）。

需要细致把握。风险程度固然是事实问题，但特定风险程度是否算作异常则为法律问题，不过专家或许总愿意就特定风险是否算作异常发表意见，而不管是和解及赔偿事务委员会还是法院，也往往亦步亦趋地遵循专家意见。[32]如此，在需要处理这个疑难概念的情形，专家（从而整个医疗行业）很可能起到了隐藏于幕后塑造法律规则的作用。

（二）无过错与过错

在法国这套体制下，只有证明了不存在任何过错责任，赔 101
偿基金才开始工作。不过，手术中操作错误造成损害的，法国法院在过错事宜上采纳了极富创造性的进路，此际即很难将过错事故与无过错事故区分开来。法院向来认为，若是医疗行为并不涉及明显的损害风险，或者风险极为稀见罕闻，那么医疗执业人或医疗机构在操作错误后即应负过错赔偿责任。[33]反之，倘所涉风险系医疗行为所固有且风险不可避免，即为无过错事故，得依行政赔偿体制请求赔付，[34]但风险太高以至于不得不将损害定性为医疗事故的除外。在这种情形，保险、国家责任与不负责任之间显然极难划分边界。

（三）不确定的后果

无过错体制必然面对“医疗事故”概念的解释难题，从而给已经甚为复杂的损害赔偿请求体制再添加额外一层难度。

---

〔32〕 在和解及赔偿事务委员会、国家医疗事故赔偿总署的决定遭质疑的情形，纠纷可能提交至法院。

〔33〕 Cass. civ.（1），20 January 2011，no. 10 - 17357，RTD civ. 2011，354，obs. P. Jourdain；Cass. civ. （1），18 September 2008. P. Jourdain，“Responsabilité médicale; quell critère distinctif de la faute et de l'aléa thérapeutique en cas de lésion consécutive à une intervention chirurgicale?”，RTD civ. 2009，123.

〔34〕 See M. Bacache-Gibeili，*Traité de droit civil. Les obligations. La responsabilité civile extracontractuelle*，2nd edn，Paris：*Economica*，2012，900.

不足为奇，“医疗事故”概念在解释方面的不确定性已经催生了大量诉讼。国家医疗事故赔偿总署（ONIAM）官网即列明了 2008 年到 2011 年间的 70 件法院判决，涉及患者所受损害是否构成医疗行为“异常”结果的问题。〔35〕

“医疗事故”这个核心概念在解释上的麻烦，使得很难勘定行政赔偿体制的适用边界，从而构成行政赔偿体制结构上的弱点（structural weakness）。此外，由于医疗事故概念有失精确，一旦认定“医疗事故”发生，也就限制了就事故发生原因可以搜集到的信息，从而极大束缚了行政赔偿体制发挥其作用，即通过掌握更多的医疗风险知识来提升安全标准。〔36〕这从国家医
102 疗事故赔偿总署（ONIAM）和医疗事故国家委员会（CNAMed）的年度报告可以看出，报告提供了损害赔偿请求的件数信息，但就所发生医疗事故的性质和原因，却没有任何信息。即便是《医疗风险观察》（Observatory of Medical Risks，顾名思义，旨在通过分析医疗事故数据来勘定医疗风险），除了极模糊的表述，就所发生的医疗事故各类型亦未曾试图给出数据。最近的报告将发生的医疗事故极简单地划归几类，但这些类型过于宽泛了。报告只是提及无过错事故类型，却不打算提供更详细的信息。〔37〕

行政赔偿体制带来的解释难题显然并不限于和“医疗事故”概念的纠缠。除了因果关系事宜，和解及赔偿事务委员会还必

---

〔35〕 www. oniam. fr/moteur. php，last consulted September 2014. 国家医疗事故赔偿总署开列的这张以国家医疗事故赔偿总署为当事人的法院判决清单并不完备，盖需要花时间将判决做匿名化处理。

〔36〕 这一批评亦得针对新西兰体制，参见 K. Oliphant，“Beyond Misadventure：Compensation for Medical Injuries in New Zealand”，*Medical Law Review*，15（2007），376.

〔37〕 Observatoire des Risques Médicaux，*Rapport d'activités* 2013，*années* 2007－2012，20 and 30.

须解释过错概念（行政赔偿体制未曾界定这个概念），决定独立的产品责任体制是否适用（涉及“产品”是否有“缺陷”的精致评估工作）。

二、“严重程度”

寻求行政赔偿体制救济的第二个关键概念是“严重程度（seriousness）”，虽说立法已给出定义，还是带来了一些法律上的不确定。盖满足严重程度要件的一个可用标准就是，受害人能证明医疗事故已对其生活方式造成格外严重的影响，包括经济方面的影响。[38]这是兜底性质的条款（‘catch-all’ provision），虽说立法者称该规定仅适用于例外情形，可在 2013 年的合格赔偿请求中仍占有 7%的比例。[39]这个相当模糊的额外范畴的好处在于，使得对行政赔偿体制适用范围的限制多少不那么武断。不过这个范畴也增加了救济标准的不确定性和主观性，若是宽泛解释，还会导致合乎救济条件的受害人人数显著增长。

“生活方式”标准遂促成了行政赔偿体制边界的不确定。而 103
这个不稳定状态又因另一个标准也就是严重程度的性质而变本加厉。严重程度这个标准性质上就是武断的，这就意味着这些不确定的边界使得行政赔偿体制极容易被指摘为不公平，极容易遭受扩张的压力。这一点又因下面的事实而得到强化，即国家医疗事故赔偿总署（ONIAM）经办的其他赔偿机制，皆不以任何严重性标准来设置救济门槛。受害人遭受了 24%程度的永

---

〔38〕《公众健康法典》第 D. 1142-1 条。

〔39〕 CNAMed, *Rapport au parlement et au gouvernement*, 2013, 27. 对“生活方式”标准的批评，参见 J. Saison, “Les ‘troubles dans les conditions d’existence’ dans le droit de la reparation des accidents médicaux”, *Revue de Droit Sanitaire et Social*, 2008, 890.

久残疾却仍然无权向行政赔偿体制寻求救济，而生物医学研究、艾滋病和丙肝感染或者强制接种的受害人却不必面临如此限制，这些是很难向受害人解释的。[40]

是以障碍可能随时间推移而逐渐侵蚀，导致经济成本不断增加。行政赔偿体制的救济路径于2011年拓宽，大概就是这种侵蚀的开始。既然2003年采纳的“严重程度”初始标准厚待从业之人过于无业之人，遂开启了此后的可能性，受害人若证明遭受至少50%程度的暂时功能缺损（functional deficit）达6个月以上，即合乎行政赔偿体制的救济条件，而今这已成为最常用的进入标准。[41]向来有声音呼吁进一步拓宽进入标准，包括降低所要求的永久残疾程度，从25%降低到15%，更大的侵蚀可能因之而生。[42]更激进的手段当然是彻底摒弃严重程度标准，允许所有医疗事故受害人向该体制寻求救济。值得注意的是比利时事故赔偿体制，这套体制很大程度上是受法国体制的激励而建立的。比利时即只针对向基金请求无过错赔偿设置严重程度标准，并不适用于进入整个体制。[43]法国体制可以考虑比利时进路，这将显著拓宽诉讼外解决机制的进入路径，同时不会
104 提高政府应付的赔偿水平。不过这条替代路径想来当会催生大

〔40〕 See A. Laude, B. Mathieu, D. Tabuteau, *Droit de la santé*, 3rd edn, Paris: Presses Universitaires de France, 2012, 539.

〔41〕 这也拓宽了无业之人的救济路径，这在2013年的合格赔偿请求中占了47%（CNAMed Report 2013, 27）。

〔42〕 A. -M. Ceretti, L. Albertini, *Bilan et propositions de réformes de la loi du 4 mars 2002, relative aux droits des malades et à la qualité du système de santé*, rapport pour le ministre de la santé, 2011, 273.

〔43〕 Law of 31 March 2010, “relative à l'indemnisation des dommages resultant de soins de santé”. See G. Schamps, “l'indemnisation des dommages lies aux soins de santé et le fonds des accidents médicaux en droit belge”, available online, www. grerca. univ-rennes 1. fr.

量赔偿请求涌向行政赔偿体制，使各家和解及赔偿事务委员会不堪重负，政府为安排行政事务以及准备专家报告也会承担巨大额外开销，而本来可以由保险公司更为容易地直接解决的小纠纷，也会滥用行政赔偿体制。[44]比利时体制的进入路径更为宽阔，想来当是其规模不大之故。[45]

第三节　赔偿委员会决定之有失连贯

进入标准不够明晰，不但造成行政赔偿体制的边界不确定，还可能导致各和解及赔偿事务委员会决定的思路不连贯。医疗事故国家委员会（CNAMed）建立的部分目的即在于确保各地方/大区（regions）路径统一，但正如该组织自己承认的，不同和解及赔偿事务委员会间仍存在显著差异。在初步筛查阶段遭拒绝的申请占全部申请的比例，各和解及赔偿事务委员会在这个数字的把握上倒是越来越接近一致，[46]但就驳回申请的理由，仍存在明显分歧。[47]在出具了专家报告之后驳回申请的，驳回理由亦存在差别。以2013年数据为例，某家和解及赔偿事务委员会以缺乏因果关系为由驳回的申请占46%，而在另一家和解

〔44〕 See S. Gibert, *Guide de responsabilité médicale et hospitalière: quelle indemnisation du risque médical aujourd'hui?* Paris: Berger-Levrault, 2011, 445-448.

〔45〕 比利时体制的总成本据估算在1660万到2220万欧元之间。KCE Reports 107B *Indemnisation des dommages résultant de soins de santé. Phase* 5: *impact budgétaire de la transposition du système français en Belgique*, 2009, X; See also Schamps, G. Schamps, "l'indemnisation des dommages lies aux soins de santé et le fonds des accidents médicaux en droit belge", 24, available online, www. grerca. univ-rennes1. fr.

〔46〕 CNAMed, *Rapport au parlement et au gouvernement*, 20（各大区不同，从28%到37%不等）.

〔47〕 CNAMed, *Rapport au parlement et au gouvernement*, Annex 5, 93.

及赔偿事务委员会，这个理由只占26%。[48]另外，各和解及赔偿事务委员会就赔偿申请做出决定所花时间亦明显参差不齐，从6.8个月到16.6个月不等。[49]法国用来处理这个问题的机制看起来多少有些薄弱。医疗事故国家委员会（CNAMed）很难拿到各和解及赔偿事务委员会的决定，盖这些决定被看作保密文
105 件以尊重患者隐私。[50]各和解及赔偿事务委员会到底是如何做出决定的，由于就此缺乏信息，学术界也难以施展拳脚去分析决定的质量与连贯性。此外，虽说医疗事故国家委员会就概念如何解释给出了建议，但并无拘束力。若是拿传统的法院诉讼来比照，即可看出行政赔偿体制的弱点，在诉讼中法院会遵循牢靠的判例法规则，行政赔偿体制却没有相应机制保证立场连贯。[51]还有一处明显危险，即各和解及赔偿事务委员会对诸如过错和因果关系这些概念的解释不同于法院。这在当事人同时通过法院和行政赔偿体制寻求救济的场合会带来特别的难题，就损害的严重程度，法院与赔偿事务委员会可能会得出不同结论。[52]

法国体制的不确定性和复杂性，意味着这套体制本身即为

〔48〕 CNAMed, *Rapport au parlement et au gouvernement*, 26.

〔49〕 CNAMed, *Rapport au parlement et au gouvernement*, 26.

〔50〕 自2009年5月法律施行后（《公众健康法典》第L. 1142-10条），医疗事故国家委员会可以请求查阅（consult）赔偿事务委员会决定。学者仍不得接触。

〔51〕 如第二章第29页提到的［边码］，法国法官不受先例规则拘束，但司法实践中，上级法院创制的规则及判例法（*jurisprudence*）一般都认可为法律渊源。

〔52〕 G. Méméteau, "Les commissions régionales, interférences avec les procédures juridictionnelles", in G. Méméteau ed., *Manuel des commissions régionales de concilation et d'indemnisation des accidents médicaux, des affections iatorgènes et des infections nosocomiales*, Bordeaux: Les Etudes Hospitalières, 2004, 201 at 206. 若是法院与赔偿事务委员会看法不同，认为损害的严重程度足以得到行政赔偿体制的救济，会将国家医疗事故赔偿总署追加为法院诉讼的被告（《公众健康法典》第L. 1142-21条）。

引发大量诉讼的根源。法国行政赔偿体制未设内部复议机制，
国家医疗事故赔偿总署（ONIAM）不得不于法院应对针对其决
定提起的日益增多的诉讼。[53]依据国家医疗事故赔偿总署 2013
年报告，不服其决定而在法院提起的诉讼，该年未结案的有
886 件。[54]国家医疗事故赔偿总署不受赔偿事务委员会决定的
约束，[55]在罕见的情形，虽赔偿事务委员会建议给予受害人
救济，国家医疗事故赔偿总署亦拒绝赔偿，[56]此际受害人自
然有强烈动机质疑国家医疗事故赔偿总署的决定。国家医疗事
故赔偿总署代表责任保险公司支付了赔偿金的，也会起诉保险
公司追回这些金钱，而保险公司也会质疑那些令其而不是国家
医疗事故赔偿总署承担责任的决定。在 2013 年底，受害人先 106
是向行政赔偿体制寻求救济继而将国家医疗事故赔偿总署卷入
的诉讼有1 179件，受害人并未先向赔偿事务委员会申请而直
接将国家医疗事故赔偿总署列为诉讼当事人的案件有 1 767 件。
两者相加，相较往年，围绕行政赔偿体制发生的诉讼增长了
28%。[57]

[53] 依《公众健康法典》第 L. 1142-20 条，不得对赔偿事务委员会提起诉讼，盖赔偿事务委员会的决定不过是国家医疗事故赔偿总署决定的预备阶段。

[54] ONIAM, *Rapport d'activité*, *2013*, 21. 原告提起诉讼的情形有，赔偿事务委员会拒绝给予赔偿的，赔偿事务委员会准予赔偿而国家医疗事故赔偿总署拒绝遵循该决定的，对国家医疗事故赔偿总署提议的赔偿水平不满意的。

[55] CAA Versailles, 12 January 2006; TA Versailles 28 July 2005, D 2005, juris., 2364, note D. Thouvenin.

[56] 这样的案件，2013 年未结案的有 111 件（ONIAM, *Rapport d'activité* 2013, 21）。

[57] ONIAM, *Rapport d'activité 2013*, 21.

第四节　损害赔偿请求类型化的正当性

法国进路以不同方式对待医疗事故的不同受害人，这一事实已得到法国法的认可，盖法国民事责任法，从而医疗事故责任法的主要目标在于赔偿受害人，而法律也向来是沿着便利损害赔偿请求的方向发展的。依主流的优遇受害人的立场，在具体情势下，倘受害人面临的损害风险格外高，或者损害赔偿请求得到支持的障碍格外难以克服，遂得牺牲法的连贯性（uniformity）。在这些情势下创制特别规则类别（categories），而不是对民事责任法加以整体改革（这可能使得民事责任法在经济上无力维持），得确保平衡不至于过度倾覆。责任规则在经济上是否可以承受，法国法律人对这个问题相对不太感兴趣，[58]这意味着法国法更容易给传统侵权法原则发展出诸多优遇受害人的例外，而不像英国法那样有更多的自动减速机制。倘有私人利益对自己承受的责任负担表示关切（在这里即为医疗行业和责任保险人的利益），政府即可能将责任负担接过，如医院感染的情形即为如此。

循此逻辑，为医疗事故创制特别的请求权类别即为再正当不过之事，盖此类案件内在的难题显而易见，医疗行为本来就是饱富技术含量的活动，再加上受害人抱病在先，身体脆弱，这些都使得过错和因果关系要件的证明极为困难。正如当时已
107 经得到认可的，[59]若是将行政赔偿体制扩展及于一切医疗事故受害人，这样的体制在经济上无力承受。另外还有人担心，若

---

〔58〕 参见第三章第72-73页［边码］。

〔59〕 P. Fauchon, *Avis no.* 175（*2001-2002*）*fait au nom de la commission des lois*, 16 January 2002.

经如此扩张，恐怕无数小额赔偿请求将充斥各和解及赔偿事务委员会，而这些小额请求交由法院处理当更为合适。[60]

法国法之所以将医院感染拿出来给予特别规制，同样得以法国法对便利患者赔偿事宜的关切来解释。医院感染发生得如此普遍，在某种意义上构成单独伤害类别。[61]据估计，只有大约30%的医院感染可以避免，[62]又由于此类伤害的性质使然，要证明是医务人员或者医疗院所在组织和运营方面的任何特定过失作为或不作为所造成，往往难于上青天。是以在过错责任体制下，医疗感染的受害人得到赔偿极为困难。顺理成章地，在法国这样的以赔偿受害人为首要目标的法律体制下，很容易认为过错责任并不利于实现此目标。当然，在某些情形下，被告人适用卫生标准（hygiene standards）有明显过失，自为例外。[63]

与之不同，就那些严重医院感染的受害人，之所以是国家医疗事故赔偿总署（ONIAM）而非责任保险公司承担了赔偿责任（哪怕在被告人有过错的场合），完全是出于解决实际问题的

---

〔60〕 C. Evin, B. Charles, J.-J. Denis, Droit du malade et qualité du système de santé, Assembleé Nationale, no. 3263, 26 September 2001, vol. 3; S. Gibert, *Guide de responsabilité médicale et hospitalière: quelle indemnisation du risque médical aujourd'hui?* Paris: Berger-Levrault, 2011, 445-448.

〔61〕 据最近的研究估计，法国患者遭受医院感染的比例为4.96%：www.inserm.fr/thematiques/microbiologie-et-maladies-infectueuses/dossiers-d-information/infections-nosocomiales. 这显然不是法国才有的难题。据英国审计署（National Audit Office）估计，全民医疗服务系统内大约9%的住院病人曾遭受医院感染，相当于每年感染10万人次。National Audit Office, *The Management and Control of Hospital Acquired Infection in Acute NHS Trusts in England*, 2000, 1. 更近些时候，据英国健康保护局（Health Protection Agency）2012年估计，感染比例为6.4%。See www.nhs.uk/news/2012/05may/Pages/mrsa-hospital-acquired-infection-rates.aspx, last consulted July 2014。

〔62〕 Report by the Comptroller and Auditor General, *The Management and Control of Hospital Acquired Infection in Acute NHS Trusts in England*, February 2000, 1.

〔63〕 E. Mondielli, "Le droit de la responsabilité face aux infections nosocomiales: quoi de nouveau?", *Revue Générale de Droit Médical*, 2003, 137 at 142.

考虑（pragmatic），当时责任保险公司声称责任负担过重，威胁要退出医疗事故责任市场。正是为了确使法国责任保险行业在新引入的行政赔偿体制下能够和政府通力协作，政府方才出面，将因医院感染而遭受严重伤害的受害人的赔偿经济负担揽了过来。

108 医疗服务提供人使用的医疗产品致患者损害的，法国行政法院令医疗服务人承担严格责任，[64]这个立场显然也是格外有利于受害人。在此类案件中，很难证明医疗服务提供人的过错，而缺陷产品的生产者有可能是国外企业，起诉生产者往往很麻烦。此外，产品责任法制下的生产者还得援引发展风险抗辩、相对较短的3年时效期间或者10年最长期间（在损害于产品投入流通后发生已超过10年的情形）来保护自己。[65]反之，若是依行政法院创设的严格责任体制起诉，受害人得径直起诉当地的医疗服务人，时效期间为10年，自损害查实（consolidation）起算。[66]

当然，令医疗服务人就其所用缺陷产品给患者造成的损害负严格责任，也会生出一些难题。“欧盟产品责任指令”要求产品生产者负严格责任，其正当性在于，得借由严格责任将损失传输给最容易避免成本之人（cheapest cost avoider），但在令医生或医疗机构就缺陷产品负严格责任的情形显然并非如此，盖这些医疗服务人并不理所当然地会知道产品有缺陷，除了更换供货人，也没有其他办法来预防损害。受害人起诉医院而没有起诉生产者的，只有通过医院的追偿诉讼，损害成本才会传输给生产者。另外，行政法院和民事法院在这个问题上未能采取一致立场也甚不相宜，有悖2002年法制改革的一个重要目标，即协调行政责任和民事责任规则。这在对受害人和被告人的法

〔64〕 参见第二章第37页［边码］。

〔65〕 参见《法国民法典》第1386-11条，第1386-17条，第1386-16条。

〔66〕 参见《公众健康法典》第L. 1142-28条。

律处理上造成武断界分，使本已甚为复杂的法国医疗事故责任与救济法制治丝益棼。

第五节　行政赔偿体制对待受害人是否公平

除了将受害人分门别类造成的难题外，法国改革还有其他 109
一些特征值得关注。虽说法国医疗事故赔偿体制看起来甚为优遇受害人，但这套体制的某些方面对待申请人实则并不公平。2002 年法律设计的制度本意要使患者的全部损失得到赔偿，但实情很可能是新体制给予的赔偿金远不如法院慷慨。2010 年，国家医疗事故赔偿总署（ONIAM）平均每笔赔付金额为79 173欧元，[67]法国互助医疗保险公司（MACSF）的平均责任成本则为113 413欧元，[68]医院互助保险协会（SHAM）更是高达194 000欧元。[69]有些学者主张，国家医疗事故赔偿总署正是出于对赔偿给付的不断增长在经济上无力承受的担心（当然这风险并未实现），故就提议的赔付水平采取严格政策。[70]还有研究指出，就严重医疗事故的受害人，比较国家医疗事故赔偿总署和巴黎法院给予的赔偿水平，两者的差距往往高达 9 万欧元。[71]

---

[67] ONIAM, *Rapport d'activité*, *2013*, 15.

[68] MACSF, *Rapport d'activité*, *2010*, November 2011, 80.

[69] SHAM, *Panorama 2011*, 45. 这家保险公司赔付金额更高，部分原因大概在于其客户主要是公立医院，公立医院施行的复杂手术更多。稍后几年的数据，遗憾未能找到。

[70] C. Radé, "La loi Kouchner a 10 ans (déjà)", *Responsabilité Civile et Assurances*, March 2012, alerte 5; F. Arhab-Girardin, "l'effectivité de la procedure de règlement amiable des accidents médicaux", *Revue de Droit Sanitaire et Social*, 2011, 1093.

[71] A. -M. Ceretti, L. Albertini, *Bilan et propositions de réformes de la loi du* 4 *mars* 2002, *relative aux droits des malades et à la qualité du système de santé*, rapport pour le ministre de la santé, 2011, 229.

患者有权利拒绝国家医疗事故赔偿总署的赔偿提议，倘患者果真如是决定，赔偿提议即失其效力，患者嗣后亦不得再撕毁其拒绝表示。〔72〕倘患者接受赔偿提议，嗣后即不得再质疑提议。〔73〕受害人往往未经寻求法律建议即做出决定，这个事实多少有些影响。倘国家医疗事故赔偿总署给予的赔偿金额着实低于法院判给的赔偿金，那这正是在立法引入的其他赔偿体制下可以观察到的情形，〔74〕这里可以认为是以较低的赔偿水平换取更为快捷、更低成本的赔偿程序。倘若医疗事故赔偿体制也正是如此，那么很遗憾，此点未向申请人充分揭明以使其能够面对若干选项做出知情抉择。

110 还有，行政赔偿体制允诺快速处理赔偿申请，亦未能兑现。立法要求和解及赔偿事务委员会自收到最初申请之日起 6 个月内做出决定，〔75〕惜乎大多数申请都未得到如此待遇，而且迟延的时间越来越长。从提出赔偿申请到赔偿事务委员会做出给予赔偿的决定，在 2013 年这个平均时长为 11.4 个月。〔76〕行政赔偿体制未能达到 6 个月的期限目标当然有些令人失望，但较之法院诉讼程序已经算是很快了，要知道，法国大审法院（*Tribunal*

---

〔72〕 不同于 2002 年法律，立法针对交通事故引入的体制允许受害人于 2 周内撤销其接受表示，参见《保险法》第 L. 211-16 条。

〔73〕 参见《法国民法典》第 2025 条。译按：经查，当为《法国民法典》第 2052 条。“和解在诸当事人之间，具有终审判决的既判力”（第 1 款）；“对此种和解，不得以对法律的误解，也不得以显失公平之原因提出攻击”（第 2 款）。罗结珍译：《法国民法典》（下册），法律出版社 2005 年版，第 1496 页。

〔74〕 A. Guégan-Lécuyer, “A propos de la confrontation des offres du fond d'indemnisation des victims de l'amiante au pouvoir judiciaire”, D. 2005, 531; M. Quenillet-Bourrié, “l'évaluation judiciaire du préjudice corporel: pratique judiciaire et données transactionnelles”, JCP G 1995, I, 3818; F. Arhab-Girardin, “l'effectivité de la procedure de règlement amiable des accidents médicaux”, *Revue de Droit Sanitaire et Social*, 2011, 1093.

〔75〕 《公众健康法典》第 L. 1142-8 条第 2 款。

〔76〕 ONIAM, *Rapport d'activité, 2013*, 14.

de Grande Instance）2010年处理民事职业过失诉讼的平均时长为18个月。[77]还要记得法国民事诉讼中的自动上诉权，一旦上诉程序启动，诉讼将大幅度迟滞，此类诉讼将额外拉长16个月。行政法院的平均时长为27个月。[78]

相较英国《全民医疗服务系统救济法》设计的框架，法国行政赔偿体制的一处优点在于，对受害人损害赔偿请求加以评估的机制更为客观。这是因为各和解及赔偿事务委员会独立于赔付机构，而国家医疗事故赔偿总署（ONIAM）本身也是区隔于法国议会的独立行政机构。至于医疗救济和医疗服务的醵资事宜，最终当然是由议会决定。[79]不过，虽说法国行政赔偿体制相当独立，仍有人担心其只能给某些受害人提供次等正义（second-class justice）。2013年，各和解及赔偿事务委员会在初步审查阶段驳回的申请占全部申请的34%，[80]多数驳回 111
决定依据的都是申请人家庭医生的简单医学诊断书（medical certificate），未经医学专家出具意见，亦未经听证程序。[81]有些学者主张，所有申请人都有权利得到完整的专家报告，并经听

〔77〕 Annuaire statistique de la justice 2011－12, *Durée du traitement des affaires 2010*, avaiable at www.justice.gouv.fr. 这个数据代表初审法院一切类型的职业过失诉讼，不限于医疗事故责任。

〔78〕 G. Huet, *Rapport d'information sur l'indemnisation des victims d'infections nosocomiales et l'accès au dossier medical*, AN no. 1810, 2009, 82.

〔79〕 或会主张，国家医疗事故赔偿总署和责任保险公司的代表会参加赔偿事务委员会的决定程序，从而削弱了赔偿事务委员会的独立地位。就此的相关批评可参见 C. Radé, "La loi Kouchner a 10 ans（déjà）", *Responsabilité Civile et Assurances*, March 2012, alerte 2.

〔80〕 CNAMed, *Rapport au parlement et au gouvernement*, 34.

〔81〕 就此的批评可参见 P. Mistretta, "Les CRCI ou les désillusions du règlement amiable des litiges médicaux", JCP G 2004, Ⅱ, 10100. 据医疗事故国家委员会报告，2013年，极少数申请（0.4%）在初步筛查阶段事实上是由一位专家审查的（CNAMed, *Rapport au parlement et au gouvernement*, 20）。

证程序，〔82〕但这显然会迟滞程序，还很可能给赔偿体制运营的行政成本带来显著影响。即便是那些落入行政赔偿体制救济范围的受害人，是否得到公平对待的问题也一样存在。立法者的意图是，赔偿申请一旦通过筛查程序，每件申请即应由两名专家出具报告，但主要由于很难找到合适的专家，在实践中几乎没有办法做到，〔83〕这就让专家评估的质量大打折扣。另外，申请人往往完全没有经过法律咨询或者只得到很少的法律建议，就走完了整个程序，这个事实亦值得关切。这套体制并不要求在和解及赔偿事务委员会审查阶段有法律代理人出面，倘申请人确实寻求了法律咨询或法律援助，费用亦应由申请人自己承担，国家医疗事故赔偿总署（ONIAM）只是在和解及赔偿事务委员会听证之后，最多报销700欧元。〔84〕是以，双方当事人往往力量悬殊，〔85〕到席参加和解及赔偿事务委员会的审查，对申请人来说是极为艰难的事情。〔86〕申请人往往不得不孤身面对责任保

〔82〕 G. Viney, “La loi Kouchner, trios ans après: bilan prospectif. Rapport de synthèse”, *Les Petites Affiches*, 2006, 27.

〔83〕 2013年，通过初步筛查阶段的申请，只有50%是由超过一位专家评估（CNAMed, *Rapport au parlement et au gouvernement*, 22）。各赔偿事务委员会的情况差别很大。

〔84〕 ONIAM, *Référentiel indicative d'indemnisation par l'ONIAM*, 2011, 7. 这700欧元用来报销寻求医疗、法律或任何其他咨询服务的费用。法国的私人保险单通常涵盖法律咨询费用。

〔85〕 See D. Cartran, “Assurances, responsabilité et droits des victimes”, *Revue du Droit Sanitaire et Social*, 2010, 17. See also, e. g. L. Helmlinger, “Les commission régionales de conciliation et d'indemnisation des accidents médicaux: ni excès d'honneur, ni indignité”, *Actualité Juridique Droit Administratif*, 2005, 1875. 向法院提起诉讼可以得到法律援助，向行政赔偿体制申请救济却得不到法律援助，故受批评。

〔86〕 患者联盟的一位代表曾撰文描述申请人向赔偿事务委员会寻求救济时深感挫败的经验，参见C. Rambaud, “Première table ronde: comment faciliter l'accès au dispositive d'indemnisation”, *Revue Générale de Droit Médical*, December 2009, 117 at 127.

险公司指派的富有经验的法律代理人和医学专家。[87]还有意见指出，申请人并不总是掌握对方当事人占有的一切相关文件， 112
这使得申请人处于更为不利的境地。[88]

第六节　与英国法比较

就英国法来说，其适用于医疗事故受害人的规则立场更为连贯。当然，英国法的同质性亦有其例外。由于欧盟法的效力使然，缺陷医疗产品的受害人显然应予不同对待，得援引“欧盟产品责任指令”和《消费者权益保护法》引入的严格责任规整。还可以认为，医院感染的受害人也享有优待，在过失证明事宜上对其甚为慷慨：如前所述，[89]传染病防范机制坚固牢靠的证据越有力，就越是容易证明传染系由医院医务人员运作该防范机制过程中的过失所造成。[90]

显然，采纳法国式的赔偿体制会影响英国规则的同质性，而法国经验也表明，针对医疗事故引入无过错解决体制内在地会带来一些难题。这会产生与众不同的医疗事故受害人类别并适用不同的规则，还不得不费力地为新体制划定边界。法律因之复杂，还可能遭受不公平的指摘，“医疗事故”概念不可避免的某些巧妙周旋也造成了法律不确定。*

---

〔87〕 D. Cartran, “Assurances, responsabilité et droits des victimes”, *Revue du Droit Sanitaire et Social*, 2010, 17.

〔88〕 A. -M. Ceretti, L. Albertini, *Bilan et propositions de réformes de la loi du 4 mars 2002, relative aux droits des malades et à la qualité du système de santé*, rapport pour le ministre de la santé, 2011, 234.

〔89〕 参见第二章第 41 页［边码］。

〔90〕 Voller v. Portsmouth Corporation (1947) 203 LTJ 264. M. Jones, *Medical Negligence*, 4th edn, London: Sweet and Maxwell, 2008, 399.

* 译按：这里“周旋（manipulation）”意指法律解释上的司法能动。

诸如英国《全民医疗服务系统救济法》所构想的更为节制中庸的改革方案，更多是程序法而非实体法改革，即不大可能造成如此程度的难题。首先，这样的方案不会像法国法那样导致对待受害人方面的显著不一致，至少就实体法律的适用来说
113 是如此，不过遗憾的是，《全民医疗服务系统救济法》构想的救济体制只适用于全民医疗服务系统患者。依《全民医疗服务系统救济法》寻求救济的，在实体法上要求“应承担侵权责任”，这就意味着得期待于医生的注意标准原则上与过失侵权法的要求别无二致。其次，不同于法国法，英国法上也没有民事法院和行政法院系统分立所额外增添的复杂性，受害人启动刑事诉讼程序也只是说说而已。还有可能，围绕是否予以救济的决定，英国方案引发的诉讼会少于法国体制，盖责任保险公司不会介入局限于全民医疗服务系统患者的赔偿程序。像法国那样的，责任保险公司与国家医疗事故赔偿总署（ONIAM）在特定情形为赔偿给付责任而争讼的景象，[91]不会发生在英国。

不过，纵使英国改革不引入新的实质概念，决定是否给予救济的“负责机关（responsible body）”也还是不得不与诸如过失、因果关系这样的疑难法律概念巧妙周旋。全民医疗服务系统的内部机构（in-house NHS bodies）是否具备相应的能力来从事这样的评估工作，多少有些让人担心。另外，各个“负责机关”对这些概念的解释还很可能不一致，而全民医疗服务系统内部采纳的解释与法院的解释也可能相龃龉。如此，法国各和解及赔偿事务委员会在赔偿决定方面立场不连贯的麻烦，同样可能在《全民医疗服务系统救济法》的方案下碰到。[92]正如

〔91〕 2013年有275件此类诉讼（ONIAM, *Rapport d'activité, 2013*, 21）。

〔92〕 See G. Laurie, K. Mason, *Mason and McCall Smith's Law and Medical Ethics*, 8th, Oxford University Press, 2010, 128.

法国体制表明的，应设置有效机制以确保赔偿决定立场连贯，还应重视信息公开，将赔偿决定对外公布，俾使监管机构以及更广泛的学者得从事有效分析。《全民医疗服务系统救济法》对整套体制的监督事宜，对是否应设相应监督机构负责地方决定 114
的立场协调事宜，都相当含糊。[93]在威尔士体制下，不同“负责机关”在解释“应承担责任”概念上的进路分歧风险是显而易见的。威尔士条令要求各地方健康委员会制备年度报告（不过各委员会2011-2012年度报告详略相差很大），[94]并不允许就赔偿决定的连贯性事宜发表见解。[95]涉及患者关切（concern）的性质和结果事宜，威尔士条令要求健康委员会及其他负责机关保存相关记录，就内容事宜则无任何更详尽规定。[96]

就救济决定的独立性事宜，显然《全民医疗服务系统救济法》要比法国体制更让人担心，威尔士条令更强化了这一点。依威尔士条令，是由威尔士全民医疗服务机构本身接收患者关切，并于调查之后做出是否“应承担责任”的决定。[97]这与法

---

〔93〕《全民医疗服务系统救济法》第11条第1款规定，救济体制“必须准备好设立特别卫生机构（Special Health Authority），以行使卫生大臣认为合适的职能”。这里的职能得包括“监督救济体制成员履行职责的情况”（第11条第2款f项）以及公布年度数据（第11条第2款h项）。第10条第3款规定，“救济体制必须要求其成员制备并公布年度报告，说明依救济体制处理的涉及成员的案件以及可以汲取的经验”。第5条设想由医疗审计检察委员会（Commission for Healthcare Audit and Inspection）行使监督职责。

〔94〕 The National Health Service (Concerns, Complaints and Redress Arrangements) (Wales) Regulations 2011 (SI 2011 no. 704, W. 108), Regulation 51.

〔95〕 See e. g. Betsi Cadwaldr University Health Board, *Putting Things Right Annual Report* 2011-12; Aneurin Bevan Health Board, *Putting Things Right Annual Report* 2012.

〔96〕 The National Health Service (Concerns, Complaints and Redress Arrangements) (Wales) Regulations 2011 (SI 2011 no. 704, W. 108), Regulation 50.

〔97〕 The National Health Service (Concerns, Complaints and Redress Arrangements) (Wales) Regulations 2011 (SI 2011 no. 704, W. 108), Regulation 10.

国体制形成鲜明对比，如前所述，法国的各和解及赔偿事务委员会独立于负责赔偿给付事宜的国家医疗事故赔偿总署（ONIAM）和责任保险人。[98]全民医疗服务系统则既是患者损害赔偿请求的评估人，又是被告人（给付人），患者对威尔士体制（以及英格兰依《全民医疗服务系统救济法》框架将来可能建立的体制）所怀抱的信心，或会因此事实而遭摧折。[99]就此事宜，法国体制将损害赔偿请求的听证机构与负责赔付的机构区隔开来，从
115 而更为独立，诚为良好范本。受害人也会对赔偿决定的平等公正更抱信心。

第七节　结论

法国经验让人看到，为医疗事故创设行政赔偿体制会带来哪些困难。

法国法向来致力于发展这样的法律规则，既要便利医疗事故受害人寻求救济，同时还要确保财政上可以承受。于是法国法将损害赔偿请求划分为若干类别，适用各自的救济原则，产生不同的责任。对损害赔偿请求如此分门别类显然使得法律复杂。若是不同类别界分武断，还会有失公平。引入无过错赔偿体制又造成格外难题，即如何划定这套体制的边界，法院一直在和改革带来的法律波动搏斗，法律因之陷入极大的不确定

---

〔98〕不过如前述及，因为国家医疗事故赔偿总署和保险公司的代表人出席评估小组会议，一定程度上削弱了赔偿决定的独立性。各赔偿事务委员会也是要通过国家医疗事故赔偿总署基金（ONIAM funds）醵资的（《公众健康法典》第 L. 1142-6 条）。

〔99〕A. - M. Farrell and S. Devaney, "Making Amends or Making Things Worse? Clinical Negligence Reform and Patient Redress in England", *Legal Studies*, 27 (2007), 1, at 14.

状态。

当然可以主张，通过创设分立的损害赔偿请求类别，法国法可以更好地使法律规则适应各类医疗事故受害人的特性。医院感染和缺陷产品的受害人大概需要更为优遇的责任与救济规则，盖此类损害赔偿请求内在地会碰到特别困难。法国赔偿体制对最严重的事故受害人格外体贴，虽说资源有限，仍极力周全最为脆弱、最为艰难的受害人得到赔偿，法国立法者的抉择可谓妥当。在这方面，可以认为法国法实际上避免了英国侵权法固有的某处不连贯，即过失造成事故的受害人可以得到赔偿，其他事故的受害人却得不到赔偿。

法国经验也表明，创制一套明显优遇受害人的行政赔偿体制本身并不能保证受害人得到公平对待，故甚有必要监视其运行以确使公正实现。若说法国体制在公平对待受害人方面确有不足，很大程度上也是为了控制这套体制运营的行政成本，不可避免也合情合理。是故申请人之得在赔偿的便利，申请人之 116
失在评估程序的质量相较法院诉讼或有不足。不过若是考察一下英国法，对受害人的赔偿请求在行政赔偿体制下可能得不到公平对待的担心也就不那么有凭有据了，盖在英国诉讼程序中，绝大多数纠纷未等开庭即告和解，庭审程序给予的充分司法审查的好处，只有极少数损害赔偿请求得到。[100]

无论如何，某套赔偿体制在患者看来是否公平，很大程度上取决于决定程序的独立性。法国行政赔偿体制将赔偿申请的评判机构与承受赔偿经济负担的机构区隔开，故而相当独立，而这正是《全民医疗服务系统救济法》框架所缺乏的。

---

〔100〕 此点后面的章节还会详论，参见第146页［边码］。

第六章

以民事责任法塑造医患关系

117 今天对医患关系的看法，早将医疗父权主义弃置不御，并期待患者于医疗决策中发挥更大作用。[1]促进医患间的“医疗协作”以营造最佳治疗环境，[2]乃顶重要的事情。传统民事责任法于鼓唱患者自主功微劳寡，[3]对簿公堂往往导致医患双方剑拔弩张、视如寇仇，甚或防御医疗大行其道，自然与开诚布公背道而驰，有害于建设性的医患对话。

本章将考察英法两国医疗责任与救济法制在多大程度上贴合了“现代”医患观念，即务必尊奉患者自主、维护患者尊

---

〔1〕 I. Kennedy, *Learning From Bristol: The Report of the Public Inquiry into Children's Heart Surgery at the Bristol Royal Infirmary 1984－95*, Cm 5207 (1) 2001, ch. 22, para. 17. 报告强调应鼓励培育医疗职业人和患者间的伙伴关系。就英国推动医患伙伴关系的运动，参见 A. Maclean, *Autonomy, Informed Consent and Medical Law*, Cambridge University Press, 2009, 1-4. 法国视角的考察，参见 H. Bergeron, “Les transformations du colloque singulier médecin/patient: quelques perspectives sociologiques”, in D. Tabuteau, ed., *Les droits des maladies et des usagers du système de santé, une legislature plus tard*, Paris: Presses de Sciences Po, 2007, 35.

〔2〕 “医疗协作（therapeutic alliance）”术语借自 H. Teff, “Consent to Medical Procedures: Paternalism, Self-determination or Therapetuce Alliance?”, *Law Quarterly Review*, 101, 1985, 432.

〔3〕 比彻姆和奇尔德雷斯将个人自主界定为，在最低限度上，“自治，既免于他人控制性的干涉（controlling interference），又不受那些妨碍有意义选择（meaningful choice）的各样限制，例如不充分知情（inadequate understanding）”。T. L. Beauchamp and J. F. Childress, *Principles of Biomedical Ethics*, 5th edn, Oxford University Press, 2001, 58.

严、实现医患和平，并探讨是否得从法国进路中收获些许教益。

第一节　借由对医疗行为的知情同意认可患者自主

民事责任法令医生负担义务，向患者披露医疗信息的，得 118
有助于患者为知情抉择。患者遂被擢拔到决策程序中的伙伴地位，患者自主与人格尊严亦由此得到维护与促进。若是法律扬弃纯粹从医疗职业人说明义务的角度来看待医患关系，并认可患者就医疗事宜知情同意的权利，还能在这个方向上更进一步。

英国学说上颇有见解以为，以侵权法来界定医疗执业人的说明义务，并不利于发展更为全面的信息披露原则，以促进真正的医患对话与共同决策。〔4〕诚然，虽说上议院于切斯特诉阿夫沙尔案中强调，〔5〕认可患者自主以及获取信息的权利（right to information，知情权）格外重要，但除了应解释的风险类型外，就医疗职业人应向患者披露的信息内容，英国法上判例寥寥。

---

〔4〕 R. Heywood, A. Macaskill, K. Williams, "Informed Consent in Hospital Practice: Health Professionals' Perspectives and Legal Reflections", *Medical Law Review*, 18 (2010), 152 at 171; H. Teff, "Consent to Medical Procedures: Paternalism, Self-Determination or Therapeutic Alliance?", *Law Quarterly Review*, 101 (1985), 432; J. K. Mason, G. Laurie, *Mason and McCall Smith's Medical Law and Ethics*, Oxford University Press, 2010, 110; R. Heywood, "Excessive Risk Disclosure: the Effects of the Law on Medical Practice", *Medical Law International*, 7 (2005), 93 at 94; E. Jackson, "Informed Consent to Medical Treatment and the Impotence of Tort Law", in S. McLean ed., *First Do No Harm: Law, Ethics and Healthcare*, Aldershot: Ashgate, 2006, 273.

〔5〕 Chester v. Afshar [2005] 1 AC 134.

法国进路则相当不同，似对患者自主更为看重。立法写明患者有获取医疗信息的权利，并界定了应予披露信息的内容。除了立法对患者自主的推动，法国法院向来以知情同意为手段，便利患者就医疗事故得到赔偿，从而在落实医生说明义务方面发挥了重要作用。同时，法院将信息披露不充分造成的精神损害（psychological harm）看作不同于所受身体伤害的特别损害形式，给予金钱赔偿。这个立场强调有必要将患者看作伙伴，使
119 之参与医疗程序，承认不披露信息会造成真正痛苦（distress），在这个范围内进一步维护了患者自主。下面将依次讨论这几点，并将英法两国立场对照互勘。

一、说明义务的内容

（一）法国法

《公众健康法典》第 L. 1111-2 条写道，任何人都有知晓其健康状况相关信息的权利。[6]信息必须涉及以下内容：医生拟采取的各种检查、治疗或预防措施，这些医疗措施的目标，是否紧急，这些医疗措施的后果以及任何可行的替代方案。患者还有权利了解“可预见的常见或严重风险”。[7]就应予披露的医疗风险类型，法国法采格外宽泛的视角。依法院向来的解释，法律要求医生向患者说明严重事故的一切风险，只要在个案中

---

〔6〕 本小节的内容主要本自拙文 S. Taylor, “Cross-border Patients and Informed Choices on Treatment in English and French Law and the Patients’ Rights Directive”, *European Journal of Health Law*, 19 (2012), 467. 译按：原文为“every person has the right to be informed of his state of health”。依译者浅见，最好不要表述为“知情权”，以免将之误读为具体人格权。

〔7〕 “*Les risque frequents ou graves normalement prěvisibles*”.

可以预见或为已知风险，不论多么稀见罕闻，皆应说明。[8]是
以，必须披露的风险有可能是极微渺的风险。[9]《公众健康法
典》还要求，医生向患者披露信息应以私人面谈（private inter-
view）形式为之。[10]只有在紧急情况或者不可能向患者说明的 120
情形，医生方免去说明义务。[11]一旦发生诉讼，《公众健康法
典》遵循此前判例法的立场，[12]将证明责任加诸医疗执业人，应
证明已向患者披露恰当信息。[13]立法还要求，医生于治疗结束之
后方才勘定的新风险，仍应向患者说明，除非无法找到患者。[14]

职业行为指南，尤其是《医生伦理准则》（Code of Deontology）写明的内容，对医生义务的规制更为细致。《医生伦理准则》由国家医师协会（*Order national des médecins*）制定，经国务委员会批准后以法令（decree）形式颁布，具有规范效

---

〔8〕 Cass. civ.（1），15 June 2004，no. 02-12530；Cass. civ.（1），26 October 2004，no. 03-15120；CE，19 May 2004，no. 216039；CE，10 March 2004，no. 251594. C. Rougé-Maillart，N. Sousset，M. Penneau，"Influence de la loi du 4 mars 2002 sur la jurisprudence récente en matière d'information du patient"，*Médecine et Droit*，2006，64；M. Bacache-Gibeili，*Traité de droit civil*，*les obligations. La responsabilité civile extracontractuelle*，2nd edn，Paris：Economica，2012，844-7；Y. Lambert-Faivre，*Droit du dommage corporel. Systèmes d'indemnisation*，Paris：Dalloz，2009，773；S. Porchy-Simon，*Jurisclasseur civil fasc.* 440-30，2002，para. 12；M. Bacache，"l'obligation d'information du médecin"，*Médecine et Droit*，2005，3，at 5.

〔9〕 特定医疗检查 0.1%的局部出血风险即被认为是可预见风险，故应向患者说明：Lyon Court of Appeal，23 December 2010。类似地，脑室造口手术 0.5%的受伤风险也被认为是可预见风险：Douai Court of Appeal，22 March 2011。See J. Saison，"l'information sur les évenements indésirables lies aux soins：entre qualification juridique et qualification médicale des risques"，*Revue Générale de Droit Médical*，2013，47，at 50.

〔10〕《公众健康法典》第 L. 1111-2 条。

〔11〕《公众健康法典》第 L. 1111-2 条。

〔12〕 Cass. civ.（1），25 February 1997，B. I，no. 75，D. somm. 319，obs. P. Penneau，JCP G 1997，I，4025，obs. G. Viney.

〔13〕《公众健康法典》第 L. 1111-2 条。

〔14〕《公众健康法典》第 L. 1111-2 条。

力。[15]这些指南格外强调医患双方应展开深入对话，强调患者个体需求应得到尊重。医生对患者负有义务，就患者健康状况向患者提供准确、清晰并恰当的信息，还要说明拟采取的检查、治疗措施。[16]医生向患者提供信息之际应考虑患者的人格特征，确使患者得理解这些信息。依《公众健康法典》第 L. 1111-2 条，国家健康局（*Haute Autorité de Santé*）将制作最佳方案建议，[17]并交卫生部长批准。这些建议也极为强调，[18]医生应确保患者理解了其所提供的信息，在必要场合最好利用翻译。行为指南
121 也强调，应将口头传递信息放在第一位。仅仅是向患者提交一纸文书，上面列明医疗方案固有的风险，若以如此方式提供信息不足以使患者为知情决定，则医生并未尽到说明义务。

（二）英国法

法国法以开阔视野将医患沟通事宜纳入法典，英国法对“医疗协作”的法律规制进路则更为传统，信息披露的法律规则主要是法院在过失侵权法上构建起来的。原告就其因医疗不良事件而遭受的身体伤害请求赔偿的，英国很早即发展出相关法

---

〔15〕 P. Sargos, “La revolution éthique des codes de déontologie des professions médicales et ses conséquences juridiques et judiciaires”, D. 2007, chronique, 811; J. Penneau, D. 1997, sommaires, 315; G. Viney, JCP G 1997, I, 4068. 法国法院有时直接以医生未遵守伦理准则为由令医生承担民事责任。Cass. civ. (1), 18 March 1997, B. I, no. 99; P. Sargos, D. 1997, Ⅱ, 22829; Cass. civ. (1), 23 May 2000, P. Sargos, JCP G 2000, Ⅱ, 10342.

〔16〕《医生伦理守则》第 35 条，纳入《公众健康法典》第 R. 4127-35。这条原则并得到最高法院认可。*Cour de cassation*. Case. civ. (1), 14 October 1997, B. I, no. 278.

〔17〕 国家健康局（*Haute Autorité de Santé*）即此前的健康鉴定与评估国家局（*Agence Nationale d'Accréditation et d'Evaluation en Santé*），系依 2004 年立法创立的独立行政机构。

〔18〕 Haute Autorité de Santé, *Information des patients. Recommandations destinées aux médecins* (2000).

律规则。法律的关注很自然地放在医生的风险披露义务上，若是医疗执业人就医疗行为的固有风险未向患者披露充分信息，而未充分披露信息与患者所受伤害间的因果关系又得到证明，即应负损害赔偿责任。[19]

就医生应予披露的风险类型，英国法上的披露范围似乎不如法国法那么宽泛。如适才所见，在法国法上，严重伤害的一切已知风险医生皆应披露，不论风险多么遥远。而在英国法上，据伍尔夫勋爵（Lord Woolf）在皮尔斯诉布里斯托联合医疗基金案中的意见，[20]必须披露的是“重大（significant）”风险。这似乎意味着，有些风险太过遥远即不必披露。在西达威诉贝瑟勒姆皇家医院委员会案中，[21]手术有10%的脑卒中风险，布里奇勋爵（Lord Bridge）认为这是应予披露的实质风险，伍尔夫勋爵在皮尔斯案中也认为这是“重大”风险。在最近的伯奇诉伦敦大学学院医院基金案中，[22]克兰斯顿法官（Cranston J）认为1%的脑卒中风险即为重大。在切斯特诉阿夫沙尔案中，手术 122
包含着1%到2%的“微小”但不可避免的严重不良事件风险，上议院法官认为被告人对原告负有警示义务。不过，医生的说明义务并不必然延伸及于披露严重伤害的一切风险，在切斯特案中，斯泰恩勋爵（Lord Steyn）以赞许的态度援引了皮尔斯案中所说的“重大”风险披露标准。[23]在皮尔斯案中，若是任凭妊娠延期而不是帮助孕妇结束分娩，死产风险为0.1%到0.2%，伍尔夫勋爵

---

〔19〕 See, e. g. Thake v. Maurice [1986] 1 All ER 497; Smith v. Tunbridge Wells Health Authority [1994] 5 Med. LR 285.

〔20〕 Pearce v. United Bristol Healthcare NHS Trust [1998] EWCA civ. 865.

〔21〕 Sidaway v. Board of Governers of the Bethlem Royal Hospital [1985] AC 871.

〔22〕 Birch v. University College London Hospital NHS Foundation Trust [2008] EWHC 2237.

〔23〕 Chester v. Afshar [2005] 1 AC 134, para. 15.

认为这是“极小极小的风险”，并非必须披露的重大风险。是以，有些遥远的风险，纵使风险发生会给患者造成灾难后果，医生亦不负披露义务。这样看来，法国法让医生承受了更重的说明义务，一切重大、已知风险，不论多么遥远，医生都应向患者说明。

虽说在风险披露义务上有这些差异，但就医患对话给予更宽泛的理解，在这个问题上英法两国法似乎也有趋同迹象。高等法院有些判决确实表现出了英国法院的兴趣，愿意从更宽泛的角度来看待说明义务。在伯奇案中，〔24〕克兰斯顿法官即认为，就医疗执业人的推荐方案，若有可行替代治疗方案，医生有义务告知患者。〔25〕英国法似乎同样要求采取合理措施，以确保患者已经理解向其提供的信息，〔26〕不过只要法院确知医生已尽到合理努力，纵使患者事实上并未理解，医生亦不必承担责任。〔27〕

各行政机构及各医疗职业组织，在其发布的职业指南中要
123 求披露的信息范围更宽，赋予医患对话无与伦比的重要意义。依医疗总会（General Medical Council）行为指南，〔28〕医生必须

〔24〕 Birch v. University College London Hospital NHS Foundation Trust [2008] EWHC 2237.

〔25〕 相关讨论可参见 R. Heywood, “Medical Disclosure of Alternative Treatment”, *Cambridge Law Journal*, 68 (2009), 30.

〔26〕 Lybert v. Warrington Health Authority (1995) 25 BMLR 91; Smith v. Salford HA (1994) 5 Med. LR 321; Smith v. Tunbridge Wells Health Authority [1994] 5 Med. LR 334. K. Williams, “Comprehending Disclosure: Must Patients Understand the Risks They Run?”, *Medical Law International*, 4 (2000), 97.

〔27〕 See e. g. Al Hamwi v. Johnston and Another [2005] EWHC 206. J. Miola, “Autonomy Ruled OK?”, *Medical Law Review*, 4 (2006), 108.

〔28〕 GMC, *Consent: Patients and Doctors Making Decisions Together*, May 2008, paras. 1-61. 译按：医疗总会（General Medical Council），依 1956 年《医疗法》（Medical Act）全面管理医疗业、监督医学教育并负责医务人员注册的机构，由女王提名的、大学及皇家学院指定的和注册医务人员选举的成员组成。医疗总会通过其纪律委员会对注册医务人员的行为实施严格管理，并有权对违反纪律的人员予以除名或较轻处分。参见薛波主编：《元照英美法词典》，法律出版社 2003 年版，第 598 页。

向患者说明以下信息，诊断、预后以及这些事宜的不确定性，各个医疗选项（包括不治疗的选项），任何治疗或检查的目的，这些治疗或检查包含的潜在效益、风险和负担，各选项的成功可能性，相较医生所在医疗组织（其他医疗机构提供的）对患者可能有更好疗效的任何医疗方案。英国的医疗职业行为指南还很重视实现真正的医患对话。英国医学会（British Medical Association）发布的“知情同意工具箱（Tool Kit）”强调与患者商谈的重要性：[29]医生应努力探求患者想知道些什么，书面文件是当面商谈的补充而非替代。医疗总会的行为指南也强调医患沟通的重要性，建议就广泛事宜向患者提供信息，再次强调真正对话以及患者理解医生所说信息的必要性。指南写道，医生应“核实，患者是否需要任何额外帮助以理解相关信息，表达其意愿，或者做出决定”。医生应“牢记，有些理解和沟通障碍可能并不一目了然”，并应“在可行情况下，确保有相应安排给予患者任何必要的帮助。这些帮助包括利用患者权利工作者（advocate）或翻译，向患者关系亲近之人了解患者的沟通需求，就商谈或所为之任何决定给予患者书面或音频记录”。[30]就风险披露事宜，医疗总会发布的行为指南写道，“倘检查或治疗可能导致严重不良后果，即便可能性极为微小，亦应向患者说明。不太严重的副作用或并发症，倘经常发生，亦应向患者说明”。[31]英 124

---

〔29〕 BMA, *Consent Tool Kit*, “Information provision”, 12, available at www. bma. org. uk/practical-support-at-work/ethics/consent tool kit, last consuted February 2014.

〔30〕 GMC, *Consent: Patients and Doctors Making Decisions Togerher* (2008), para. 21.

〔31〕 GMC, *Consent: Patients and Doctors Making Decisions Togerher* (2008), para. 32. 皇家外科医生最佳操作指南（*Royal College of Surgeons Good Surgical Practice Guidelines*）2008 年和 2014 年版本同样建议使患者“充分知晓”治疗风险，而 2002 年版本只是提及告知患者治疗“主要风险”。See S. Devaney, “Autonomy Rules OK”, *Medical Law Review*, 13 (2005), 102, at 105.

国的行为指南与法国的《公众健康法典》在这个问题上规则相似，引人注目。医疗总会行为指南还规定，医生“不得想当然地认为患者已经理解了医生对各不同结果的风险或重要性的看法”，[32]这些事宜应与患者商谈。是以，行为指南就风险披露事宜赞成个体化思路，医生应积极探询个别患者的具体关切。

英国的职业指南在多大程度上影响法律和执业活动，多半要看在说明义务的内容这个问题上，两套系统间的差异有多大。[33]在英国过失侵权法上，以合理医生的标准来评判医生行为，医生得通过证明有某派负责任的医学观点支持其行为，来证明其行为合理，[34]是以或得主张，职业团体采纳的行为指南自然会影响法院采纳的注意标准。[35]不过迄今为止，尚未有较高审级法院就如何利用临床行为指南明确表态，[36]而且有研究发现，虽然医疗执业人知道指南，但很多人并未去落实。这份研究的作者得出结论说，若是指南实际上对执业活动影响有

〔32〕 GMC, *Consent: Patients and Doctors Making Decisions Togerher* (2008), para. 8.

〔33〕 就行为指南对法律和执业的影响，参见 A. Samanta, M. Mello, C. Foster, J. Tingle, J. Samanta, “The Role of Clinical Guidelines in Medical Negligence Litigation: a Shift from the *Bolam* Standard”, *Medical Law Review*, 14 (2006), 321. 当然，法国患者的经验同样取决于立法以及其他管理规定实际影响医疗实践的程度。

〔34〕 Bolam v. Friern Hospital Management Committee [1957] 1 WLR 583.

〔35〕 依格拉布等人的见解，“虽说医疗总会的行为指南设定的是职业责任而非法律要求，但博勒姆标准实际上使得职业责任与法律要求合二为一”。A. Grubb, J. Laing and J. McHale eds., *Principles of Medical Law*, 3rd edn, Oxford University Press, 2010, para. 4.07. 苗拉也认为，英国法院得适用博勒姆标准从而将医疗总会的行为指南用为法律标准。J. Miola, “On the Materiality of Risks: Pater Tigers and Panaceas”, *Medical Law Review*, 17 (2009), 76.

〔36〕 See A. Samanta, M. Mello, C. Foster, J. Tingle, J. Samanta, “The Role of Clinical Guidelines in Medical Negligence Litigation: a Shift from the *Bolam* Standard”, *Medical Law Review*, 14 (2006), 336.

限，那么指南直接塑造法律规则的能力也就有限。〔37〕是以，虽说职业指南得塑造法律规则，但却不能以为职业指南与英国法认可的信息披露标准之间有着系统性关联（systematic correlation）。

二、推动说明义务的落实：机会丧失 125

如第二章指出的，在法国法上，医疗事故案件中向来以知情同意诉讼为便利受害人的手段。盖医疗事故纠纷，原告往往很难证明被告人过错以及过错行为与原告所受损害间的因果关系。尤其是法国法（至少在形式上），还要求因果关系的证明达到确定程度，更是难乎其难。以医疗风险未经充分披露为由而主张救济的，在一定程度上可以克服这些难题。过错要件的焦点遂转移至不良事件发生前的对话上，证明责任转移，由医生证明已披露充分信息，而且法院亦以机会丧失为常规手段以克服因果关系难题。患者所受损害被重新界定为避免伤害的机会丧失，〔38〕以所丧失机会的百分比与总损失之积为应予赔偿的金额。〔39〕阿拉斯代尔·麦克莱恩（Alasdair Maclean）主张，机会丧失诉求承认患者失去了把握自己人生的机会，在这个意义上，患者诉求是要

〔37〕 作者当然也希望随着时间推移，认识加深，从而得逐渐影响医疗实践。R. Heywood, A. Macaskill, K. Williams, "Informed Consent in Hospital Practice: Health Professionals' Perspectives and Legal Reflections", *Medical Law Review*, 18 (2010), 152.

〔38〕 法院事实上认为，违反了对患者说明医疗风险这项义务的，只能以避免损害的机会丧失来救济。Cass. civ. (1), 7 December 2004, *Responsabilité Civile et Assurances*, no. 2, February 2005, comm. 60, obs. C. Radé. 机会丧失这个技术工具亦为行政法院所用：CE, 5 January 2000; CE, 2 February 2011, no. 323970.

〔39〕 Cass. civ. (1), 7 February 1990, B. I, no. 39; Cass. civ. (1), 8 July 1997, P. Sargos, JCP G 1997, Ⅱ, 22921; Cass. civ. (1) 27 February 2002, JCP G 2002, Ⅳ, 3050; CE, 5 January 2000, JCP G 2000, Ⅱ, 10271, note J. Moreau.

保护意志自主（autonomy）。[40]确实可以说，法国进路的实际效果是，民事责任对于促进患者自主起到了重要作用，医疗职业人未尊重患者获取信息的权利（知情权），即有更大可能遭受惩罚。

126 法国法在这里又与英国法形成鲜明差异，英国法并未利用机会丧失这项法律工具来便利患者的知情同意诉求。在英国法上，医疗职业人未尽到向患者说明医疗风险的义务，在帮助受害人得到赔偿方面并不能起到法国法上那般大的作用。信息披露不充分受到惩罚的情形更为罕见，[41]或可认为这限制了法律发挥促进患者自主的作用。[42]

三、强化患者自主：信息披露不充分之为精神损害

（一）法国法

法国法运用机会丧失规则的结果就是，医生未向患者充分说明的，更为经常受到惩罚。不过，对机会丧失这项法律工具，最好不要理解为法律正式认可了患者知情权本身（right to information as such），盖患者得到赔偿的，乃是其避免受伤害的机

〔40〕 A. Maclean, *Autonomy, Informed Consent and Medical Law*, Cambridge University Press, 2009, 197. 这个立场可能走得太远，盖患者真正得到赔偿的，并不是丧失的选择机会。参见下文第126页［边码］。

〔41〕 M. Jones, "Informed Consent and Other Fairly Stories", *Medical Law Review*, 7 (1999), 103, at 137. 琼斯考察了1985年到1999年间英国法院处理的案件，知情同意构成诉讼请求内容的只有30件。在这30件中，只有7件胜诉。而据法国《医疗风险观察》的数据，2007年到2012年间，赔偿金额超过1.5万欧元的知情同意案件就有126件。Observatoire des Risques Médicaux, *Rapport d'activité* 2013, 20.

〔42〕 当然，在上议院的切斯特案判决发布后（Chester v. Afshar［2004］, UKHL 41），以医生未充分披露信息为由提起诉讼方便了许多。在切斯特案中，上议院法官以微弱多数采纳弹性思路，在风险未充分披露与患者所受伤害之间建立因果关系。参见下文第130-131页［边码］。

会丧失，而不是被剥夺了选择机会本身（choice in itself）。若是医疗行为至关重要，得假定患者无论如何会同意治疗（哪怕得到了充分信息），此际也就不会有什么机会丧失。[43]不会将医生未尊重患者意志自主与人格尊严当作独立损害形态而给予赔偿。

使患者得落实（enforce，实施）其获取信息的权利/知情权，就独立于因医疗行为可能遭受的任何人身伤害（physical injury）的精神损害，使患者得请求损害赔偿，这才算真正承认患者自主与尊严。《公众健康法典》诚然写明患者有获取医疗信息的权利/知情权，但并不必然意味着实现此点，盖法典并未确保任何此类权利的真正落实（实施）。

患者获取信息的权利/知情权本身到底在多大程度上可以落 127
实，这在法国向来都是热烈讨论的话题，仍处于不确定的状态。争论的中心关系到法国最高法院2010年6月一件引得聚讼纷纭的判决。[44]在该案中，医生就术后不举风险未警示患者。法院认为，纵使患者事先知晓了该风险也会同意手术，盖为避免严重的感染风险，手术在医学上有其必要。可最高法院又认为，于此种情形，原告得据《民法典》第16条、第16-3条请求损害赔偿，依这两条，法律保护人格尊严与身体完整性。[45]判决

〔43〕 Cass. civ. (1), 20 June 2000, B. I, no. 193, D. 2000, somm., 471, obs. P. Jourdain.

〔44〕 Cass. civ. (1), 3 June 2000, JCP G 2010, 788, S. Porchy-Simon; F. Arhab-Girardin, "La consécration d'un nouveau préjudice moral né du défaut d'information médicale", *Revue de Droit Sanitaire et Social*, 2010, 898; D. 2010, 1522, note P. Sargos; RTD civ. 2010, obs. P. Jourdain 571; P. Pierre, "La réparation du manquement à l'information médicale: d'une indemnisation corporalisée à la mise en oeuvre d'un droit créance", *Médecine et Droit*, 2011, 107.

〔45〕 因医疗事故发生于《公众健康法典》施行前，故法院不能援引《公众健康法典》第L. 1111-2条。

书写道，“患者有权利知晓医疗行为固有的风险”，“未尽到因之而生的说明义务给患者造成损害……法院应予赔偿”。

接下来法国最高法院和国务委员会一系列判决，医生未充分披露治疗风险的，患者就其精神损害都得到了赔偿。但权利的精确性质仍不明朗。有两条可能的解释路径：第一，患者本得为所遭受的人身伤害做好心理准备，可医生未充分披露信息，剥夺了患者这个机会，正是就这个未做好心理准备的精神损害，患者得请求赔偿。是以，纵使患者充分知晓了相关信息仍会同意治疗的，亦无碍其就精神损害请求赔偿。（第二条路径，）可 2010 年 6 月判决的措辞似乎表明法国最高法院采纳了更具创造力的原则。当时普遍将这份判决解释为，最高法院认可了获取医疗相关信息的基本人权（human right to information relating to treatment），医生未尊重此项权利的单纯事实即构成应予赔偿的
128 损害。[46] 2012 年 6 月，法国最高民事法院再次采纳同样进路，强调患者获取医疗信息的权利是指向人格尊严的基本人权，纵使没有任何事实证明更完备的信息会使得患者拒绝医生推荐的治疗方案，这项权利亦可落实（enforceable）。[47] 倘认可获取医疗风险信息的基本人权，那么顺理成章的结论即是，获得赔偿并不以证明人身伤害为必要。[48] 证明权利本身遭医生无视即为已足。

有些学者批评最高法院的立场对医疗职业人过于苛刻，或

---

〔46〕 E. g. JCP G 2010, 788, note S. Porchy-Simon; *Gazette du Palais*, 16-17June 2010, 9, avis A. Legoux; Les Petites Affiches, 17-18 August 2010, 9, note R. Mislawski.

〔47〕 Cass. civ. (1), 12 June 2012, *Responsabilité Civile et Assurances*, September 2012, comm. 245, S. Hocquet Berg; *Revue Droit Sanitaire et Social*, 2012, 757, comm. F. Arhab-Girardin. See also Cass. civ. (1), 12 January 2012, no. 10-24447; Cass. civ. (1), 26 January 2012, no. 10-26705.

〔48〕 S. Porchy-Simon, JCP G 2010, 778; RTD civ. 2010, 571, obs. P. Jourdain.

会害及医患关系，[49]而法国最高法院如今也从这立场退却。最高法院在 2014 年 1 月 23 日判决中称，[50]在信息披露不充分的场合，患者为所受人身伤害做好心理准备的机会遭剥夺，是以遭受精神损害。法官由是明确，人身伤害乃是责任成立的前提要件。这仍然是患者损害赔偿请求的重要基础，盖根据案情，患者纵使知晓了风险仍会同意手术的，亦得据此请求损害赔偿。诚然，法国法不讲先例拘束，故而改弦易辙永远不能排除，但最高法院这回却是从早先认可获取信息的权利/知情权的立场后撤（此处所谓获取信息的权利/知情权，不以证明人身伤害为必要，两者完全脱钩），在这个问题上，最高法院判决标志着在认可患者自主方面的倒退。

法国最高法院立场的明显转变，好处就是更靠近行政法院 129
的立场。医生未充分披露风险信息的，国务委员会同样认可患者遭受了精神损害。对最高行政法院来说，这个损害也是表现为患者没有为风险发生的可能性做好心理准备。[51]但两套法院系统在一个点上仍有分歧。法国最高法院 2014 年 1 月判决措辞显示，患者的心理损害是直接假定的，而国务委员会则要求患

〔49〕 See e. g. F. Alt-Maes, "La réparation du défaut d'information médicale. Métamorphoses et effects pervers", JCP G 2013, doctr. 547.

〔50〕 Cass. civ. (1), 23 January 2014, no. 12-22123; F. Arhab-Girardin, "Le prejudice né du défaut d'information médicale: l'infléchissement de la Cour de cassation", *Revue Droit Sanitaire et Social*, 2014, 295; L. Bernard de la Gatinais, "Obligation d'informatioin du médecin: la clarification", D. 2014, 584; M. Bacache, "Réparation du défaut d'information médicale: revirement ou affinement de jurisprudence?", D. 2014, 590; O. Sabard, "Précisions sur le préjudice né du défaut d'information du médecin", *Les Petites Affiches*, 2014, 11.

〔51〕 CE, 10 October 2012, no. 350426; *Responsablité Civile et Assurances*, December 2012, 351, comm. L. Bloch; D. Cristol, "Défaut d'information dans les établissements publics de santé: une nouvelle pierre à l'édifice jurisprudentiel", *Revue Droit Sanitaire et Social*, 2013, 92.

者证明遭受此损害。[52]鉴于法国法并不要求这个心理损害构成医学上的疾病，是以在患者遭受严重人身伤害的情形，证明相对来说容易成立。

接下来的问题是，在此类案件中如何评定损害赔偿金。法国最高法院传统上将损害赔偿金的评定事宜交由下级法院自由裁量。最高法院2010年6月判决针对的那件案子，发回图卢兹上诉法院审理，后判给患者1.5万欧元精神损害赔偿金。[53]法院称，判给这个金额，考虑了患者实际遭受人身伤害的程度。在类似案情下，亚眠上诉法院是判给5 000欧元，[54]梅斯初审法院是判给2 000欧元。[55]而同时期，患者就实际所受人身伤害做好心理准备的机会遭剥夺的，国务委员会照准的精神损害赔偿金为3 000欧元。[56]此类精神损害的赔偿金额应以固定为宜。最高法院就此等事宜发布指南是最好不过，惜乎迄今未见动作。

（二）英国法

英国非法人身侵犯的侵权法（tort of battery）在极为有限的程度上认可了患者独立获得信息的权利/知情权（autonomous right to information），盖英国侵权法这个分支的重心放在患者遭
130 受的不法行为（wrong）上，而非医疗职业人的行为上。[57]在特

〔52〕 See M. Bacache, "Réparation du défaut d'information médicale: revirement ou affinement de jurisprudence?", D. 2014, 590.

〔53〕 Toulouse, 18 June 2012, no. 11/00082, *Responsabilité Civile et Assurances*, 2012 comm. 247, note S. Hocquet-Berg.

〔54〕 CA Amiens, 5 January 2012, *Droit et Santé*, 2012, 343, note O. Grare.

〔55〕 TGI Metz, 29 September 2011, no. 07-3983. 案例引自F. Alt-Maes, "La réparation du défaut d'information médicale. Métamorphoses et effects pervers", JCP G 2013, doctr. 547.

〔56〕 CE, 10 October 2012, no. 350426, *JurisData* no. 2012-022715; JCP G 2012, 1252, note F. Vialla.

〔57〕 A. Maclean, *Autonomy, Informed Consent and Medical Law*, Cambridge University Press, 2009, 196.

定案件中，依非法人身侵犯法让医生承担责任是认可患者自主与身体完整性的有效手段，盖患者不必证明因未充分掌握相关信息而遭受人身伤害。依非法人身侵犯法，无端触碰（unjustified contact）即为不法。不过，英国法院极为不情愿依非法人身侵犯法让医生承担责任，[58]医疗执业人故意误导患者或者欺诈患者的极端情形自为例外。[59]只要医生“将拟采取医疗措施的性质向患者讲了个大概（in broad terms）”，[60]法院即认为已征得患者有效同意。

在过失侵权法上（tort of negligence），若是患者不能使法官形成内心确信，倘充分知晓风险信息，患者当会做出不同的医疗决定，或者患者并未遭受人身伤害，患者即不得请求赔偿金，医生亦不会因其未向患者披露恰当信息而受惩罚。[61]就因果关系的评定，英国上议院在切斯特诉阿夫沙尔案中引入了颇具灵活性的思路。[62]在该案中，原告因脊髓手术的已知风险而遭受伤害，初审法官采纳了原告陈述，即原告若是事先知晓了手术所涉风险，当不会迅速同意手术，而是会寻求更多意见，但原告并不敢说将来永远不会接受此手术。上议院多数法官认为，医生未将手术风险告知原告，也就剥夺了原告于其他时间不同环境下承受此风险的机会，已足以建立因果关系。[63]上议院诸位法官大人（law lords）强调要尊重患者意志自主，认可“患者

---

〔58〕 这当然是由于侵权法会影响人的感情，“非法侵犯/殴击（battery）”术语让人联想到刑事责任。

〔59〕 Appleton v. Garrett [1996] PIQR 1; R v. Tabassum [2000] Lloyd's Rep. Med. 404.

〔60〕 Chatterton v. Gerson [1981] 1 All ER 257.

〔61〕 See e. g. Jones v. North West Strategic Health Authority [2010] EWHC 178.

〔62〕 Chester v Afshar [2005] 1 AC 134.

〔63〕 See S. Devaney, “Autonomy Rules OK”, *Medical Law Review*, 13 (2005), 102.

有权利就是否接受手术、何时接受手术以及由何人施行手术为知情抉择”。〔64〕上议院之所以在因果关系这个问题上采如此灵活的思路，当是为了促进患者意志自主。

131 切斯特诉阿夫沙尔案给了上议院法官大人机会，来将患者自主的重要性大书特书。可此后的判例还是要求患者证明，医生未充分披露信息在某种程度上改变了患者的风险决定。其他的情形，医生未充分说明并不会遭受惩罚。而在法国法上，类似切斯特诉阿夫沙尔这样的案件不会引发任何特别的难题，当会如避免伤害的机会丧失案件一般处理。这两条思路都没有真正地将患者意志自主的丧失当作真实损害。在切斯特案中，原告的诉讼请求仍然依赖于所受人身伤害，损害赔偿金反映的也是人身伤害的程度，而不是将对患者意志自主的冒犯看作特别损害形式。〔65〕在法国法上，机会丧失规则赔偿的是避免人身伤害的机会丧失，而不是选择机会本身丧失。至于医生不尊重患者获取信息的权利/知情权，两条进路都未将之看作独立损害形态。

在这个议题上，法国法院最近关于精神损害的判决意义更大一些。法国法院虽说有所退却，不再将未尊重患者意志自主与尊严本身看作损害，但至少特别认可患者未做好心理准备乃是应予赔偿的精神损害。医生若是未尊重患者获取信息的权利，

---

〔64〕 Chester v. Afshar [2005] 1 AC 134 (per Lord Hope, para. 86). 译按：上议院贵族法官（Law Lord），指御前大臣（Lord Chancellor）、上议院常任上诉贵族法官（Lords of Appeal in Ordinary）、前任御前大臣以及任何保有高级司法职位的贵族。上议院贵族法官组成了联合王国最高级别的法庭，其地位类似于美国最高法院。参见薛波主编：《元照英美法词典》，法律出版社 2003 年版，第 790 页。

〔65〕 就此议题更深入的分析，参见 T. Clark, D. Nolan, “A Critique of Chester v. Afshar”, *Oxford Journal of Legal Studies*, advanced access, published 1 Septermber 2014, doi: 10.1093/ojls/gqu019.

哪怕患者事先知晓了相关信息实际上也不会改变决定，医生依此进路亦应负损害赔偿责任，如此也就强化了对患者自主的保护。[66]法国立场还认可了下面的事实，即向患者充分披露医疗信息对于患者情绪和心理健康方面的福祉很重要。

若是英国法也认可此种形式的损害（指未做好心理准备），自然朝着维护患者自主又迈进一步。英国法上还真有这么一件初审法院判决，在类似法国判例的案情下，因医生未充分披露信息而特别认可了精神损害。在史密斯诉巴金卫生局案中，[67]原告术后四肢麻痹，法院认定的事实是，原告纵使事先得到恰当医疗咨询服务，仍很大可能接受手术，虽说如此，原告就其发现伤残后的震惊与精神痛苦（depression）仍得到3 000英镑 132
赔偿。因医生未向患者发出警示，故患者不能就后来风险实现做好心理准备。不过在英国法上，给予精神痛苦以赔偿要比法国法上麻烦更多，盖英国侵权法不大将精神损害看作可赔偿的损失。迈克尔·琼斯（Michael Jones）指出，虽说史密斯诉巴金案的被告自认了责任，但若是人身伤害责任不成立，英国法院不大可能就震惊或精神痛苦给予赔偿金，除非精神痛苦事实上构成可认定的精神疾病（recognized psychiatric illness）。[68]若是那样，在英国法上就是极少用得上的责任基础，法国法就精神痛苦的理解就更为宽泛，依私法法院的立场，甚至不需要证明。对精神损害的宽泛理解进路在英国法上也并非全新领域，在其

〔66〕 如克拉克和诺兰指出的，患者即便知晓了风险也还是会得到同样的医疗决定，这个事实并不意味着患者自主未受侵害（see ibid., 21）。

〔67〕 Smith v. Barking, Havering and Brentwood Health Authority (1988), [1994] 5 Med LR 285; M. Jones, *Medical Negligence*, London: Sweet and Maxwell, 2008, 711.

〔68〕 McLoughlin v. O' Brian [1983] 1 AC 410; Alcock v. Chief Constable of the South Yorkshire Police [1992] 1 AC 310; M. Jones, *Medical Negligence*, London: Sweet and Maxwell, 2008, 711.

他案情下，英国法院早就准备好了要将精神损害认可为得予赔偿的损失。[69]

若赔偿金针对的是为伤害风险做好心理准备的机会因医生未充分披露信息而丧失，那么责任就仍然取决于实际遭受某种形式的人身伤害，哪怕不要求未充分披露信息与人身伤害之间有因果关系。独立于任何人身伤害的获取医疗信息的权利/知情权，可以想象英国法认可这样的权利吗？正如麦克莱恩指出的，1998年《人权法》（Human Rights Act）颁行后，依《欧洲人权公约》第8条认可对私人生活和家庭生活的权利，借由此途径，独立于任何人身伤害的获取医疗信息的权利/知情权在英国法上遂更为可行。[70]在其他案情下，英国法院向来愿意认可个人自主为具体权利（specific right）。在里斯诉达灵顿纪念医院案中，[71]原告因绝育手术失败而产下计划外的孩子，上议院判给这位母
133 亲1.5万欧元赔偿金。这笔金钱是用来赔偿原告“依自己的愿望和规划过自己生活的机会”丧失。[72]

虽说在某些方面，落实这样的权利确有吸引力，因为这就认可了知情抉择乃是人格尊严的基本元素，[73]但同时又得认为，如此一来，健康患者于此际亦得请求损害赔偿，岂不是对资源的滥用？当然，事实上很多患者于此际不太可能起诉。正如有

---

〔69〕 Rees v. Darlington Memorial Hospital NHS Trust [2003] UKHL 52.

〔70〕 A. Maclean, *Autonomy, Informed Consent and Medical Law*, Cambridge University Press, 2009, 197.

〔71〕 Rees v. Darlington Memorial Hospital NHS Trust [2003] UKHL 52.

〔72〕 Rees v. Darlington Memorial Hospital NHS Trust [2003] UKHL 52. 错误怀孕案件并不必然可以和知情同意案件换位，正如麦克莱恩指出的，这位母亲就计划外孩子的抚养费不能请求赔偿，法官判给赔偿金也许只是表达同意之意。A. Maclean, *Autonomy, Informed Consent and Medical Law*, Cambridge University Press, 2009, 189.

〔73〕 L. Bernard de la Gatinais, “Obligation d'informatioin du médecin: la clarification”, D. 2014, 584.

些法国学者感受到的，[74]也正如梅森和劳里所指出的，[75]如此动向或许对患者过于偏袒，钟摆摆得太远了。更紧要的地方大概在于，以民事责任法来落实此项权利可能对医患关系造成有害影响。法国最高法院在 2007 年报告中就着重指出，若主要靠权利和义务来处理医患关系，患者保护与医疗职业人责任之间的脆弱平衡可就面临遭破坏的危险，[76]法国最高法院 2014 年 1 月判决放弃了就患者自主与人格尊严受冒犯给予特别赔偿的立场，这大概就是掉头转向背后的主要动因所在。

承认医生未披露信息使得患者遭受精神上的损害，也就意味着患者为不良事件发生做好准备的能力被剥夺，这是真正的法律损害。这个立场虽未给予患者自主以充分认可，但得认为是合适的妥协。

四、法国信息披露法制的经验

法国信息披露法制的思路在多大程度上得为英国所效仿？ 134
将患者获取信息的权利/知情权写入立法，奉为圭臬，当有若干好处。法国法将患者获取信息的权利/知情权法典化当有象征作用，以提升患者在医患关系中的地位。[77]患者权利立法有助于深化患者的权利意识，使患者更深刻理解医患对话的目的，这

〔74〕 RTD civ. 2010, 571, obs. P. Jourdain; G. Viney, P. Sargos, "Le devoir d'information du médecin", *Revue des Contrats*, 1 July 2012, 1104.

〔75〕 J. K. Mason, G. Laurie, *Mason and McCall Smith's Law and Medical Ethics*, 8th edn, Oxford University Press, 2011, 120.

〔76〕 Cour de cassation, *Rapport annuel 2007*, 58.

〔77〕 See S. Taylor, "Cross-border Patients and Informed Choices on Treatment in English and French Law and the Patients' Rights Directive", *European Journal of Health Law*, 19 (2012), 474-475.

些作用是通过判例零星发展起来的法律规则所不能比拟的。[78]对医疗职业人来说也是如此。英国的研究发现，医生对法律规则往往只有粗糙的了解。[79]立法并不必然保证医疗职业人知晓法律，但确实方便了医疗职业人去了解法律规则，提升了医疗职业人对法律所要求的医患对话内容的认识。而像英国判例法，要对医生患者发挥这样的象征和教诲作用就要困难许多。对英国患者来说，是由全民医疗服务系统制定的非立法文件来告知患者享有哪些“权利”。[80]这当然是相当有效的途径，帮助患者形成对医患间开展对话的期待，但却难以发挥法国法那样的象征和规范作用。

但这并不意味着，就应予披露的精确内容以及就患者知情抉择的真正程度，在象征作用之外，法国法就必然更为明晰。就此而言，法国法也让人看到立法介入的局限性。只要想想有关医疗风险披露的规则，这一点就显而易见。《公众健康法典》
135 只是说患者有权利知晓“得合理预见的多发或严重风险”，但并未澄明罕见的严重损害风险是否包括在内。这个工作交给学者去解释，多数情形认为是。另外，到底何谓“严重伤害”（“严

〔78〕 英国的研究表明，患者往往不理解信息披露的目的，将之看作医生规避责任的途径，而不是确保患者给予真正同意的手段。R. Heywood, A. Macaskill, K. Williams, “Patient Perceptions of the Consent Process: Qualitative Inquiry and Legal Reflection”, *Journal of Professional Negligence*, 24 (2008), 104.

〔79〕 Ibid. 医生了解了相关法律规则以及可能遭受的惩罚，也可能成为激励医生披露信息的动因。

〔80〕《英格兰全民医疗服务系统章程》写道，“阁下有权利……参与医疗服务的计划和决策……为此，有权利得到相关信息”（NHS, *NHS Constitution for England*, 2013, 9）。这条原则源自2004年《全民医疗服务系统条令（一般医疗服务契约）》第15条，该条［第3款］写道，全科医生必须依“经诊所与患者商讨确定的方式”为患者提供医疗服务。National Health Service (General Medical Services Contracts) Regulations 2004 (SI 2004, no. 291). 译按：《英格兰全民医疗服务系统章程》中译本可参见唐超编译：《世界各国患者权利立法汇编》，中国政法大学出版社2016年版。

重”当指伤害程度而非风险程度），法国立法同样未加界定。国家健康局（*Haute Autorité de Santé*）就风险披露事宜向医生发布指南，[81]称“危及生命或者改变极重要的身体机能”为严重损害。民事法院和行政法院立场一致地认可，一肢或者一器官永久失去机能即为严重。[82]这就是客观评估了，但法国法并未明确表态，到底是从医生、合理患者还是具体患者的角度来评估是否“严重”。英国法上与之映照的，是在多大程度上采纳了“审慎患者（prudent patient）”标准并不确定，[83]不过相较其英国同侪在这个法律议题上倾注的巨大笔墨，法国学者面对这个抽象法律原则似乎更为心安理得，并不那么热衷于就此议题从事细致分析。[84]就此而言，法国法在多大程度上真正认可了患者自主，不得遽下断语。就信息披露的法律文本来讲，若要避免法律不确定，就必须起草极为细致的法律规则。

还有一点也使得法国立法上宽泛的获取信息的权利/知情权导致法律不确定，盖如前所述，法律未细致写明不尊重此项权利的该如何惩处。这意味着法律还是要靠民事责任来落实此项

---

〔81〕 Haute Autorité de Santé, *Information des patients. Recommandations données aux médecins*, mars 2000.

〔82〕 Cass. civ. （1）, *Responsabilité Civile et Assurances*, 15 Dcember 1999, 91（一目失明）; Cass. civ. （1）, 18 July 2000, B. I, no. 227（一下肢瘫痪）, Lyon Court of Appeal, 4 April 2000, Stransky（失禁）. J. Saison, “Controverse sur l'étendue de l'obligation d'information médicale”, *Actualité Juridique Droit Administratif*, 2003, 72.

〔83〕 See e. g. M. Jones, *Medical Negligence*, 4th edn, London: Swell and Maxwell, 2008, 652-662; M. Brazier and J. Miola, “Bye-bye Bolam: A Medical Litigation Revolution?”, *Medical Law Review*, 8（2000）, 85; A. Maclean, “Giving the Reasonable Patient a Voice: Information Disclosure and the Relevance of Empirical Evidence”, *Medical Law International*, 7（2005）, 1.

〔84〕 但请参见 A. Laude, B. Mathieu, D. Tabuteau, *Droit de la santé*, 3rd edn, Paris: PUF, 2012, 340-341, 就此有相关讨论。该书似乎倾向接近“合理患者”标准。

权利，[85]到底该如何操作的问题也就因之而生。这里的难题显
136 然在于，法国最高法院2010年关于患者精神损害赔偿的判决发
布后，在此议题上的法律立场不甚明朗。

前文所论者，在将知情权利与说明义务写入立法是否有益，下面转向另一议题，即法国法极为宽泛的风险披露要求果真是促进患者自主的恰当途径否。法国进路事实上蕴含着适得其反的危险。医生可能不得不开列冗长的风险清单，而不论这些风险多么缥缈，只是为了避免潜在的诉讼而不是让患者真正心明眼亮。依法国法，医生必须披露一切多发风险和严重风险，哪怕对多数患者来说不言自明的风险，例如感染，医生仍负警示义务。[86]如此一来，患者很可能陷没于海量信息当中，这就不是促进而是毁坏了患者为知情抉择的能力。披露证明责任的倒置更令局面雪上加霜，医生往往向患者出具一张冗长的风险清单，签名了事。[87]这样的说明程序自然毫无人情味可言，医患对话的质量亦必受摧折。《公众健康法典》现在要求以面谈方式披露医疗信息，[88]当可看作是力图扭转颓势的动作。

如科根和苗拉指出的，[89]向患者披露信息本身并不能确保实现患者自主决策，仅仅是确保信息已由医生传递给患者而已。

---

〔85〕 See S. Porchy-Simon, “l’information en santé depuis la loi du 4 mars 2002”, in M. Bacache, A. Laude, D. Tabuteau, *La loi du 4 mars 2002 relative aux droits des malades*: *10 ans après*, Brussels: Bruylant, 2013, 33, at 46-47.

〔86〕 最高法院判例甚至认可了手术前向患者警示医院感染风险的义务：Cass. civ. (1), 8 April 2010, 08-21.058.

〔87〕 就此倾向的批评，参见 S. Porchy-Simon, “l’information en santé depuis la loi du 4 mars 2002”, in M. Bacache, A. Laude, D. Tabuteau, *La loi du 4 mars 2002 relative aux droits des malades*: *10 ans après*, Brussels: Bruylant, 2013, 33, at 44.

〔88〕《公众健康法典》第L.1111-2条。

〔89〕 J. Coggon, J. Miola, “Autonomy, Liberty and Medical Decision-making”, *Cambridge Law Journal*, 70 (2011), 523.

倘患者不具备相应条件以恰当方式分析这些信息，就不能说患者有能力为知情同意。虽说依法国法，医生有义务向患者提供关乎治疗的“准确、清晰、恰当信息”并确保患者理解这些信息，[90]但很难想象医生如何能在所有情况下核实患者已经准确 137
理解了医生向其披露的信息。事实上，披露一切可预见的严重损害风险，再加上法国法的证明责任倒置规则（由医生证明已向患者披露了风险信息），与其说是在医疗决策程序中向患者真正赋权，不如说更应该看作是便利受害人得到赔偿的手段。机会丧失规则的适用思路也一样。虽说机会丧失规则使得不充分披露信息更容易受到惩罚，但主要目的还是方便受害人就其人身伤害得到赔偿。患者自主受到侵犯本身并不予赔偿。以如此方式区处信息披露事宜，或可认为法国法事实上贬损了知情同意：[91]知情同意保护患者自主的角色面临被遗忘的风险，被掩盖在知情同意之为便利患者人身伤害赔偿请求的工具之下。

就患者未做好心理准备而给予赔偿，仍未完全认可患者自主，盖未将患者获取信息的权利/知情权遭忽视本身理解为损害。除了给现有责任路径起到附加装置的作用外，[92]司法实践中患者大概没有多少机会用得上。但确实认可了未向患者充分披露风险情形患者会遭受的一种重要精神损害形式，又因为强调了为何向患者披露信息很重要的一个原因（指给予患者回避人身伤害风险的机会），在这个意义上也就促进了患者自主。

---

〔90〕《公众健康法典》第 R. 4127-35 条。

〔91〕 See G. Viney, P. Sargos, “Le devoir d'information du médecin”, *Revue des Contrats*, 1 July 2012, 1104.

〔92〕 此种损害司法实践中赔偿金是比较少的。

第二节　以坦白义务绥抚医患关系

一、英国法上的坦白义务

138 从更广阔的视野来理解救济，即以为救济不当局限于金钱赔偿，而应延伸及于认可受害人的普通需求，即了解医疗事故何以发生，在适当情形听取道歉。《穷则变》曾援引卫生部一份研究报告，[93]发现将近60%的医疗事故受害人希望得到解释、道歉或者对事故原因的调查，只有11%的受害人认为金钱赔偿乃是最为合适的救济形式。

更多患者乞援于如此宽泛意义的救济形式当产生诸多额外积极效果。将不良事件信息开诚布公，有助于从医疗事故中汲取经验，[94]而且研究表明，医疗职业人和医疗机构主动公布这些信息事实上增进了患者对医疗服务质量的认知，有利于缓和医患关系，降低诉讼比率。[95]当然也有学者以为，只有甚为薄弱的证据支持这样的观点。[96]

虽说开诚布公有这些公认的好处，英国法却有很大不足，仍需要进一步推动坦白制度往更深更广的方向发展。国家医务

---

[93] Chief Medical Officer, *Making Amends: A Consultation Paper Setting out Proposals for Reforming the Approach to Clinical Negligence in the NHS*, Department of Health, June 2003, 75.

[94] O. Quick, "Patient Safety and the Problem and Potentail of Law", *Journal of Professional Negligence*, 28 (2012), 78, at 90.

[95] The National Audit Office report, *A Safer Place for Patients: Learning to Improve Patient Safety*, HC 456, session 2005-6, November 2005, 15 ("患者若是得到了有关风险的解释以及如何将风险降到最低的说明，即不太可能投诉或者请求损害赔偿").

[96] O. Quick, "Patient Safety and the Problem and Potentail of Law", *Journal of Professional Negligence*, 28 (2012), 78, at 95.

顾问 2003 年报告《穷则变》注意到，当发生医疗不良事件，患
者往往听不到医疗职业人的解释。报告评论说，“总的来讲，太
多家庭留下这样的印象，一旦事情出了差错，全民医疗服务系
统立即抱成团来对付受害人”。[97]患者和家属若是想了解医疗事
故发生原因，多半会遇到挫败，纵使能得到赔偿，也会心生不
满。[98]英国审计署 2005 年称，在患者卷入的上报的医疗事故
中，只有 24%的全民医疗服务基金（NHS Trusts）会例行向患者
通报信息，[99]而医疗服务监察专员（Health Services Ombudsm-an）
2013 年 8 月公布的一份研究发现，防御文化于全民医疗服务系
统内仍然存在。[100]2013 年，针对中斯塔福德郡全民医疗服务基
金丑闻事件的调查报告发布，该报告发现，医疗基金和医疗服 139
务质量委员会（Care Quality Commission）都存在严重的信息不
透明现象，[101]发生医疗不良事件时的坦白事宜遂再度被推上医
疗话题的风口浪尖。报告评论说，发生在中斯塔福德医院的这
些事情揭橥出“悲惨的事实，有关开诚布公的那套清词丽句虽
刊载于文、传布于口，纠正错误、消除不法的良愿美意诚然非
是虚妄，但制度性的本能（institutional instinct）却潜藏暗伏于
庞大体制之内，一旦面临压力，即倾向于捂盖子、打官腔，逃
避舆论批评”。[102]在英国，引入法定坦白义务的呼吁向来不

〔97〕 Chief Medical Officer, *Making Amends: A Consultation Paper Setting out Proposals for Reforming the Approach to Clinical Negligence in the NHS*, Department of Health, June 2003, 42.

〔98〕 Ibid.

〔99〕 The National Audit Office report, *A Safer Place for Patients: Learning to Improve Patient Safety*, HC 456, session 2005-6, November 2005, para. 1. 10.

〔100〕 Health Services Ombudsman, *Designing Good Together: Transforming Hospital Complaint Handling*, 2013.

〔101〕 *The Report of the Mid Staffordshire NHS Foundation Trust Public Inquiry* ("The Francis Report"), HC 898-Ⅲ, February 2013, chapter 22.

〔102〕 Ibid., para. 2. 164.

断，很多还颇有分量、备受瞩目。[103]同时，医疗职业内部也采取了很多措施来培育坦白文化。医疗总会及护士助产士协会的行为守则都要求向患者公开医疗中的不良事件。[104]《全民医疗服务系统章程》也称，事情出了错，医务人员应向患者公开，[105]全民医疗服务系统诉讼局发布的指南鼓励医生向患者解释原委。[106]

民事责任或被看作不利于坦白机制运行，盖对诉讼的恐惧可能会阻止医生向患者开诚布公。[107]但若令医疗职业人承担可落实的义务，向患者诚实解说医疗事故的发生原因，民事责任亦可起到提升透明度的作用。虽说如此，目前英国侵权法上并没有这样的坦白义务。唐纳森勋爵（Lord Donaldson）曾先后在李诉西南泰晤士卫生局案、[108]内勒诉普雷斯顿卫生局案[109]中发
140 表不具拘束力的附带意见力倡坦白义务，但勋爵大人后来也说，

---

[103] The House of Commons Health Select Committee Report, *Sixth Report: Procedures Related to Adverse Clinical Incidents and Outcome in Medical Care*, 28 October 1999; I. Kennedy (chair), *Learning From Bristol: the Report of the Public Inquiry into Children's Heart Surgery at the Bristol Royal Infirmary 1984–95*, Cm 5207 (1), 2001, Recommendation 33, p. 441; Chief Medical Officer, *Making Amends: A Consultation Paper Setting out Proposals for Reforming the Approach to Clinical Negligence in the NHS*, Department of Health, June 2003; and most recently, *Report of the Mid Staffordshire NHS Foundation Trust Public Inquiry* ("The Francis Report"), HC 898, February 2013.

[104] General Medical Council, *Good Medical Practice* 2013, para. 55; Nursing and Midwifery Council, *Code of Conduct*, para. 55.

[105] NHS, *The NHS Constitution fof England*, 2013, 10.

[106] NHS Litigation Authority, *An Organisation-Wide Document for Being Open*, March 2012.

[107] 2006年《损害赔偿法》第2条写道，"道歉本身非为对过失的自认"，但恐怕难以消除医生对诉讼的担心。

[108] Lee v. South West Thames Regional Health Authority [1985] 2 All ER 385, 389.

[109] Naylor v. Preston Area Health Authority [1987] 2 All ER 353, 366.

这纯属其“个人喜好（riding a personal hobby horse）”。[110]上诉法院在鲍威尔诉博尔德兹案中否定了英国法中有这样的义务。[111]上诉法院斯图尔特-史密斯法官（Stuart-Smith LJ）于该案中援引了唐纳森勋爵的那段评论，指出并无任何先例表明存在着“某种形式孤标自立的坦白义务，违反此义务将招致损害赔偿责任。这样的义务形式简直是侵权法不可思议的扩张”。[112]在《全民医疗服务系统救济法》的框架下，引入的任何救济体制都必须将解释和道歉纳入救济形式。[113]威尔士医疗事故救济体制也将向患者解释和道歉纳入救济形式，但只有患者表达了关切（concern），并形成责任决定，[114]方才提供解释和道歉救济，而不是令医疗服务人承担事前公开的义务。

联合王国并非以民事责任来推进坦白义务建设，而是着眼于医疗服务治理措施（healthcare governance measures）。契约性质的坦白义务已写入新的全民医疗服务系统委托契约标准版本。[115]

---

〔110〕 *Medico-Legal Journal*, 53 (1985), 148, 157, ctied in I. Kennedy, A. Grubb, *Medical Law, Text and Material*, London: Butterworths, 1989, 533-4, and *The Report of the Mid Staffordshire NHS Foundation Trust Public Inquiry*, vol. 3, 22. 106.

〔111〕 Powell v. Boldadz [1998] Lloyds Report Med. 116.

〔112〕 Powell v. Boldadz [1998] Lloyds Report Med. 125.

〔113〕 《全民医疗服务系统救济法》第3条。

〔114〕 National Health Service (Concerns, Complaints and Redress Arrangements) (Wales) Regulations 2011. SI no. 704 (W. 108), Regulation 25.

〔115〕 NHS England, *NHS Standard Contract 2014/15*, *Draft Technical Guidance*, 89, Appendix 5. 译按：标准契约年年更新，目前是17/19版本（2018年3月更新）。可参见全民医疗服务系统官网：https://www.england.nhs.uk/nhs-standard-contract/（2018年5月1日访问）。应加注意，这里委托契约的双方当事人并非患者与医疗服务人。委托人是负责医疗服务供给的组织方，2012年《医疗服务与社会服务法》（Health and Social Care Act）施行后，全民医疗服务系统的预算主要掌握在新机构“全民医疗服务英格兰（NHS England）”手中，“全民医疗服务英格兰”是专科和初级医疗服务的委托人，紧急医疗服务和社区医疗服务的委托人则为地方全科医生组织（Clinical Commissioning Groups）。

依契约条款，委托提供全民医疗服务的一切组织，都必须要求全民医疗患者的医疗服务提供人在事故导致中、重度伤害或死亡的情形遵守坦白义务。医疗服务人不遵守坦白义务的，委托机构得请求最多为 1 万英镑的赔偿。依初级医疗服务契约委托的服务，并不适用契约性质的坦白义务。

另外，新的法令还针对医疗服务机构引入了坦白义务。[116]依法令要求，医疗服务机构应以公开透明的方式对待医疗服务利用人。对于护理治疗行为造成中、重度伤害的情形，法令对坦白义务有明确详尽的规定，[117]包括向患者通报、道歉、建议患者进一步采取哪些合理调查措施，以及向患者提供帮助。[118]医疗服务机构未尽此义务的，构成违法犯罪（offence）。[119]

141

二、法国法上的坦白义务

在法国，2002 年法制改革针对医疗职业人和医疗机构引入了坦白义务。《公众健康法典》第 L. 1142-4 条写道，患者因预防诊断治疗行为受到伤害或者认为自己受到伤害的，医疗职业人、医院或者医疗组织必须向患者（在患者死亡的情形向患者家属）说明具体情节和伤害原因。应自伤害或者发现伤害之日起两周内，安排以面谈方式向患者说明，患者得选择由医生或者他人帮助自己参与面谈。是以，坦白义务并不以患者正式投

---

[116] The Health and Social Care Act 2008 (Regulated Activities) Regulations 2014, (2014 No. 2936).

[117] The Health and Social Care Act 2008 (Regulated Activities) Regulations 2014, (2014 No. 2936), 20.

[118] The Health and Social Care Act 2008 (Regulated Activities) Regulations 2014, (2014 No. 2936), 20 (3).

[119] The Health and Social Care Act 2008 (Regulated Activities) Regulations 2014, (2014 No. 2936), 22.

诉或者医疗服务人对责任的任何认可为前提条件。

虽说《公众健康法典》明文承认了坦白义务，但却看不到患者利用责任法来落实坦白义务的任何动向。法国法院的判决书似乎并不援引此条，[120]这条规则也几乎不太吸引民事责任法领域学者的注意。[121]当提到坦白义务，学者会说这项法定义务“几乎不为人知（largely unknown）”。[122]患者要落实坦白义务，着实面临诸多显而易见的困难。法律条文本身没有提到制裁措施，而从实际的角度看，患者很难知道医生什么时候在隐瞒信息。虽说法国患者有权利获取医疗记录，[123]可只要动用针对过错的法律程序，多半会发现医疗服务人就医疗事故的具体情节不能坦诚相告。是以，倘要落实此项义务，也很可能 142
只被当作传统责任请求的附加装置。患者试图通过法院落实坦白义务的，即就精神损害请求赔偿，赔偿水平无论如何都会比较低。

尽管《公众健康法典》的坦白义务条款原则上应理解为得以民事责任来落实坦白义务，但法国目前的情况如同英国，也是利用医疗服务治理措施来推进开诚布公。为了得到国家健康局（*Haute Autorité de Santé*）的认证，[124]医疗院所必须承诺在发生治疗相关损害的情形向患者说明情况，并证明已安排好相应机

---

[120] 利用数据库（*Le Doctrinal*，*Légifrance*），检索法院判决书对《公众健康法典》第 L. 1142-4 条的援引情况。

[121] 学者提到这项义务，一般也就是三言两语地说法国法上有此义务。See e. g. A. Laude, B. Mathieu, D. Tabuteau, *Droit de la santé*, 3rd edn, Paris: Presses Universitaires de France, 2012, 344.

[122] A. Garay, “La question juridique du risque médical, outil stratégique au service du médicin”, *Revue Générale Droit Médical*, 2014, 153 at 159.

[123] 《公众健康法典》第 R. 1111-1 条。

[124] 国家健康局是法国医疗服务管理机构。

构及程序以实现开诚布公。[125]是以法国法并没有提供任何证据表明，英国法上的坦白义务（类似法国《公众健康法典》所引入者）得由患者通过民事责任机制来有效落实。

但不能说引入法定坦白义务全无意义。法定坦白义务在法国仍有其象征意义，得鼓励医疗职业人就事故原因对患者更为推心置腹。至于立法对医疗职业人能否产生这样的效果，既取决于医生实际上对这些法律规则了解多少，还要看这些规则是否能影响医生的行为。这样的效果只能通过认识论研究（epistemological research）来验证，惜乎此类研究于法国付之阙如。值得注意的是，《法国医生伦理准则》并未特别言及坦白义务，只是提到“医生对患者负有义务，就患者的健康状况以及采取的检查治疗行为，向患者提供准确、清晰、恰当的信息”。[126]

很显然，坦白义务的效果在过错体制下当极为有限，无过错体制会好一些。[127]不论英国法还是法国法，过错责任仍然扮演重要角色，医生不仅担心被送上民事法庭，还要忧虑职业制裁，在法国甚至还会惧怕因医疗错误而遭刑事公诉，是以诸多医疗职业人以为对坦白义务最好视而不见，诚然可以理解。

第三节　诉讼外解决体制就医患关系的影响

143

一、对患者自主的影响

本来得以不充分披露治疗风险为由拿到损害赔偿金的原告，

---

〔125〕 Haute Autorité de Santé, *Manuel de certification* 2010, 46. Also see Haute Autorité de Santé, *Annonce d'un dommage associé aux soins*, March 2011.

〔126〕《法国医生伦理准则》（*Code de déontologie médicale*, 2012 年）第 35 条；《公众健康法典》第 R. 4127-35 条。

〔127〕 See O. Quick, "Patient Safety and the Problem and Potentail of Law", *Journal of Professional Negligence*, 28 (2012), 78, at 95.

现在可能更愿意通过无过错体制请求赔偿，在这个意义上，法国引入无过错赔偿体制实际上可能对认可患者获取信息的权利/知情权产生了不利影响。若患者能证明损害足够严重，构成医疗事故，透过这套立法引入的体制（legislative scheme），即能拿到全部赔偿，而不是仅就避免伤害的机会丧失得到低水平的赔偿金。如此，这套立法引入的体制当能减少医生因未披露医疗信息而遭惩罚的频率，不过这个潜在的不利影响已经降低了，盖在有些案件中，在基于机会丧失而给予的赔偿金之外，国家医疗事故赔偿总署被判令负补仓责任，以使受害人就严重医疗事故得到全部赔偿。[128]

遗憾的是，找不到统计数据来看知情同意诉求在2002年之后是否减少。无疑，患者还是会继续以医生未披露医疗风险而将医生告上法庭。[129]《医疗风险观察》的数据显示，从2007年到2012年，赔偿金额在1.5万欧元以上的知情同意诉求为126件。[130]

二、绥抚医患关系

法国法引入行政赔偿体制的主要目标在于便利受害人得到赔偿，减轻保险公司和医疗服务人承受的责任经济负担，因为给医疗事故救济提供了一个不那么剑拔弩张的解决方案，故又

---

〔128〕 Cass. civ.（1），11 March 2010；S. Hocquet - Berg，"La place du défaut d'information dans le mécanisme d'indemnisation des accidents médicaux"，*Responsabilité Civile et Assurances*，2010，etude 5；CE，30 March 2011，no. 327669，RTD civ. 2011，550，obs. P. Jourdain.

〔129〕 确有学者以为，2002年法律就机会丧失诉讼"没有改变任何事情"。G. Viney，P. Jourdain，S. Carval，*Traité de droit civil：les conditions de la responsabilité*，Paris：LGDJ，2013，292.

〔130〕 Observatoire des Risques Médicaux，*Rapport d'activité* 2013，20.

能起到绥抚医患关系的作用。[131]医疗职业人普遍以为，被患者送上公堂的威胁时时悬于顶上，败坏了医患关系，造成草木皆兵、
144 彼此戒备的氛围，激励防御医疗大行其道。[132]正如国家医务顾问于国情咨文报告《穷则变》中所称：

> “医疗事故的法律程序走下来，整个气氛都是剑拔弩张，彼此猜疑，充满火药味。现代医患关系的特征本该是开诚布公、互信互赖、彼此协作，法律程序简直是此种精神的眼中钉、肉中刺。此外，双方当事人间法律争议的整体性质有害于更宽广的患者利益。法律程序关注的是，出了的岔子，对外讲得越少越好，凡医生所做医疗决定，都要千方百计地去维护，极不情愿地往外挤出一点点信息。”[133]

法国体制若是减少患者向法院乞援，同时还能提供较少对抗性的路径，方便患者得到赔偿并确保职业问责（professional accountability），当能有效缓和医疗职业人和患者间的紧张关系。

如前所见，法国引入行政赔偿体制后诉讼比率的数字似乎表明，新体制至少遏制住了此前可以观察到的诉讼率的上升现象，甚至诉讼数量还有略微下调。[134]不过，目前每年向法国法院提起的医疗过失诉讼仍然大约有 5 000 件。患者继续乞援于法

〔131〕 See B. Kouchner, health minister, Assemblée nationale debates, 2 October 2001; C. Evin, “La philosophie de la loi du 4 mars 2002”, in G. Mémeteau, ed. , *Manuel des Commissions Régionales de Conciliation et d'Indemnisation des Accidents Médicaux*, Bordeaux: Les Etudes Hospitalières, 2004, 12. D. -R. Tabuteau, “Bilan de la loi kouchner du 4 mars 2002”, *Revue Générale du Droit Médical*, no. 33, December 2009, 111.

〔132〕 Chief Medical Officer, *Making Amends: A Consultation Paper Setting out Proposals for Reforming the Approach to Clinical Negligence in the NHS*, Department of Health, June 2003, 76.

〔133〕 Ibid. , 7.

〔134〕 参见前文第四章第 85-87 页［边码］。

院，部分原因在于，向新体制寻求救济受到较多限制。但这不是唯一的原因。如第五章提到的，还有可能是新体制的若干特征减少了对受害人的吸引力，从而削弱了其通过减少诉讼来缓抚医患关系的作用。

除了以上这些关切，就行政赔偿体制对医患关系的影响事 145
宜，最重要的问题大概还是，相较向法院提起诉讼，行政赔偿体制下的个体责难气氛是否过于稀薄了。诚然如此，若是向法院起诉被告人，责难因素是难以避免的，可是向行政体制请求赔偿，赔偿责难可就两不相干了。向行政体制申请赔偿通常也要比诉讼程序更快捷，医生不必如诉讼中那般在冗长的程序期间饱受折磨，忧心忡忡。不过，医疗执业人也还是会将行政赔偿体制看作是对职业声誉的冒犯。[135]而和解及赔偿事务委员会仍然要着力考察医疗事故是否系由医疗执业人的过错行为造成。赔偿申请过了初步审查阶段，医疗执业人仍要参加委员会举办的听证，听证会将评估医疗执业人的注意标准。委员会决定有可能认定医生有过错，甚至可能将医疗执业人解送相关纪律组织。[136]医生还可能同时面临同一个患者通过民事或刑事法院提起的诉讼。如此说来，行政赔偿体制虽说应该有减少责难因素的效果，但只要过错要件仍在赔偿体制中发挥核心作用，责难因素就仍会存在。

同时，从患者角度看，若是行政赔偿体制能成功满足受害人证明自己清白（vindication）和得到赋权（empowerment）的

---

〔135〕 对这些赔偿机制的运营有着实际经验的人强调，医疗执业人并不必然认为这些程序就是和风细雨没有冲突的。See C. Rambaud, "La point de vue des patients sur les règles et mécanismes d'indemnisation", in M. Bacache, A. Laude, D. Tabuteau eds., *La loi du* 4 *mars* 2002 *relative aux droits des malades*: 10 *ans après*, Brussels: Bruylant, 2013, 237.

〔136〕 《公众健康法典》第 L. 1142-8 条。

需求，就能有效减轻患者对医疗服务提供人的怨愤情绪。在其关于法国的赔偿基金的近著中，若纳斯·尼奇（Jonas Knetsch）强调了患者重构医疗事故事实的需求，这样患者才能和自己所受到的伤害达到妥协（指心理上接受）。[137]倘允许受害人参与程序，则有助于患者认可程序的正当性。在尼奇看来，行政赔偿体制一般而言欠缺审判程序的仪式性和象征性维度，而正是这些仪式性和象征性内容让人感受到法院程序恢复正义的力量。[138]不过，虽说法国的医疗事故赔偿体制不具备法院审判的
146 象征力量，但也在一定程度上照顾到了受害人的此种需求，也就是给了受害人权利，在通过初步筛查程序之后，得于委员会参与听证。[139]相较审判程序，委员会的听证没有那么多繁文缛节（formality），或以为对当事人具有绥抚效果。[140]听证程序之后，申请人会收到对事故原因的详细解释。[141]

同样的广义救济概念（如尼奇所描述的），在英国《全民医疗服务系统救济法》背后的思考中亦昭然可见，强调向受害人说明，必要时向受害人道歉。[142]不过，若是程序性、仪式性的维度确实为救济机制提供了部分正当性、合法性，那么英国《全

---

〔137〕 J. Knetsch, *Le droit de la responsabilité et les fonds d'indemnisation*, Paris: LGDJ, 2013, 290-307.

〔138〕 J. Knetsch, *Le droit de la responsabilité et les fonds d'indemnisation*, Paris: LGDJ, 2013, 290; M. Mekki, "La cohérence sociologique du droit de la responsabilité", in J.-S. Borghetti, ed. *Etudes offertes à Geneviève Viney*, Paris: LGDJ, 2008, 739, at 762.

〔139〕《公众健康法典》第 R. 1142-16 写道，"应患者或者委员会的请求，患者有权利出席委员会［听证］。患者有权利选择他人帮助自己或代表自己出席"(al. 3)。

〔140〕 P.-A. Lecocq, "l'indemnisation amiable des accidents médicaux. Bilan du traitement de 15, 000 dossiers par les CRCI et l'ONIAM et perspectives d'avenir", *Revue Générale de Droit Médical* (special issue), 2009, 29.

〔141〕《公众健康法典》第 L. 1142-8 条。

〔142〕《全民医疗服务系统救济法》第 3 条。

民医疗服务系统救济法》所构想的框架，未设计任何形式的听证程序，即无力为此了。同样的批评亦可用于威尔士体制。依威尔士体制，负责调查患者关切的全民医疗服务机构必须“考虑使表达关切之人参与程序的最合适方式”，但唯一明确提及的方法就是，就如何开展调查与投诉人讨论。〔143〕当然，司法实践中，英格兰威尔士的诉讼程序本身通常都不会给原告正式的听证机会，盖绝大多数诉讼请求都未经庭审而和解，从而剥夺了受害人的“出庭权（day in court）”。〔144〕法国的诉讼程序则让原告的诉讼请求有充分的机会抵达庭审阶段。〔145〕法国行政赔偿体 147
制保证了申请人在通过初步筛查阶段后得参与听证，这样相较英国的诉讼程序，在许多情况下实际上为救济机制的合法性向患者提供了更为有力的证明。不过，纵使英国的诉讼程序在司法实践中往往未能向原告提供或许正是其所追求的中立司法审查与仪式性内容，相较裁断人亦为被告人的程序（《全民医疗服务系统救济法》下的机制即为如此），仍可认为更有力地保证了

---

〔143〕《全民医疗服务系统救济法》第 23 条第 1 款 c 项。

〔144〕据皮尔逊报告（Royal Commission on Civil Liability and Compensation for Personal Injury 1978, vol. 2, table 12），98%的案件在庭审日期确定前即已和解，确定了庭审日期的，大多数在听讯前也取得和解。就审判程序，实证研究表明，保险公司通常决定损害赔偿请求是否成立，如何和解。See R. Lewis and A. Morris, “Tort Law Culture in the United Kingdom: Image and Reality in Personal Injury Compensation”, *Journal of European Tort Law*, 3 (2012), 230, at 242, and their references at n. 45.

译按：day in court，（1）出庭日：当某人的权利与他人发生争议或有可能受到诉讼的影响时，按法院的指定出席法庭并为自己的利益陈述其主张或意见的日期。（2）出庭权：当事人出席有管辖权的法庭陈述其主张、寻求法律救济、为自己的权益辩护的权利和机会。参见薛波主编：《元照英美法词典》，法律出版社 2003 年版，第 367 页。

〔145〕根据法国司法部提供的数据（1999-2009 年），这段时间提起的私法诉讼为 20 711 件，发布判决 12 103 件（不包括简易程序）。A. Laude, J. Pariente, D. Tabuteau, *La judiciarisation de la santé*, Paris: Editions de Santé, 2012, 52.

客观和公正。

法国2002年改革亦试图缓和医疗事故赔偿中剑拔弩张的气氛，建立了一套由和解及赔偿事务委员会经办的和解程序，与现行的告诉机制平行运作。[146]和解程序向一切医疗事故受害人开放，不论是否合乎医疗事故行政赔偿体制的赔偿条件。但利用这套机制提供之和解机会的患者，可谓凤毛麟角。据医疗事故国家委员会（CNAMed）2013年报告，当年的和解请求为272件，其中157件案子的和解程序结果已经掌握，只有24件达成完全协议，8件达成部分协议，125件未能达成协议。[147]或许患
148 者往往不清楚委员会的调解功能，纵使知道，也往往将此理解为赔偿请求不必要的前置机制。[148]

---

〔146〕 在法国医疗体制里，正式的替代纠纷解决机制安排是最近的事情。从1996年起，公立私立医院即应建立地方和解委员会（*Ordonnance du 24 avril 1996 portant réforme de l'hospitalisation publique et privée*）。2002年法律代之以医患关系及医疗服务质量委员会（*les commissions des relations avec les usagers et de la qualité de la prise en charge*, CRUQ），这是地方层次的内部委员会，负责审查患者投诉。内部委员会制作年度报告，提交给地方卫生局（*Agence Régionale de Santé*）。医疗服务监察专员（*défenseur des droits*）也有调停患者医疗投诉的职责。See J. Pariente, "Conséquences de la judiciarisation et remèdes", in A. Laude, J. Pariente, D. Tabuteau, *La judiciarisation de la santé*, Paris: Editions de Santé, 2012, 241. 在英国，全民医疗服务系统的投诉程序见《地方政府社会服务及全民医疗服务投诉条令》（Local Authority Social Services and NHS Complaints Regulations 2009, SI 2009 no. 309）及嗣后修正。处理正式投诉是一个二阶段程序，还有一个最初的地方处理阶段。不满意的患者得向议会医疗服务监察专员（Parliamentary and Health Services Ombudsman）投诉。在私营医疗服务领域，凡登记的医疗服务人都应公布并运作相应投诉程序。Health and Social Care Act 2008 (Regulated Activities) Regulations 2010 (SI 2010, no. 781), Reg. 19.

〔147〕 CNAMed, *Rapport au parlement et au gouvernement* 2013, 29.

〔148〕 P. Moreau, "Les Commissions Régionales de Conciliation et d'Indemnisation: ni placebo, ni panacée", *JCP Administrations et Collectivités Territoriales*, no. 10, March 2006, 1059.

第四节　结论

在英法两国法制下，民事责任法都参与了塑造医患关系。两国知情同意法制的发展都给了患者自主更大认可，但法国法更领先一步。在法国法上，医生必须披露一切严重医疗风险，不论这些风险多么遥远，从而加重了医生的说明义务负担，又通过披露证明责任的倒置，以机会丧失规则来克服因果关系难题，强化了患者以信息披露不充分为由得到赔偿的能力。不过亦得认为，这些法律规则的发展与其说促进了医疗决策事务上的真正知情抉择，不如说事实上更多是便利患者就人身伤害得到赔偿。

法国立法认可了患者获取信息的权利/知情权，再加上近期判例法将信息披露不充分导致患者未做好心理准备理解为精神损害，进一步强化了患者以伙伴身份参与医疗决策的角色。今天的英国法院也比以往更加认可患者自主，而法国法院认可的精神损害类型不失为有力途径，得进一步强化医生的信息说明义务，承认信息披露不充分会给患者造成真正的精神痛苦。

没有证据显示，法国法引入的法定坦白义务被用作民事责任的基础。若非广泛的认识论研究（epistemological research），法定坦白义务对于促进开诚布公的真正效果永远都没有办法证实，但这样的研究又难以开展。英国立法提到坦白，给医疗服务行业治理提供了基础，但并非侵权法上可落实的义务。

法国行政赔偿体制对医患关系的影响并不明朗。若是透过 149
这套体制顺利得到无过错赔偿，竟导致越来越少的患者通过法院提起知情同意诉讼，那么诉讼外解决体制可就冒了大风险，医生因不向患者充分披露医疗信息而受到惩罚的会变少，从而法律愈发难以直接认可患者意志自主和身体完整性的权利。但从好的方面看，诉讼外解决体制既能影响诉讼比率，那么相应地即得缓和医患间剑拔弩张的气氛，鼓励开诚布公。诸如英国《全民医疗服务系统救济法》所构想的适度改革方案，对原告来说当不甚吸引人，盖英国方案给予原告的好处显得中庸乏味，而且救济决定程序缺乏独立性。在英国方案下，受害人感受到自己被排除在决定程序之外，程序又不够客观，故不像法国体制那样更容易给人正义得以伸张、秩序得以重建的体验。是以，要使医患关系脱离诉讼鼓励的责难文化，对英国方案不要寄望过高。不过，只要民事刑事责任以及行业纪律惩戒程序的威胁悬于医疗职业人顶上，不论法国还是英国，这方面的影响一定都是有限的。是以，对于促进开诚布公、缓和剑拔弩张，诸如法国体制这样的适用范围受限制的机制应该只能发挥相对适度的影响。

第七章

医疗事故责任与救济：促进患者安全？

患者安全已成为现代医疗体制日渐关注的议题，不论英国 150
还是法国，都将之列为医疗政策的头等大事。[1]

2000 年美国医疗研究所发布报告《孰能无过》（*To Err is Human*），[2]揭橥了医疗不良事件发生规模之大，使社会各界对此有了深刻认识，从而推动患者安全事宜发展成为医疗政策的梁柱。据这份报告，每年在美国医院因为医疗差错而死亡的患者多达98 000人。[3]在联合王国，国家医务顾问发布的报告《将以有为：关于从全民医疗服务系统下之不良事件中吸取教训的专家组报告》，[4]标志着患者安全政策方面迈出重要一步。报告称，不良事件发生比率大约为住院人次的 10%，相当于每年超过850 000件。单是额外住院（additional hospital stays），每年

---

〔1〕 2002 年法律将第 L. 1110-1 条引入《公众健康法典》，该条写道，“应以一切可行措施来落实得到医疗保护的基本权利”，“卫生当局负有义务……提供尽可能安全的医疗服务”。第 L. 1110-5 条写道，任何人“都有权利得到从当前医学水平看最为安全的医疗服务”。自 2012 年起，“全民医疗服务英格兰（NHS England）”接掌患者安全关键职责，确保“患者安全处于全民医疗服务的核心地位”。See www. england. nhs. uk/ourwork/patient safety/ , last consulted June 2014.

〔2〕 Institute of Medicine, *To Err is Human: Building a Safer Health System*, report of the Quality of Health Care in America project, Washington DC: National Academy Press, 2000. 译按：这份报告有中译本，参见王晓波、马金昌主译：《孰能无错——创建更加安全的医疗卫生保健系统》，中国医药科技出版社 2005 年版。

〔3〕 Ibid., 26.

〔4〕 Chief Medical Office, *An Organisation With a Memory: Report of an Expert Group on Learning from Adverse Events in the NHS*, Department of Health, London: TSO, 2000.

费用大概为 20 亿英镑。〔5〕据国家审计署 2005 年报告估计，〔6〕每年报告的不良事件和险兆事件大约有 974 000 件，这还是把医院感染排除在外，要不然还得额外加上 300 000 件。〔7〕在法国，据国家健康局估计（*Haute Autorité de Santé*），每年牵扯到“严
151 重不良事件”的患者大概在 275 000 人到 395 000 人之间。〔8〕

不论英国还是法国，促进患者安全的措施都包括，引入临床管理措施，建立信息机制以查明不良事件的发生原因。在英国，医疗服务质量委员会（Care Quality Commission）制定了全国安全标准并监督医院切实遵守。〔9〕全民医疗服务系统诉讼局基于患者索赔请求的原因制定了风险管理标准，并向其成员提供“安全与学习服务（safety and learning service）”。〔10〕各医疗基金遵守安全标准的情况要接受评估，遵守良好的基金将得到经济激励，即相应扣减向医疗过失救济计划（Clinical Negligence Scheme for Trusts）的缴费。〔11〕对医疗服务质量的经济激励亦内在体现于 2012 年《医疗服务与社会服务法》建立的全民医疗服

---

〔5〕 Ibid.，5.

〔6〕 National Audit Ofiice Report, *A Safer Place for Patients*: *Learning to Improve Patient Safery*, HC 456, session 2005-2006.

〔7〕 Ibid.，1.

〔8〕 Direction de la recherché, des étude, de l'évaluation et des statistiques (DREES), *Enquête nationale sur les évènements indésirables graves associés aux soins dans les établissements de santé*, 2009, 5.

〔9〕 See www. cqc. org. uk. 医疗服务质量委员会发布了基于结果的行为指南（outcome-based guidance），不遵守的将受制裁，包括不超过 5 万英镑的罚款。Health and Social Care Act 2008, s. 18（2）, s. 31.

〔10〕 这套机制建立于 2014 年 4 月，内容包括提供有关患者损害赔偿请求数据的信息，最佳操作指南的图书参考室，由全民医疗服务系统各委员会（NHS boards）、临床医生以及风险和索赔事务的经理人共同组成的研讨会。See www. nhsla. com/safety/pages/home. aspx, last consulted 20 June 2014.

〔11〕 See www. nhsla. com/safety/pages/home. aspx.

务委托体制，盖全科医生委托组织（commissioning consortia）不太可能选择那些在临床结果以及患者满意度方面得分低的医疗服务人。[12]在法国，临床医疗服务管理系国家健康局的职责，国家健康局发布临床操作指南，负责医疗院所的认证与监督，并立足于风险管理质量为在医院、诊所工作的执业医生建立了一套自愿认证机制。[13]两国法制皆已建立相应不良事件上报机制以及数据搜集机制，俾能从不良事件中吃堑长智。

相较通过临床管理建立和落实各种安全标准，民事责任与 152
救济规则在改善患者安全方面起到的作用无疑只是第二位的。不过，只要责任规则得到恰当界定与适用，即得充当阻吓机制，得用于设定临床注意标准，[14]或者得用作医疗差错上报的激励机制，从而在促进患者安全方面起到辅助作用。本章即旨在考察英法两国民事责任法制对于促进患者安全能起到多大的作用，而法国引入的医疗事故救济机制又是否有助于目标实现。

第一节　民事责任之为医疗事故阻吓机制

对诉讼的恐惧是否会激励医疗服务人尽到更大注意，这个话题素有争议，颇有学者指出，要说侵权法能够有效阻吓医疗

---

〔12〕 See E. Cave, "Redress in the NHS", *Journal of Professional Negligence*, 27 (2011), 138, at 147; A. C. L. Davies, "Don't Trust Me, I'm a Doctor. Medical Regulation and the 1999 NHS Reforms", *Oxford Journal of Legal Studies*, 20 (2000), 437 at 450.

〔13〕 See www. has-sante. fr.

〔14〕 医疗过失损害赔偿请求与审判在注意标准设定方面的作用，参见 L. Mulcahy, "The Market for Precedent: Shifting Visions of the Role of Clinical Neglignece Claims and Trials", *Medical Law Review*, 22 (2004), 274.

差错发生，证据甚为薄弱。[15]在美国倒是发现了侵权法阻吓效果的有限证据，有文献认为，责任风险向来都是推动手术麻醉师安全记录实质改善的一个关键因素。[16]还有研究发现，因为担心发生诉讼，医生的笔录更完善了，诊察服务更细致了。[17]但正如奎克指出的，并无明确证据将民事责任的威胁与更安全的医疗服务挂起钩来，[18]还有不少学者看到了责任恐惧对于医疗服务质量的消极影响。[19]

153 若是真希望阻吓机制在改善患者安全方面发挥作用，那么依法律的经济分析理论，将责任成本直接加诸那个其所处位置最能采取措施避免事故于将来发生的被告人身上，阻吓最为有效。[20]

---

〔15〕 See M. Mello, T. Brennan, "Deterrence of Medical Errors: Theory and Evidence for Malpractice Reform", *Texas Law Review*, 80 (2002), 1595, at 1607; O. Quick, "Patient Safety and the Problem and Potential of Law", *Journal of Professional Negligence*, 28 (2012), 78 at 84.

〔16〕 See D. Hyman, C. Silver, "The Poor State of Healthcare Quality in the United Staes: Is Malpractice Liability Part of the Problem or Part of the Solution?", *Cornell Law Review*, 90 (2005), 893; G. Annas, "The Patient's Right to Safety-Improving the Quality of Care Through Litigation against Hospitals", *New England Journal of Medicine*, 354 (2006), 2063.

〔17〕 L. Mulcahy, "From Fear to Fraternity: A Socio-legal Analysis of Doctors' Responses to Being Called to Account", unpublished PhD thesis, University of North London (2000), cited by O. Quick, "Patient Safety and the Problem and Potential of Law", *Journal of Professional Negligence*, 28 (2012), 78 at 84.

〔18〕 Ibid（并见该处注 53 所引文献）.

〔19〕 肯迪尼评论说，"医疗过失诉讼最重要的特征即在于令好医生惶惶不可终日"。I. Kennedy, "The Fiduciary Relationship - Doctors and Patients", in P. Birks, ed. *Wrongs and Remedies in the Twenty-First Century*, Oxofrd: Clarendon, 1996, 111 at 116. 黑尔女男爵亦曾在判决书中写道，"推动医生等等医疗职业人的，并不单单是，或者说并不主要是对不利法律后果的恐惧。推动医生的，是为患者做到最好的本能愿望和职业职责"。Gregg v. Scott [2005], UKHL 2, at para. 217.

〔20〕 将法律经济分析特别运用于医疗责任场合，相关评论，参见 M. Faure, "Economic Observations Concerning Optimal Prevention and Compensation of Damage Caused by Medical Malpractice", in J. Dute, M. Faure, H. Koziol, eds., *No Fault Compensation in the Healthcare Sector*, Verlag Vienna: Springer, 2004, 5.

而当前学界对医疗事故原因的分析更倾向于“复数原因（multi-causal）”模式，认可系统错误（system errors）的重要角色，倡议减少传统思路侵权法对个体错误的强调。[21]依此分析路径，由那个所处位置最能实现系统改进（system improvement）的机构来承担责任成本，当能最大化民事责任的阻吓效果。[22]

依法律的经济分析理论，民事责任的经济威胁将激励医疗机构设计更为安全的注意制度。但这个威胁在英法两国着实有限，盖医疗过失诉讼的被告人通过保险机制避免了民事责任的直接经济负担。在英国，诸如医界自助联合会（Medical Defence Union）这样的责任保险公司为私营医疗服务人提供保险，全民医疗服务基金旗下医院（NHS turst hospitals）的责任负担，则通过医疗过失救济计划（Clinical Negligence Scheme，全民医疗服务系统的内部责任保险）实现互保。就单个全民医疗服务基金旗下医院来说，以相应经济激励机制推动其提升安全水平，表现良好的可能扣减缴费，未采取适当风险管理措施的，可能从救济计划中开除。[23]订立了委托契约的私营医疗提供人，如今也获允利用医疗过失救济计划，这样的私营医疗提供人就和全民医疗服务系统的医疗提供人一样，有同样的经济激励去提升

〔21〕 M. Mello, D. Studdert, “Deconstructing Negligence: the Role of Individual and System Factors in Causing Medical Injuries”, *Georgetown Law Journal*, 96 (2008), 599 at 605; J. M. Gilmour, *Patient Safety, Medical Error and Tort Law: An International Comparison*, 2006, Health Policy Research Program, Canada; M. Hatlie, S. Sheridon, “The Medical Liability Crisis of 2003: Must We Squander the Chance of Putting Patients First?”, *Health Affairs*, 22 (2003), 37; Chief Medical Office, *An Organisation With a Memory: Report of an Expert Group on Learning from Adverse Events in the NHS*, Department of Health, London: TSO, 2000, 24, para. 3. 14.

〔22〕 See M. Mello, T. Brennan, “Deterrence of Medical Errors: Theory and Evidence for Malpractice Reform”, *Texas Law Review*, 80 (2002), 1595, at 1624.

〔23〕 M. Brazier, E. Cave, *Medicine, Patients and the Law*, 5th edn, London: Penguin, 2011, 267.

154 安全水平。联合王国的责任保险公司也鼓励其成员采纳风险管理措施。〔24〕

在法国，民事责任在医疗事故法制中仍扮演核心角色，民事责任的阻吓效果应未受影响。〔25〕这个阻吓效果在立法引入的行政赔偿体制下更得到强化，盖国家医疗事故赔偿总署认为医疗服务人事实上犯下过错的，得提起追偿诉讼。〔26〕在法国，对于支付给受害人的社会福利金，当局得向被告人追偿，〔27〕类似联合王国社会福利金追索处的思路。法国法利用替代责任设计使雇主对其雇员的过错行为承担责任，法国法院在某些情形下又令医疗院所就组织错误（organizational errors）承担直接责任，〔28〕这些意味着法国法往往将责任从个体转移至所处位置更容易从事制度改善的主体处。强制责任保险制度的建立意味着，责任的直接经济阻吓效果不再对医疗服务提供人起作用。〔29〕虽说如此，一些有助于安全改进的经济激励机制仍通过保险契约重新引入，盖受保人执业体现出来的风险水平乃是责任险保

---

〔24〕 保险公司网址：Medical Defence Union，www. themdu. com，Medical Protection Society，www. medicalprotection. org/uk。

〔25〕 国家承担了一切严重医院感染的责任，这个事实可能会削弱民事责任的阻吓效果。但在医院有重大过失的情形，尤其是医院未遵守防范医院感染相关规定的，国家医疗事故赔偿总署在向受害人赔偿之后得向医院追偿，故仍能发挥阻吓效果。《公众健康法典》第 L. 1142-17 条。另外，国家医疗事故赔偿总署专门开列了一张发生极严重医院感染的医院清单，令医院承受形象受损的压力，激励医院采取更有力的安全措施。Doc. Sénat no. 33（2002-2003），6，cited by J. Knetsch，*Le droit de la responsabilité et les fonds d'indemnisation*，Paris：LGDJ，2013，402.

〔26〕 《公众健康法典》第 L. 1142-17 条。

〔27〕 1985 年 7 月 29 日法律第 29 条，《社会保险法典》第 L. 376-1 条。

〔28〕 参见下文第 163-164 页［边码］。

〔29〕 依《公众健康法典》第 L. 1142-2 条，医疗职业人、医疗机构、医院必须投保强制责任险。巴黎公立医院有充足财政资源赔偿患者损失，故豁免于此项要求。

费的评定因素；当然，医疗事故和保费水平间的关联极为紧密。[30] 155

英法两国医疗事故救济在筹资方式上的显著差异意味着，英国体制通过民事责任的经济激励，似乎更适于推动安全改进。在英国，大多数医疗服务仍由全民医疗服务系统提供，[31]要么通过对雇员的替代责任，要么通过直接责任，责任的经济成本大部分都在全民医疗服务系统内部消化。全民医疗服务系统的医院，某些服务例如护理若是转包给外部医疗服务人，全民医疗服务系统仍要为医疗服务人过失造成的事故直接承担责任。[32]法国则不同，责任成本往往首先是由责任保险公司承担，而不是由那个对医疗服务供给最终负责的组织承担。[33]是以，英国的事故成本大抵内部化了，法国的事故成本很大程度上外部化了。法国责任保险行业或许没有英国全民医疗服务系统那么强烈的经济激励去改善医疗安全，盖保单经济成本的增加得利用保险费用自受保人处挽回。还可以猜测，全民医疗服务系统对改善医疗安全还有公共服务动机（public-service incentive）起作

---

〔30〕 See G. Johanet, *Rapport sur l'assurance responsabilité civile des professionnels de santé*, February 2011, 4, available on www. santé. gouv. fr. 法国医疗责任保险市场是依风险分区的，高风险区如妇科外科的医疗职业人支付的保险费更高一些。价格署（Bureau Central de Tarification）2012 年年度报告提到保费和风险间的关联。医疗执业人与保险人就保费不能达成一致的，由价格署决定。Bureau Central de Tarification, *Rapport d'activité 2012*, 37.

〔31〕 依 2012 年数据，公立医疗部门费用为 1213 亿英镑，私营医疗部门为 232 亿英镑。Office of National Statistics, *Expenditure on Healthcare in the UK: 2012*, 30 April 2014, 11-12. 当然，私营医疗部门的作用在增大。2013 年在私营医院接受手术的病人据估计为 161 万人次，约 42 万人次系由全民医疗服务系统付费。Centre for Health and the Public Interest, *Patient Safety in Private Hospitals-the Known and the Unknown Risks*, August 2014, 7.

〔32〕 Woodland v. Essex County Council [2003] UKSC 66.

〔33〕 不过巴黎的医院是自我保险。

用，这样的动机在责任保险行业当不会那么显著。〔34〕

156 另外，就法国而言，虽说责任保险费用的增加对个别医疗服务人构成威胁，本该起到改善医疗安全的经济激励机制作用，但法国体制下的责任成本是转移给诸多分立付费人（disparate payers），而不像英国全民医疗服务系统那样传输给单一付费人（a common payers），这就意味着要想搜集医疗风险的全面信息进而勘定安全改进的优先领域，在法国更加困难一些。诚然，法国的责任保险公司不情愿分享其医疗事故相关数据可是尽人皆知的，〔35〕如稍后将会看到的，这可以用来解释何以法国的医疗事故数据搜集工作仍处起步阶段。英国就不一样，全民医疗服务系统诉讼局负责为全民医疗服务系统处理医疗损害赔偿请求，得以全面搜集相关信息，辨明趋势，并鼓励相关制度建设以减少医疗差错。〔36〕

若是民事责任对于不安全临床操作的阻吓效果极为有限，那么民事责任法往鼓励更大力度的不良事件上报制度方向发展，或能为患者安全事业起到更大促进作用。

---

〔34〕 责任保险公司会在多大程度上采取措施来区处患者安全事宜，难以得到相关信息。法国社会事务监察专员 2007 年报告给了几个例子。报告提到法国医疗责任保险公司积极支持的几个项目，涉及医疗风险分析。Inspection générale des affaires sociales（IGAS），*l'assurance en responsabilité médicale*, February 2007, 49.

〔35〕 Johanet, *Rapport sur l'assurance responsabilité civile des professionnels de snaté*, 2011. available at www. santé. gouv. fr.

〔36〕 L. Mulcahy, "The Market for Precedent: Shifting Visions of the Role of Clinical Neglignece Claims and Trials", *Medical Law Review*, 22 (2004), 280-281.

第二节　民事责任与从医疗事故中吸取教训

一、不良事件上报义务

美国医学研究所曾发布深具影响的报告《孰能无过》，一条主要建议即为设立有效的不良事件上报制度，俾便从医疗差错中吸取教训。[37]英国卫生部亦认可不良事件上报机制对于改善患者安全事业的重要意义，[38]法国卫生部亦然。[39]

英国2009年《医疗服务质量委员会（注册）规章》要求注册的医疗服务提供人（而非个体雇员）将造成损害的医疗事故上报给医疗服务质量委员会。[40]未尽此项义务的，构成违法 157
(offence)，将处罚款。[41]另外，医疗过失救济计划也要求全民医疗服务系统基金旗下医院建立医疗事故上报机制，以合乎风险管理标准，如此才能得到费用扣减待遇。[42]

全民医疗服务系统还设立了一套全国上报和学习系统（Na-

---

〔37〕 Institute of Medicine, *To Err is Human: Building a Safer Health System*, report of the Quality of Health Care in America project, Washington DC: National Academy Press, 2000, 86-131.

〔38〕 Chief Medical Officer, *An Organisation with a Memory. Report of an Expert Group on Learning from Adverse Events in the NHS*, Department of Health, London: TSO, 2000, 35.

〔39〕 www. snate. gouv. fr/les-evenements-indesirables-graves-eig-associes-aux-soins. html, last consulted June 2014.

〔40〕 Care Quality Commission (Registration) Regulations 2009, SI 2009, no. 3112, regulation 18.

〔41〕 Care Quality Commission (Registration) Regulations 2009, SI 2009, no. 3112, regulation 25.

〔42〕 NHS Litigation Authority, *Clinical Negligence Scheme for Trusts. Membershiop Rules*, 2001, revised May 2014, 13, para. 7.4.

tional Reporting and Learning System)，[43]号称全球最全面的医疗不良事件上报系统。这套系统已经掌握超过 500 万份医疗不良事件报告，每个月提交的新事故报告超过 10 万份。[44]全民医疗服务系统工作人员通过地方风险管理机制来上报不良事件，这些地方风险管理机制接入全国上报和学习系统。用这种方式来搜集全国数据，即得于繁杂中辨明趋势，知道某些个别事故实际意味着更普遍的系统弊端。目的当然是促进相应患者安全策略的发展。不良事件上报后，卫生部中央预警系统（central alerting system）会发布全国快速回应报告（rapid-response reports），医疗服务人应于特定时间内予以回应。[45]这套系统并不从私营医疗服务人处搜集数据。

虽在全国层面搜集这些数据，也不必然保证安全改进。卫生部 2006 年的一份报告即发现，极少有证据表明通过全国上报系统搜集的数据在地方层面有效促进了患者安全。[46]虽说搜集到的不良事件报告规模庞大，可地方全民医疗服务组织真能做到行动学习的例子却不多。这份报告认为，就患者所受损害的
158 形态、趋势以及根本原因，全国上报和学习系统并未提供高质量、稳定的信息。[47]当然，也可以认为这套系统当时草创，故

〔43〕 www. nrls. npsa. nhs. uk/report-a-patient-safety-incident/about-reporting-patient-safety-incidents/, last consulted June 2014.

〔44〕 全国上报和学习系统 2013 年 9 月的季度业务手册称，从 2012 年 10 月到 2013 年 9 月，报告的事故约 150 万件。这里的“事故”界定宽泛，包括患者遭受事故、治疗诊断中的意外，还包括患者欺凌医务人员、患者自伤以及破坏行为。

〔45〕 John Scarpello, “After the abolition of the National Patient Safety Agency the patient safety icnicent database must continue as a source of national learning”, BMJ, 13 November 2010, 1005.

〔46〕 Department of Health, *Safety First*, *A Report for Patients*, *Clinicians and Healthcare Managers*, 2006, 6.

〔47〕 Ibid.

而这些批评并不能反映今天的情况。

法国的《公众健康法典》要求，任何严重的医院感染或医源性伤害都应上报给地方卫生局。[48]国家健康局（*Haute Autorité de Santé*）也通过医生自愿认证机制、[49]医院强制认证机制推动数据搜集工作。[50]建议做法是，参加认证的医疗职业人应签署文据，依要求通报不良事件以及可能导致不良事件的医疗风险。[51]这些匿名处理的信息将传递并纳入由国家健康局经办的不良事件数据库。[52]通过数据分析，形成个别的以及一般的建议和指南。医生承诺将这些建议和指南落到实处，这是医生得到认证的条件。对医院的认证也要考察其风险评估措施的质量，包括上报机制。[53]

《公众健康法典》第 L. 6143-1 条要求医疗院所每年都要详细说明其医疗服务质量的改进政策。医疗安全当然是其中的重要内容，逐渐成为医疗院所安全政策核心的是发病率和死亡率评估（*revues de mortalité et de morbidité*, RMM），这项工作有利于不良事件分析，增进了对于不良事件何以发生的认识，关注的是找出医疗事故发生的制度原因而非个体原因。[54]国家健康局制作的发病率和死亡率评估（RMM）指南强调，其目的不在于责难个体，是以评估工作一切文件皆为匿名。但这并不意味着

---

〔48〕《公众健康法典》第 L. 1413-14 条。

〔49〕Decree no. 2006-909, 21 July 2006.

〔50〕Ordonnance no. 96-346, 24 April 1996.

〔51〕*Charte médecins-établissement de santé*, 3 available at www. has-sante. fr.

〔52〕www. has-sante. fr/portail/jcms/c_ 476163/charte-medecins-etablissement-de-sante.

〔53〕Haute Autorité de Santé, *Manuel de certification*, 2011, 40.

〔54〕Haute Autorité de Santé, *Guide de revue de mortalité et de morbidité* (*RMM*): *recherche de causes et analyse de la récupération* (*approche systémique*), 2009.

159 参与人在犯了错误的情形就不再会不情愿公开不良事件。[55]

这边是要设计一些制度来推动不良事件上报，那边是医疗执业人担心名声受损、招致行业制裁甚至民事刑事责任，总想将事情捂起来，紧张关系不可避免。纵使是匿名上报，也不能保证上报人日后不会因为法律程序中的书证开示（document disclosure）而被揪出来。事实上，虽说英国全民医疗服务系统发布的数字表明上报目前甚为普遍，但不能以为已实现充分上报，倒似乎颇有证据显示，目前上报仍然不足。[56]最近针对中斯塔福德郡全民医疗基金医院丑闻的弗朗西斯调查报告（Francis Inquiry）使得社会公众关注到此话题，揭露出在全民医疗服务系统内部存在的制度性欺瞒弊端。[57]

对那些勇于上报的医务人员，给予其民事诉讼的豁免资格以鼓励开诚布公，这个思路也成问题，盖此举会影响受害人得到赔偿的可能性。英国法为“检举人（whistleblowers）”提供

---

〔55〕 J. Pariente, “Conséquences de la judiciarisation et remèdes”, in A. Laude, J. Pariente, D. Tabuteau, *La judiciarisation de la santé*, Paris: Editions de Santé, 2012, 241, at 247.

〔56〕 根据卫生部最近的评估，20%的医院上报的患者事故过少（see “Jeremy Hunt plans disclosure to reduce medical errors”, *The Guardian*, 24 June 2014）。国家审计署 2006 年报告提到，全民医疗服务基金估计 22%的不良事件都未上报（The National Audit Office report, *A Safer Place for Patients: Learning to Improve Patient Safety*, HC 456, session 2005-6, November 2005, para. 2. 15）；77%的基金医院认为，医生不充分上报是个问题（para. 2. 17）；医生网向 3 314 名从事二级医疗服务的医生发布调查问卷（www. doctors. nte. uk），78%的医生承认犯过影响患者治疗的差错，但只有 19%向全民医疗服务基金或医疗总会（GMC）上报（para. 2. 18）。当然，自这份 2006 年报告发布以来，医疗差错上报机制的运行情况大概已经改善很多。

〔57〕 欺瞒甚至涉及医疗服务质量委员会自身，在和工作人员的合同终止协议中写入“封口条款”。*The Report of the Mid Staffordshire NHS Foundation Trust Public Inquiry*, HC 898-1（London: TSO, 2013）（“The Francis Report”）, vol. 3, 1364, para. 20. 22.

一些雇佣关系保护。[58]弗朗西斯报告建议禁止医疗雇佣契约中的“封口条款（gagging clause）”，[59]并令注册的医疗职业人担起法定义务将不良事件报告给雇主。不尽此项义务的，患者得 160
请求救济。[60]更早些时候，国家医务顾问2003年报告建议，令医生承担坦白义务并辅以纪律惩戒豁免优待，而且用于勘定医疗不良事件的文书不得于法庭上公开。[61]政府已经宣布要禁止全民医疗服务系统雇佣纠纷解决协议里的保密条款（confidentiality clu-ases），[62]但其他建议似乎尚未列入当前政府计划。[63]

法国《公众健康法典》第L.1413-14条倒确实令个别（individual）医疗执业人负担医疗事故报告义务。对医院感染、严重医疗及其他事故，医疗职业人和医疗院所要向地方卫生局的局长上报。这样的义务若是以纪律惩戒为后盾，当有一些效果，但不可能发挥像民事责任法上可落实的义务那般显著的作用。显然，单靠这样的公开义务很难实现有效上报，盖此类义务由其性质使然，难以落实。违反报告义务的，法国立法并未施加制裁，[64]若

---

〔58〕 雇员出于公共利益，以合理地、负责任的态度披露信息并因此受损害的，《公共利益信息披露法》（Public Interest Disclosure Act 1998）为其提供法定保护。

〔59〕 *The Report of the Mid Staffordshire NHS Foundation Trust Public Inquiry*, HC 898-1 (London: TSO, 2013) (“The Francis Report”), vol. 3, 1493, para. 22-165.

〔60〕 Ibid., 1495, recommendation 181.

〔61〕 Chief Medical Officer, *Making Amends: A Consultation Paper Setting out Proposals for Reforming the Approach to Clinical Negligence in the NHS*, Department of Health, June 2003, 18 and recommendation 12, 125.

〔62〕 Health Committee, Minutes of Evidence, HC 657, 23 April 2013.

〔63〕 E. Cave, “Redress in the NHS”, *Journal of Professional Negligence*, 27 (2011), 146.

〔64〕 丹麦要求医生负不良事件报告义务，虽说违反义务也没有什么制裁，还是显著提升了上报率。丹麦法虽然没有对医生的全面豁免（blanket immunity），但明确规定，报告不良事件本身不能构成对履行报告义务的医生采取法律行动的基础。H. Nys, “Protection of the Rights of Patients in Incidents Reporting Systems”, *Opinio juris in comparatione* (Op j) 3/2009, paper 2, 1.

是建议在违反报告义务的情形给予患者救济，也成问题。盖过错（未披露医疗事故）与事故给患者造成的人身伤害间一般并无因果关系。患者大概一般会主张其因医生未尽到坦白义务而遭受精神损害，但要说医生未履行向医疗机关报告安全事故的义务竟会使患者遭受怎样的精神损害，还真是不好理解。而法院令医生承担此种性质责任的案例在法国似乎也未曾见过。[65]
161 若是医生未将不良事件上报导致拖延了对患者伤病的治疗，此际患者或能证明医生未尽报告义务与患者所受伤害间有因果关系，支持赔偿的论据自会有力许多。《公众健康法典》第 L. 1111-2 条明确要求医疗服务人告知患者在治疗之后发生的新风险，患者因医生未联络自己而遭受伤害的，或得要求医生承担民事责任。[66]但在多数情形，对医疗服务人不尽报告义务更为有效的制裁应该还是来自针对个别医疗服务人的行业纪律程序，而不是患者赴法院启动的诉讼。是以，法国《公众健康法典》第 L. 1413-14 条令医疗服务人承担的报告义务本身并不构成在英国侵权法上引入类似义务的充足理由。

多数情形，民事责任法似乎并不太适合去落实医疗职业人报告不良事件的义务。不过，恰当的民事责任规则得创造出良好条件，培育公开透明的文化，从而以不那么直接的方式促进从医疗事故中吃堑长智。若是将民事责任的关注点从个体责难更多地转移到系统故障上来，以系统故障来解释医疗事故，或许能实现更大力度的医疗差错公开。医疗职业人将不良事件上

〔65〕 有学者指出，《公众健康法典》第 L. 1413-14 条的报告义务，如同第 L. 1442-4 条的坦白义务，患者及患者家属、代理人几乎不曾利用。A. Garay, "De l'obligation d'information sur les dommages médicaux et hospitaliers des articles L. 1142-4 et L. 1413-14 du Code de la santé publique", *Revue Générale de Droit Médical*, no. 30, 2009, 175, at 179.

〔66〕 CE, 2 September 2009, no. 292783.

报，若其感受到自己所启动的程序是着力于探究事故发生系统原因的程序，而不是将上报风险的个体拎出来怪罪责难的程序，当更愿意将医疗差错公开。而关注点的这番变化，可以更准确地解释事故原因，更有利于错中学。

二、鼓励更大力度的医疗事故信息公开：关注系统错误而非个人错误

若某个别医疗职业人系全民医疗服务系统或者私营诊所的 162
雇员，其过失行为的受害人通常都会基于替代责任起诉其雇主，此点自不待言。而在英国法上，患者还保留着可能性得起诉那犯下过错的个人，有时为了追究责任（accountability，问责），患者便会如是选择。法国法的立场则不同，在私法上，医疗职业人若系雇员，即豁免于责任，[67]极端情形，其行为落于雇佣关系之外的另当别论。类似地，医生于公立医院行医的，即不负个人责任：医生的过错行为落入其职责范围的，损害赔偿之诉即只得针对医院提起。[68]不过，即便在替代责任情形，不论英国还是法国，诉讼程序的关注重心往往还是放在个人错误上，而法国法给予的豁免待遇或许稍稍地将个体责难从民事诉讼和行政诉讼中移出。但法国豁免规则的最终效果实际上可能适得其反，法国法取消了受害人利用民事诉讼追究医疗执业人个人责任的可能性，而法国的受害人更愿意针对医疗执业人个人启动刑事追诉程序，或许这就是背后的一个动因。这就很可能为责难文化助火添风，给开诚布公制造更大的障碍。如此看来，

---

〔67〕 Cass. civ. （1），9 November 2004，D. 2005，253，note F. Chabas（医疗执业人系私营诊所的雇员）.

〔68〕 T. confl. 25 March 1957，Isaac Slimane，Rec. CE，1957，816，D. 1957，395 concl. Chardeau.

针对受害人要求追究医生责任这个往往合情合理的愿望，英国法将个人责任保留下来，或许还真是必要的安全阀。

民事责任法若只是关注个人错误，便可能忽视医疗事故的深层次原因。[69]纵使个人错误系医疗事故的即时、直接原因，不良事件的发生亦往往得以更广阔的制度、组织、管理因素来解释。[70]普遍看法是，系统错误在多数医疗事故中起到重要作用，往往和个人错误结合在一起。即便勘定个人错误为医疗事故的主要肇因，用来避免将来发生类似事件的措施多半也涉及系统的设计。

163 若是医疗过失法将更多关注转移到系统错误而非个人错误上来，不仅可以更准确地反映医疗事故的原因，[71]而且因为削弱了责难的权重，将医生个人从对责难的恐惧中解脱出来，故得鼓励医生更愿意将不良事件上报。

英法两国法制皆认可，医疗院所就系统故障负直接责任乃是替代的责任基础。是以在法国，医院和诊所就组织或系统错误负责任的情况并不稀见罕闻，当然，这样的判决无论如何仍属少数。《医疗风险观察》曾考察从 2007 年到 2012 年间以和解结案或者判给赔偿金的超过 8 000 件医疗损害赔偿请求，内中 342

---

〔69〕 就个体责难以及组织或制度错误的相关讨论，参见 A. Merry，A. McCall Smith，*Errors，Medicine and the Law*，Cambridge University Press，2001.

〔70〕 C. Vincent，S. Taylor-Adams，N. Stanhope，"Framework for Analysis Risk and Safery in Clinical Medicine"，*British Medical Journal*，316（1998），1154-7；Chief Medical Officer，*An Organisation with a Memory. Report of an Expert Group on Learning from Adverse Events in the NHS*，Department of Health，London：TSO，2000，para. 3. 14；M. Mello，D. Studdert，"Deconstructing Negligence：the Role of Individual and System Factors in Causing Medical Injuries"，*Georgetown Law Journal*，96（2008），599.

〔71〕 考虑到诉讼迁移时日，利用诉讼程序来勘定事故原因的作用不应当夸大。就医疗过失法在标准设定方面的作用，参见 L. Mulcahy，"The Market for Precedent：Shifting Visions of the Role of Clinical Neglignece Claims and Trials"，*Medical Law Review*，22（2004），274.

件确认损害系“组织问题（organizational problem）”造成。[72]法
国法院这样的案例很多。法国最高法院曾在判例中指出，私营医
疗院所负有义务以“审慎谨饬的（conscientious and attentive）”
注意为患者提供医疗服务，若是诊所工作人员未为必要检查，[73]
亦未告知医生，[74]即给患者开出镇静药物，诊所应负直接责任
而非替代责任。医疗院所未监管好患者致患者遭受人身伤害的，
医疗院所一般来说应负直接责任。[75]医疗院所对工作人员培训
不力致发生医疗事故的，亦负直接责任。诊所未核实医生是否 164
具备相应资质，即允许医生施行其不能胜任的美容手术，诊所
要为其未能向患者提供合格医务人员负责任。[76]法国法院还认
为，医疗院所负有义务为患者提供相应医务人员，能在患者病
情所决定的时间内提供需要的医疗服务，例如：诊所应为必要
安排，使得麻醉师于分娩的那三分钟在场服务。[77]再例如，医

〔72〕 Observatoire des Risques Médicaux, *Rapport d'activité 2013, années 2007 à 2012*, 20.

〔73〕 Cass. civ. (1), 7 July 1998, B. I, no. 239; D. 1999, somm. 391, obs. J. Penneau.

〔74〕 Cass. civ. (1), 18 Juen 2000, B. I, no 220.

〔75〕 CAA Paris 18 May 1998（未尽到监督义务，致患者被电热毯灼伤）; CAA Lyon, 20 March 1997（患者本来安排接受剖腹产手术，患者身体处于高风险状态，结果由于另一位患者出了紧急情况，致手术拖延 3 小时）; CAA Nancy, 4 May 1999（某位老年患者罹患糖尿病、冠心衰竭、高血压及白内障，医院未尽到看管义务，患者摔倒并骨折。这位患者的病情意味着应受高等级看护。）.

〔76〕 Cass. civ. (1), 14 October 1997, B. I, no. 276; JCP G 1998, I, 144, no. 22, obs. G. Viney; RTD civ. 1998, 120, obs. P. Jourdain; Cass. civ. (1), 11 June 2009, D. 2010, 364, note G. Méméteau, *Responsabilité Civile et Assurance*, 2009, no. 258, note C. Radé.

〔77〕 Cass. civ. (1), 15 December 1999, B. I, no. 351; D. 2001, somm. 3085, obs. J. Penneau, JCP G 2000, Ⅱ, 10384, note G. Méméteau, JCP G 2000, I, 241, no. 6, obs. G. Viney; also see 13 November 2008, B. I, no. 255, JCP G 2009, Ⅱ, 10030, note P. Sargos, *Revue des Contras*, 2009, 533, obs. J. -S. Borghetti.

院未使用一次性材料导致医院感染的，[78]未使用合格麻醉师即为患者施行麻醉术的，[79]医院皆为此负直接责任。

英国法同样认可医疗院所就组织或系统故障的直接责任，但法院适用这条规则相对罕见。英国法院在诸多情形都确认，医院对住院病人负有提供安全医疗环境的直接义务。上诉法院在判决中称，全民医疗服务系统的医院负有义务确保“医院配置的医务人员、医疗设施以及组织事宜都适于为患者提供安全的、令人满意的医疗服务”。[80]在罗宾逊诉诺丁汉卫生局案中，[81]上诉法院认为卫生局未能在护理人员与医生间建立恰当的沟通机制是未尽到组织义务，并造成原告损害，故卫生局应负损害赔偿责任。判决书写道：

> “正如医院负有义务聘用合格的医务人员，负有义务提供恰当安全的设施，医院同样负有亲力亲为的义务建立适当的注意机制……若是过失造成沟通系统故障，未能将重要信息传递给
> 165 患者的主治医生，并使患者遭受损害，纵使不能揪出特定人员，令其就沟通机制在设立方面、在运行效能监控方面的瑕疵负责任，亦不得仅以此为由而不予救济。”[82]

雷曼诉伦敦大学学院案，[83]也是医护间沟通不畅造成不良

[78] CE, 27 September 2002, *Revue Française de Droit Constitutionnel*, 2003, 3, 289 obs. I. Bessierés-Roques.

[79] CE, 19 February 1986, *Auger*, *Revue Droit Sanitaire et Social*, 1986, 242, concl. B. Stirn; CE, 3 November 1989, *Responsabilité Civile et Assurance*, 1990, no. 83.

[80] Child A v. Ministry of Defence [2004] EWCA Civ. 64, para. 32.

[81] Robertson v. Nottingham Area Health Authority [1997] 8 Med LR 1.

[82] Ibid., cols. 1-2.

[83] Rehman v. University College London [2004] EWHC 1361.

事件。在加西亚诉圣玛丽全民医疗基金案中，[84]医疗损害背后的原因是医院人手不足，而在伯恩诉某人案中，[85]则是医院分诊系统出了问题。在洛兰诉威卢大学教学医院案中，[86]法院认定被告医院运营破绽百出，孕妇进了产科，医院不是检索患者病历以初步评估病情，而是完全靠着患者自己评估潜在并发症。这就使孕妇陷入风险（完全可避免的风险），并使孩子遭受损害。在科林斯诉赫特福德郡议会案中，[87]医生令注射"普鲁卡因（procaine，局部麻醉药）"，竟被误听为"可卡因（cocaine）"，当麻醉药注射并致患者死亡。希尔伯里法官（Hilbery J.）认为，医院竟听任如此漏洞百出、危机四伏的系统运行，自然违反了对患者的直接义务。

刑法也可以用来追究医疗院所对系统错误的直接责任。全民医疗服务基金在合理可行的范围内，应确使患者不暴露于健康或安全风险当中，未能尽到此项义务的，法院在诸多情形依1974年《从业健康与安全法》判处全民医疗服务基金罚金刑。[88]法国法允许对医疗院所提起诉讼，不论医疗事故是否致命，都有可能

---

〔84〕 Garcia v. St Mary's NHS Trust [2006] EWHC. See also Bull v. Devon Area Health Authority [1993] 4 Med. LR 117, CA.

〔85〕 Burne v. A [2006] EWCA 24.

〔86〕 Loraine v. Wirrall University Teaching Hospital NHS Foundation Trust [2008] EWHC 1565 (QB).

〔87〕 Collins v. Hertfordshire CC [1947] KB 598. N. Allen, "Medical or Managerial Manslaughter?", in C. Erin and S. Ost, *The Criminal Justice System and Healthcare*, Oxford University Press, 2007, 49, at 61.

〔88〕 Allen, "Medical or Managerial Manslaughter?", in C. Erin and S. Ost, *The Criminal Justice System and Healthcare*, Oxford University Press, 2007, 49, at 53. 中斯塔福德郡全民医疗服务基金最近因患者死亡而接受刑事指控。医院在医疗服务的组织管理方面存在缺陷，包括病历保管、向患者说明以及医务人员沟通机制等。罚金200 000英镑。Health and Safety Executive v. Mid Staffordshire NHS Foundation Trust, unreported, 28 April 2014 (Crown Court).

166 在法人层面提起刑事公诉。[89]

是以英法两国法制皆认可对系统故障的责任。更多地利用这条路径有利于降低责难的消极效果，使得民事责任法从更宽阔、更现实的视角来理解因果关系，这本身就有助于从错误中学到更多。诚然，这样的思路转变在实践中并不那么容易实现。对原告来说，揪出处在链条最后环节的个体并起诉要求全民医疗服务系统或者其他雇主承担替代责任，而不是费力去勘定那个更为遥远的组织错误，往往轻松得多。就此事宜，向来都有主张，侵权法并不适宜用来勘实系统错误。[90]

第三节　法国行政赔偿体制对患者安全的影响

一、行政赔偿体制对阻吓效果的影响

法国学者向来以为，说到事故预防，赔偿基金远不如民事责任有效，盖赔偿基金不追究责任，不能为尽到注意义务提供激励。[91]但这个批评并不适用于医疗事故赔偿体制的多数内容，因为对过错造成的事故，医疗职业人和医疗机构仍要承担责任。不过在医院感染的情形，担心倒是有几分道理。此际，医疗事故赔偿体制不能在同样的力度上追究责任，盖对最严重感染的责任转移给了国家，受害人甚至没有直接起诉医疗服务提供人

---

〔89〕 See M. Kazarian, "The Role of the Criminal Law and the Criminal Process in Healthcare Malpractice in France and England", unpublished doctoral thesis, University of Manchester, 2013, 235-49.

〔90〕 M. Jones, *Medical Negligence*, London: Sweet and Maxwell, 2008, 2.

〔91〕 A. Guégan-Lécuyer, *Dommages de masse et responsabilité civile*, Paris: LGDJ, 2006, no. 179; J. Knetsch, *Le droit de la responsabilité et les fonds d'indemnisation*, Paris: LGDJ, 2013, 361（参见该页所引文献）.

的可能。[92]医院严重违反医院感染防范规则的，国家医疗事故 167
赔偿总署（ONIAM）得要求责任保险公司偿还赔偿金。[93]除了这些涉及医院感染的特别规则外，医疗事故赔偿体制并不会减少民事责任可能有的任何阻吓效果，尤其是民事诉讼的威胁仍然存在。法国引入医疗事故赔偿体制后，损害赔偿请求的数量总体上增加了，从这个角度看，医疗事故赔偿体制事实上增强了阻吓效果。

二、行政赔偿体制对不良事件报告的影响

医疗事故赔偿体制压制了那莫须有的责难文化，想来当能鼓励在医疗事故原因事宜上的开诚布公。[94]可在法国几乎找不到相关统计数据，这个事实似乎暗示，虽说引入了行政赔偿体制，不透明的问题依然如故。公众健康监测研究院（Institut de Veille Sanitaire）2012年发布了一份研究成果，[95]就当前的报告情况勾勒了一幅多少有些黯淡的画面。这份成果总结说：

“对医疗上报机制的评估工作，几乎完全不见于文献。找得到的研究成果真是令人失望，都指出上报不足的情况普遍存在，严重不良事件的上报率高过10%的极为罕见。如此低的上报水平也就意味着，没法利用这些数据来评估严重不良事件的真正

---

〔92〕 Cass. civ. (1), 19 June 2013, no. 12-20. 433, D. 2013, 1620, obs. I. Gallmeister; *Revue Droit Sanitaire et Social*, 2013, 1131, note F. Arhab-Girardin; CE, 21 March 2011, Centre hospitalier de Saintes, no. 334501, *Actualité Juridique Droit Administratif*, 2011, 594.

〔93〕《公众健康法典》第L. 1142-17条。

〔94〕 D. -R. Tabuteau, "Bilan de la loi Kouchner du 4 mars 2002", *Revue Générale du Droit Médical*, no. 33, December 2009, 11.

〔95〕 Institut de Veille Sanitaire, *Expérimentation portant sur la déclaration des évènements indésirables graves (EIG) lies aux soins en établissement de santé. Rapport d'évaluation*, 2012.

风险。”[96]

这就表明医疗不良事件上报制度在法国还有很长的路要走。这项针对3年跨度的研究能够利用的严重不良事件不过250起，也就是说，接受调研的医院，平均每家医院每年上报的不良事件只有3起。不过这份研究成果也以更为积极的语调写道，“要在医疗院所建设安全文化，上报机制非常有用，甚至至关紧要”。[97]此论诚然不虚，但从当前的景象看，法国的安全文化还在蹒跚学步。

168 公众健康监测研究院的成果似乎也证实了民刑事责任对于开诚布公的消极影响，医院和医务人员都解释说，不情愿上报不良事件，主要是担心鼓励患者兴讼。[98]这是所有法律体制都面临的明显难题，而且既想通过民法、刑法和行业规范对医疗差错的惩罚来追究医疗服务人的责任，又想落实坦白义务、推动事故上报和从错误中学习，两者内在地难以兼得。这也是法国以立法引入的新体制面临的重大难题。继续令医疗职业人为过错行为承担责任的正当想法无可指摘，而受害人也在继续利用民事、刑事责任法追究医生责任，这些都不利于上报机制的落实。匿名上报制度大概是最好的办法，但只要个体责难在法律中仍扮演重要角色，匿名上报也难以保证充分上报，而且对于单个医患关系中的开诚布公来讲，匿名上报实则无所作为。

若是并无证据显示法国立法引入的体制或多或少显著鼓励了医疗差错上报，那么自当期待以其他方式利用这套机制以增进对医疗事故原因的认识。但就医疗事故何以发生，这套体制

---

[96] Institut de Veille Sanitaire, *Expérimentation portant sur la déclaration des évènements indésirables graves (EIG) lies aux soins en établissement de santé. Rapport d'évaluation*, 2012, 3.

[97] Ibid.

[98] 其他理由有，担心影响形象，担心影响认证工作等（ibid., 51）。

提供的信息寥寥无几。如前所述，[99]和解及赔偿事务委员会处理的案件并不对外公开，而国家医疗事故赔偿总署（ONIAM）及医疗事故国家委员会（CNAMed）年度报告就事故原因提供的信息也极少。责任保险公司就医疗事故也不愿意披露详细信息。如此一来，直接关系患者安全事务的行业组织及其他组织只有极为狭窄的渠道去获得不良事件数据。[100]《医疗风险观察》现在依据从责任保险人和国家医疗事故赔偿总署那里搜集到的信息发布不定期报告，但得到分析的医疗损害赔偿请求相对来说有些少，[101]划分的事故类型又过于宽泛。[102]如果这些工作就是其所掌握数据的精确反映，那真是很难想象这如何能够对风险 169
管理产生积极效果。因为严重医院感染而向和解及赔偿事务委员会申请赔偿的，委员会有义务向地方卫生局报告，[103]但就其他医疗风险的发生，却没有类似义务。[104]那些提交到行政赔偿体制的申请，本来应该就申请所涉医疗事故的类型从事更为系统性的统计分析，这样才能就医疗风险，就新体制任何可能的阻吓效果，得到有用的信息，可到现在都没有抓住机会去做这

〔99〕 参见前文第五章第 104 页［边码］。

〔100〕 See Johanet, *Rapport sur l'assurance responsabilité civile des professionnels de santé*, February 2011, 4.

〔101〕 考察的时间段为 2007 年到 2012 年，得到分析的赔偿请求为 8 332 件。Observatoire des Risques Médicaux, *Rapport d'activité 2013*, 5.

〔102〕 报告将医疗事故分为 7 类，包括诸如“技术错误（technical errors）”和“组织问题（organisational problems）”。Observatoire des Risques Médicaux, *Rapport d'activité 2013 pour les années 2007–2012*, 20.

〔103〕《公众健康法典》第 L. 1142–8 条。

〔104〕 这不同于新西兰事故赔偿体制。新西兰 2001 年《伤害预防、康复及赔偿法》第 284 条在 2005 年经修正，依修正后条文，倘赔偿体制的经办机构根据赔偿申请中的信息得认为公众有受损害的风险，即必须将该风险以及其他相关信息向患者安全负责机构报告。相关讨论，参见 K. Oliphant, “Beyond Misadventure: Compensation for Medical Injuries in New Zealand”, *Medical Law Review*, 15 (2007), 357, at 377.

些工作。这大概就是法国进路的弱点所在，也给威尔士进路加了分，前者是以独立行政机构来运营赔偿体制，而在威尔士体制下，投诉和赔偿请求在全民医疗服务系统内一并处理：如此更方便检视不良事件并从中学习。[105]这里还有一点值得关切，或许是此类体制的普遍特点，即倾向于将复杂的系统错误界定为由国家医疗事故赔偿总署赔偿的无过错事故，而不是详尽考察所涉复杂系统故障本身。倘果真如此，可就浪费了从这些事故中学习的机会。[106]

第四节　结论

促进患者安全主要靠医疗服务治理措施（healthcare governance measures），但民事责任法仍可起到襄助作用。民事责任法的潜在阻吓效果在英国当强于法国。在英国，民事责任一般都导向
170 了全民医疗服务系统，全民医疗服务系统遂得依据这些损害赔偿请求的数据集中采取各项协调措施以促进患者安全。而在法国，民事责任都导向了分立的责任保险公司，这些保险公司所处的位置并不利于采取安全改善措施，责任阻吓效果遂减。

民事责任法若是将注意力从个体责难更多地转移到医疗事故的系统原因上来，还会有助于创造开诚布公的文化，而开诚布公于吸取教训至关重要。虽说个体责难于英法两国责任法制下仍发挥核心作用，可两国法院也都认可了系统故障得为责任基础，当然这样的案件仍只是少数。

---

〔105〕 Welsh Assembly Government consultation report, *Putting Things Right: A Better Way of Dealing with Concerns about Health Services*, August 2010, 4.

〔106〕 看不到和解及赔偿事务委员会赔偿决定的公开出版物，这个猜想自然没法证实。

不过，利用民事责任来发展不良事件上报义务看起来并不容易，也没有证据显示，法国曾通过民事责任法来落实立法要求医疗职业人个人承担的不良事件上报义务。就此等事宜，不得援引法国为例证，以为民事责任法颇有落实不良事件上报义务的潜力。

没有证据显示，法国引入行政赔偿体制改善了医疗事故上报的局面，是以，若要主张在英国引入诉讼外纠纷解决体制，将有助于开诚布公，法国改革着实提供不了坚强论据。在过错责任仍扮演核心角色的任何法律体制下，这大概都是内在的难题。新西兰的医疗事故报告情况倒是大有改善，[107]原因当在其法律体制摒弃了平行的民事责任规则。

同样，通过搜集损害赔偿请求的数据来从医疗事故中吸取教训，这样的机会法国似乎也都大抵错过，而且饶有趣味的是，责任规则与患者安全间的关联事宜不太吸引法国学者的兴趣，[108]这与普通法系的态度形成鲜明对比。[109]全民医疗服务系统诉讼

〔107〕 P. Davis, R. Lay-Yee, A. Scott, R. Briant, S. Schug, "Acknowledgement of 'no fault' Medical Injury: Review of Patients' Hospital Records in New Zealand", *British Medical Journal*, 326 (2003), 79, cited by E. Cave, "Redress in the NHS", *Journal of Professional Negligence*, 27 (2011), 150.

〔108〕 例外参见 Pariente, "Conséquences de la judiciarisation et remèdes", in A. Laude, J. Pariente, D. Tabuteau, *La judiciarisation de la santé*, Paris: Editions de Santé, 2012, 241.

〔109〕 See e. g., J. Braithwaite, J. Healy, K. Dwan, *The Governance of Health Safety and Quality*, Commonwealth of Australia, 2005; J. M. Gilmour, *Patient Safety, Medical Error and Tort Law: An International Comparison*, 2006, Health Policy Research Program, Canada; David A. Hyman and Charles Silver, "The Poor State of Health Care Quality in the U. S.: Is Malpractice Liability Part of the Problem or Part of the Solution?", U of Texas Law, Law and Econ Research Paper No. 038, U of Texas Public Law Research Paper No. 044, U of Maryland Legal Studies Research Paper No. 2004-08, March 28, 2004.; K. Oliphant, "Compensation, Ideology and Patient Safety in New Zealand's No-fault System", *Opinio juris comparatione*, 3/2009, paper 3; M. Mello, D. Studdert, "Deconstructing

171 局（NHSLA）承担了损害赔偿请求数据搜集的工作，诚然可为法国的范本，不过诉讼局的任务即为处理针对全民医疗服务系统提出的赔偿请求，其所处的中心位置不是法国的医疗事故国家委员会（CNAMed）、国家医疗事故赔偿总署（ONIAM）或者《医疗风险观察》所能比拟的。

（接上页）Negligence: the Role of Individual and System Factors in Causing Medical Injuries", *Georgetown Law Journal*, 96 (2008), 599; B. Liang, "A Policy of System Safety: Shifting the Medical and Legal Paradigms to Effectively Address Error in Medicine", *Harvard Health Policy Review*, 5 (2004), 6; L. Mulcahy, "The Market for Precedent: Shifting Visions of the Role of Clinical Neglignece Claims and Trials", *Medical Law Review*, 22 (2004), 274.

结　论

本书主旨在于比较英法两国医疗事故责任与救济法制，考 172
察两国法制如何应对这个法律领域里的各样挑战，并探讨可以从法国改革模式中学到些什么。

本项研究之所以必要，在于英国医疗过失法在诸多方面都不能令人满意。医疗过失责任令全民医疗服务系统承受了日益加重的经济负担，损害赔偿请求的爆炸式增长以及高昂的法律成本为此助火添风。那些遭受了最严重伤害的受害人，为了拿到赔偿金不得不冒着风险走过冗长、费力劳神而又前途莫测的诉讼程序，而民事责任所奉行的责难文化又可能害及医患关系及患者安全。就如此种种，可以认为英国医疗过失法并未成功应对医疗事故责任与救济事宜提出的挑战。

倘此论不虚，那么或能从外国法律体制那里找到一些替代路径的有趣范本，丰富围绕改革话题展开的讨论。本书的主题即在于探究法国法可以提供什么借鉴。

从受害人的视角看，在获得救济方面，尤其对遭受最严重伤害的患者来说，法国法显然颇有些优势。这个优势最明显的地方，就是依法国的诉讼外解决体制可以更方便得到赔偿。这套体制每年吸引的赔偿申请在4000份以上，表明这条改革路径颇受患者欢迎，而且对最严重伤害的受害人来说，确实提供了不可否认的实惠。通过一套对患者相对廉价、简单、快捷的程序，保证了严重医疗事故的受害人得到赔偿金。除了行政赔偿体制，对医疗事故受害人来说，法国法还有其他一些优越之处。
173 就医院感染，就医疗产品造成的损害（至少在行政法院），法国法为过错责任设置了重要例外。为方便救济，法国法院还想办法解决因果关系难题，在没有其他途径证明被告人过错的场合，利用机会丧失规则来发展知情同意诉讼，使受害人借此得到赔偿。在法国，刑法也提供了一条替代救济路径。虽说从英国法的近期发展趋势看，对医疗职业不再那么言听计从、奉命惟谨，对患者自主亦愈加认可，但就医疗事故责任与救济事宜，仍以矫正正义路径为中心，从整体上看，这样的救济模式对患者不那么有吸引力。

内国法律传统的差异不可避免地会影响英国法对法国模式的接纳程度。本书指出，相较英国民事责任传统，法国医疗事故责任与救济进路所反映的民事责任传统与文化更为优遇受害人。这意味着法国式路径在英国很可能遇到强烈反对，尤其在当前的经济背景下，但不能说雄心勃勃的改革方案就不该考虑，也不是说必须将之摒弃，将来也绝无可能以之为改革基础。

确实有不少这样的领域，法国经验可以为英国以及其他法域的改革探索提供营养。尤其要提到的就是改革的潜在经济影响，法国法给了一个好例子。考虑到在法国法下医疗事故受害人得到赔偿的难易程度，法国总的责任成本似乎显著低于英国着实令人惊讶。法国的责任经济负担水平似乎比较低，相当的原因应该在于人身伤害赔偿水平和法律成本方面与英国有差异。法国经验表明，像这样颇有几分抱负的诉讼外解决体制（包含了无过错赔偿），有能力以法国人普遍认为可承受的经济成本，为医疗事故受害人提供行政上高效的赔偿途径。显然，就此类赔偿体制的财政承受能力，任何结论都会差若毫厘，盖在任何特定法律体制下，何者可认为财政上能承受取决于诸多因素，包括在轻重缓急的序列上更愿意将受害人救济摆在哪个位置。
英法两国在损害赔偿水平和法律成本方面的显著差异意味着，
类似赔偿体制若是放在英国，带来的经济压力当会更大一些。
法国自 2002 年改革以来，救济成本无疑在攀高，但法国行政赔 174
偿体制设置的一些入口限制还是成功防止了责任经济负担的巨
量增长。引入行政赔偿体制也没有导致损害赔偿请求的规模脱
缰，而且看起来已经遏制住了改革之前就观察到的诉讼增加势
头。像这样的赔偿体制，并没有导致责任经济成本巨大增加，
成功地以如此低廉的行政成本运转，而且似乎遏制了医疗过失
诉讼的攀升，当然值得关注。

法国救济体制在财政上可以承受，是以入口限制为代价取得的。这就造成了此类行政赔偿体制的主要难题，即医疗事故受害人的类型化。将受害人类型化带来了很多麻烦，责任与救济体制因之复杂，各类型损害赔偿请求如何界定及其正当性何在也是问题，法院在新规则解释方面立场不一也使法律陷入不安定状态。法国体制的运行经验还表明，在评判当事人是否有得到救济的权利这个问题上，引入无过错赔偿体制并不会令评判工作更轻松，盖永远都有必要利用诸如“医疗事故”这样的概念将事故与在先疾病区分开。这样的概念总是难以约束。基于医疗事故的严重程度来缩窄救济入口，当然会暴露这些入口限制工作的武断性质，并使这套体制的适用范围根基动摇，其适用范围随时间推移而自然扩张当可预见。而诸如英国《全民医疗服务系统救济法》所构想的更为中庸的体制带来的困难当会更小些，盖其完全依托现有法律概念，而且限制申请的办法也很简单，就是给损害赔偿请求封顶。可过于简洁的救济体制也会付出高昂代价，即很难吸引受害人，而且英国构想的过低的赔偿金封顶可能会将一些格外需要救济的受害人排除在外。

法国经验还让人看到，要保证各赔偿决定机构立场统一也不是容易事。法国医疗事故国家委员会（CNAMed）在促进赔偿决定立场统一方面取得了一些成绩，而英国将来的不论什么救济体制，在赔偿申请的处理问题上如何做到立场协调，自有必要思
175 考。法国经验还提醒改革家，创建一套明显优遇受害人的行政赔偿体制本身并不足以确保受害人实际上得到公平对待，应设计相应的管控机制以实现公平待遇。

本书还考察了英法两国责任与救济规则对医患关系产生了多大影响。在促进患者自主以及认可在医疗决策事宜上医患实乃伙伴关系方面，可以认为法国法更胜英国法一筹。法国将患者获取信息的权利/知情权写入法典，并以机会丧失规则方便患者得到赔偿，医生未充分披露信息的将受惩罚。最近的法国法院判决又认为，剥夺患者为伤害做好心理准备的机会，这个事实即为法律上得予赔偿的损害，同样在一定程度上促进了信息披露。立法认可患者权利，判例法推动精神损害赔偿，法国法给英国法提供了有意思的范本。不过书中也指出，虽说患者获取信息的权利/知情权写入了法典，但就此项权利的精确性质，仍留下不确定性。另外，法国法院所采进路对信息披露的要求过于宽泛，并利用知情同意规则绕过传统民事责任诉讼请求的内在难题，这些都倾向于在信息披露事宜上催生爱斗好讼的氛围，从而害及医患对话。法国法院终究没有将患者获取信息的权利/知情权理解为基本人格尊严的侧面，不以证明人身伤害为前提，以这样的方式去强迫落实获取信息的权利/知情权，看起来是认识到过度抬升患者权利可能给医患关系带来危险。

医疗出了差错，若医疗职业人和医疗机构对患者及患者家属更为坦诚，当有助于缓和剑拔弩张的气氛，也会促使更多患者放弃对簿公堂。在制定法写明了医疗差错披露义务的情形，

法国经验并未提供任何证据表明民事责任乃是促进开诚布公的有效手段，更可能的倒是，此类法定义务将构成医疗服务治理措施的基础。想来任何法律体制，只要仍为过错责任保留重要角色，都很难推动开诚布公。

法国经验还敦促人思考，在发生医疗事故的场合，行政救
济体制就绥抚医患关系能起多大作用。法国体制似乎已经遏制
住了诉讼数量的攀升，在诉讼之外提供了一条较少对抗性的替
代路径，而且整体上创造出了在患者看来还算公平合理的救济
环境，法国体制就绥抚医患关系可谓成功。就此等事宜，法国 176
改革可能比英格兰《全民医疗服务系统救济法》构想的体制以
及威尔士救济制度更为有效。法国体制给了患者参与赔偿决定
程序的机会，而且法国体制还有一定独立性，这正是英格兰设
想的体制与威尔士实际运行的体制付诸阙如的。法国体制的这
些重要特征无疑使其深受患者欢迎，从而更能发挥其绥抚医患
关系的效果。这是法国改革特别值得关注的侧面。

法国责任与救济法就促进患者安全的作用并不确定。或主张，如同英国法，法国法对过错责任的普遍依赖实为过失行为的阻吓机制，故能促进患者安全。但亦得主张，民事责任的重心既然在过错和个体责难，自不会鼓励公开不良事件，故当妨害患者安全。就此等事宜，英法两国法院都认可了对系统错误的责任，这样的思路当有助于促进开诚布公，有助于勘实医疗不良事件的原因。法国行政赔偿体制对于不良事件上报是否产生积极影响并不清晰。法国法给问责（accountability）保留了重要角色，这个选择很可能减损法国体制对于开诚布公本来应该起到的积极效果。法国体制对于不良事件上报起到的影响自有必要予以评估，惜乎未引起充分重视。此外，对于从众多损害赔偿请求中提取的数据应采取措施予以大力挖掘，以深化对不

良事件原因的认识。在这个问题上，或可认为法国改革的不足之处在于过多关注赔偿和成本，很大程度上忽视了责任、救济与患者安全间的相互作用。是以，法国体制强调了在任何改革中利用这些机会的重要性，以有效扶持医疗服务供给的这个关键支柱。

随着欧盟范围内患者流动日益普遍，对外国医疗事故责任与救济法制的研究也就显得愈发重要。例如，据估计，2010 年
177 联合王国往国外寻求医疗服务的居民共计 63 000 人，主要目的地是法国，而外国居民来联合王国寻求医疗服务的也有52 000人。[110] 2011 年患者权利指令发布，[111] 将此前的判例法规则成文化（欧盟范围内跨境医疗服务的筹资事宜），[112] 可能进一步推动医疗迁移。在跨境医疗服务愈益活跃的背景下，各国获得救济的难易差异也更为明显，要是出了差错，如何得到赔偿取决于在哪里接受医疗服务。[113] 法律状况不确定，可能影响患者赴国外寻求医疗服务的信心。此外，患者频繁流动可能增强这个

---

〔110〕 J. Hanefeld, D. Horsfall, N. Lunt, R. Smith, *Medical Tourism: A Cost or Benefit to the NHS?*, Public Library of Science, 2013, 1-2, available online at www. plosone. org.

〔111〕 Parliament and Council Directive on Patients' Rignts in Cross - Border Healthcare 2011/24/EU, OJ 2011, no. L88, 4 April 2011, 45. 就患者权利指令的评论，参见 M. Peeters, "Free Movement of Patients: Directive 2011/24 on the Application of Patients' Rights in Cross-Border Healthcare", *European Journal of Health Law*, 19 (2012), 29.

〔112〕 C-158/96, Kohll v. Union des Caisses de Maladie [1998] ECR 1931; C-157/99, Geraets - Smits v. Stichting Ziekenfonds VGZ and Peerbooms v. Stichting CZ Groep Zorgverzekeringen [2001] ECR 5473; C - 372/04, Watts v. Bedford Primary Care Trust [2006] ECR 4325.

〔113〕 依据欧盟《关于非契约债务法律适用的第 864/2007 号条令：罗马二号条令》（Rome Ⅱ Regulation 864/2007 on the law Applicable to Non-Contractual Obligaitons）第 4 条，因侵权行为发生的非契约债务，适用侵权行为地法。就医疗事故来说，一般即为治疗地。全民医疗服务系统（NHS）若是将患者转介往国外治疗，只有就选择医疗服务人犯下过失的，方就医疗事故承担责任。

领域里外国法制对内国法律发展的影响。对外国法制不同解决方案知晓越多，就越能够丰富国内围绕改革话题展开的讨论，更具抱负的法律改革也会浮现出影子，因循守旧、无所作为将更难得到辩护。法国是英国患者赴国外就医的主要目的地，而且法国法制为患者提供了还算有利的救济体制，考虑到这些事实，法国救济模式当格外吸引英国的注意。

英国医疗过失法的内在难题很可能意味着改革话题还会继
续讨论下去。在很多方面，法国法都提供了有吸引力的替代路
径。法国 2002 年改革可以说在医疗事故受害人赔偿和赔偿成本
之间取得了切合实际的平衡。相较在医疗救济领域从事大刀阔 178
斧改革的其他法律体制，法国法可以认为是更为恰当的法律改
革范本。法国法以看起来显著低廉的经济成本使众多医疗事故
受害人更为方便地得到赔偿，而且推进了更少对抗性的救济环
境建设。基于这些有力论据可以认为，英国将来在医疗事故责
任与救济领域探索重大改革，法国法当可发挥重要作用。

索　引

（页码为原书底码，中译本边码）

附

全民医疗服务系统救济法 *

就英格兰威尔士提供之医疗服务或引发之侵权责任，为安排相关救济事宜等项，爰制定本法。

2006 年 11 月 8 日

本法经本次召集之国会上院神职并世俗议员暨下院议员提请审议并通过，并由至为尊贵的女王陛下颁行如次：

英格兰

1. 设立救济体制的权力

（1）卫生大臣（Secretary of State）得以条令形式设立一救济体制，从而在本条得予适用之情形，提供相应救济而使受害人不必乞援于民事诉讼程序。

（2）本条之适用情形为，关涉提供合乎条件的医疗服务（qualifying services，英格兰医疗服务的一部分），第 3 款提及之机构或其他人依英格兰与威尔士法应承担侵权法上的责任（qualifying liability in tort）。

（3）前款提及之“机构或其他人”意指，

（a）卫生大臣；

（aa）全民医疗服务委托委员会（National Health Service

* 资料来源，英国政府官网：http：//www. legislation. gov. uk/ukpga/2006/44/introduction。

Commissioning Board)；[2013 年 4 月 1 日加入]

(ab) 地方全科医生组织 (clinical commissioning group)；[2013 年 4 月 1 日加入]

(b) [2013 年 4 月 1 日删除]

(c) [2013 年 4 月 1 日删除]

(d) 提供某项服务或者安排某项服务供给的机构或其他人，这里的服务供给系与 a、aa、ab 项提及之机构或其他人所达成协议之标的。[2013 年 4 月 1 日修正]

(4) 第 2 款所称“侵权法上的责任”意指，

(a) 为他人诊断疾病或者为患者提供护理治疗服务过程中违反注意义务，造成人身伤害或损失，因之而生之侵权责任，且责任

(b) 系因医疗职业人 (health care professional) 的任何作为或不作为而生。

(5) 第 2 款所称“合乎条件的医疗服务”意指，

(a) 于 (英格兰或他处) 医院提供的医疗服务，或者

(b) 卫生大臣另以条令具体写明的合乎其他描述的医疗服务 (亦可纳入于英格兰之外提供的服务)。

(6) 第 5 款 b 项以条令具体写明之服务，不得写入合乎以下描述的各项：

(a) 初级牙科服务，

(b) 初级医疗服务，

(c) 依 1977 年全民医疗服务法第 38 条提供之服务 (一般眼科服务)，

(d) 依 2006 年全民医疗服务法第 126 条 (药物服务协议) 或者因该法第 127 条 (额外药物服务协议) 提供之服务，[2007 年 3 月 1 日修正]

（e）依该法附件12（地方药物服务计划）或者第134条（地方药物服务试点计划）提供的，性质上类同d项下服务之医疗服务。[2007年3月1日修正]

（7）第6款所称初级牙科服务和初级医疗服务系指依2006年全民医疗服务法提供之初级牙科服务和初级医疗服务，但卫生大臣得以条令形式规定，条令具体写明的合乎某些描述的服务不得视作第6款所称之初级牙科服务或者初级医疗服务。[2007年3月1日修正]

（8）依第5款b项或第7款发布之条令，尤其得依医疗服务的提供方式或具体情境而描述某些服务。

（9）第3款d项所说提供服务之人，不包括依雇佣契约提供服务之人。

（10）第4款所称“医疗职业人”意指特定行业之成员，该行业（不论是否受任何法律规制）所关涉者（全部或部分的）乃个体身心健康。

（11）本条所称“医院”义同2006年全民医疗服务法的用法。[2007年3月1日修正]

2. 救济体制的适用范围

（1）除第2款的限制外，救济体制得依卫生大臣认为合适者界定其适用范围。

（2）救济体制必须明确，其不适用于已为民事诉讼程序标的之侵权责任。

3. 救济体制给予的救济措施

（1）除第2款、第5款的限制外，救济体制得依卫生大臣认为合适者规定其得提供的救济措施。

（2）救济体制必须规定，一般应提供以下救济，

（a）向受害人为赔偿提议，以实现（in satisfaction of）受害

人就所涉侵权责任提起民事诉讼的权利，

（b）向受害人解释原委，

（c）向受害人道歉，以及

（d）向受害人出具报告，说明已采取或将采取哪些行动以防范类似事件重演，

但得具体写明在哪些情形下，某项或某几项救济措施得不予适用。

（3）救济体制尤其得规定，

（a）提议的损害赔偿形式得为订立提供治疗护理服务的契约或者金钱赔偿，或者两者兼备；

（b）在哪些特定情形下得提议不同的损害赔偿形式。

（4）救济体制若规定得提议金钱赔偿的救济形式，尤其，

（a）得规定就哪些事项，得提议为金钱赔偿；

（b）得规定金钱赔偿的数额评估方式。

（5）救济体制若规定得提议金钱赔偿的救济形式，

（a）就救济体制下所为之赔偿提议中的金钱赔偿数额，得具体写明上限；

（b）若未依前项具体写明上限，必须就身心痛苦（pain and suffering）损害名目为赔偿提议中得写入的金钱赔偿数额，具体写明上限；

（c）就得写入赔偿提议中的事宜不得再以金钱赔偿形式具体写明任何其他限制。

4. 救济体制下程序的启动

（1）就救济体制下程序的启动事宜，得依卫生大臣认为合适者而加以规定。

（2）救济体制尤其得就以下事宜加以规定，

（a）谁得启动救济体制下的程序；

（b）如何启动救济体制下的程序；

（c）救济体制下程序启动的时间限制；

（d）救济体制下的程序在哪些情形不得启动；

（e）救济体制下的程序在哪些具体写明的情形应予启动；

（f）在具体写明的情形应通报救济体制程序的启动事宜。

5. 考虑救济体制是否得予适用的义务

（1）卫生大臣得以条令形式要求第2款所说机构或其他人，

（a）在条令可能规定的情形，考虑其正在调查或审查的案件是否牵涉救济体制适用的责任，并

（b）在看起来确实如此的情形，采取条令可能规定的措施。

（2）前款所称的机构或其他人意指，

（a）就其责任事宜救济体制得予适用之任何机构或其他人，以及

（b）医疗服务质量委员会（Care Quality Commission）。[2009年4月1日修正]

6. 救济体制的程序

（1）除第3款到第6款的限制外，救济体制就其程序事宜得依卫生大臣认为合适者加以规定。

（2）救济体制尤其得就以下程序事宜加以规定，

（a）对案件的调查（包括由具体写明的合乎描述之人对调查的监督事宜）；

（b）就救济体制的适用事宜做决定；

（c）接受赔偿提议的时间限制；

（d）和解协议的形式与内容；

（e）在具体写明合乎特别描述的情形，和解协议应经法院批准；

（f）救济体制下程序的结束事宜。

（3）救济体制必须就以下事宜加以规定，

（a）对案件的调查结果应记载于报告中；

（b）除第 4 款的限制外，应申请救济之人的请求，向其提供前项所说报告的副本。

（4）救济体制得规定，于下列情形得不予提供前款所说调查报告副本，

（a）在救济体制下为赔偿提议之前，或者救济体制下的程序已经结束；或者

（b）在具体写明的其他情形。

（5）救济体制必须规定，救济体制下的和解协议应写明，就协议涉及的民事责任，寻求救济之人放弃提起民事诉讼的权利。

（6）救济体制必须规定，倘救济体制下的程序所涉及之民事责成为民事诉讼的标的，程序即应结束。

7. 时效中止

（1）救济体制必须明确，民事责任事宜成为救济体制下程序标的那段时间，于计算任何相关时效期间是否届满时不得计入。

（2）前款所指之任何相关时效期间，系指依 1980 年时效法或者任何其他法律，针对民事责任提起民事诉讼的期间。

（3）就第 1 款之适用，救济体制得明确民事责任事宜何时成为救济体制下程序之标的。

8. 法律咨询等事宜

（1）除第 2 款、第 4 款的限制外，救济体制得依卫生大臣认为合适者就以下事宜加以规定，

（a）为那些向救济体制寻求救济之人提供免费法律咨询服务；

（b）涉及救济体制下的程序，提供其他服务（包括医疗专家的服务）。

（2）为确保依救济体制对之发出赔偿提议之人得就以下事宜接受免费法律咨询服务，救济体制必须依卫生大臣认为合适者加以规定，

（a）赔偿提议，以及

（b）任何和解协议。

（3）谁得依第 1 款 a 项或第 2 款提供法律咨询服务，得考虑潜在的服务人是否列入由具体写明之人制备的清单而定。

（4）救济体制提供医疗专家服务的，必须规定医疗专家应听从第 11 条所指主管局以及向救济体制寻求救济之人的共同指示。

9. 对那些向救济体制寻求救济之人的帮助

（1）在满足所有合理要求所必要的范围内，卫生大臣负有义务妥为安排，为那些向救济体制寻求救济或打算寻求救济之人提供帮助，例如代理等帮助。

（2）卫生大臣得安排其他其认为合适的措施，为（救济体制下程序标的）案件相关之人提供帮助。

（3）卫生大臣得依本条下的安排，向任何他人为一定给付。

（4）卫生大臣依本条安排相关帮助事宜的，必须考虑到回避原则，依帮助安排于特定案件中提供的相关服务，应尽可能独立于其行为涉及案件之人以及参与案件处理之人。

10. 救济体制的成员（scheme members）

（1）除第 3 款的限制外，救济体制得依卫生大臣认为合适者就以下事宜加以规定，

（a）救济体制针对的应负责任的任何机构或其他人，其成员身份，

（b）救济体制成员的相关职能（functions）。

（2）救济体制尤其得，

（a）要求或允许具体写明的机构或其他人成为救济体制的成员；

（b）要求救济体制的某位成员就救济体制具体写明的程序承担具体写明的职能；

（c）授权救济体制的成员妥为安排，得由某成员代表其他成员行使救济体制下的职能；

（d）就救济体制下职能的行使事宜，要求救济体制成员考虑第 11 条所说主管局给予的任何建议或其他指导；

（e）就救济体制下职能的行使事宜，要求（或使主管局得要求）救济体制成员保存具体写明的相关记录；

（f）要求（或使主管局得要求）救济体制成员就其职能事宜向主管局提供相关信息或文件；

（g）要求救济体制成员以向具体写明的运营费用（specified costs of its operation）缴费的形式为一定给付；

（h）要求救济体制某位成员任命具体写明的合乎描述之人承担职责，监督依本法授予成员的具体写明的某项职能的行使情况；

（i）要求救济体制某位成员任命具体写明的合乎描述之人承担职责，就救济体制处理的涉及该成员的案件，得从中吸取怎样的教训，向该成员提出建议；

（3）救济体制必须要求特定成员，就救济体制处理的涉及该成员的案件，得从中吸取怎样的教训，制备并出版年度报告。

（4）救济体制得依本条所为之规定，包括就下列事宜的规定，使安排了服务供给之成员，就他人因服务供给而生之责任行使相应职能。

11. 主管局（scheme authority）

（1）救济体制必须规定，由具体写明的特别卫生局（Special Health Authority，本法中称“主管局”）行使卫生大臣认为合适的职能。

（2）救济体制尤其得规定主管局就以下事宜行使职能，

（a）救济体制下的程序；

（b）依救济体制下调解协议所为之给付；

（c）提供咨询服务，或者就具体写明的事项提供其他指导；

（d）免费提供法律服务；

（e）救济体制成员缴费的估算与给付；

（f）对救济体制成员行使职能情况加以监督；

（g）就全民医疗服务基金未履行职能的情况，向独立监管机构（Independent Regulator of Foundation Trusts）提交报告；

（h）出版年度数据。

（3）2006 年全民医疗服务法第 28 条第 1 款以及威尔士全民医疗服务法第 22 条第 1 款（为行使该法授予的职能而建立特别机构的权力）的法律效果如同本法条款已纳入该法。［2007 年 3 月 1 日修正］

12. 促进在救济体制下解决争议的一般义务

救济体制必须要求主管局及救济体制成员于行使各自职能过程中，尤其要考虑到尽量利用救济体制提供的救济措施而不必乞援于民事诉讼程序。

13. 协作义务

（1）为有效履行各自职能而有必要的，主管局及医疗服务质量委员会必须彼此协作。［2009 年 4 月 1 日修正］

（2）［2012 年 10 月 1 日删除］

14. 投诉

（1）就任何机构或其他人涉及以下事宜的行政不善（maladministration），卫生大臣得以条令形式，就依条令所提起之投诉的处理与审查事宜加以规定，

（a）行使救济体制下的职能，

（b）行使涉及救济体制下程序的其他职能，或者

（c）涉及在救济体制下达成的调解协议。

（2）前款所说条令必须规定，投诉的审查事宜由下列机构为之，

（a）主管局，或者

（b）救济体制某位成员。

（3）无碍第 1 款的一般适用，条令还得就下列数款相关事宜加以规定。

（4）条令得就以下事宜加以规定，

（a）谁得投诉；

（b）依条令得提起哪些投诉，不得提起哪些投诉；

（c）应向谁投诉；

（d）应予审查的投诉；

（e）投诉的期间限制；

（f）投诉以及投诉的处理和审查，相关程序事宜；

（g）不予审查的事项；

（h）就投诉制作报告或建议；

（i）因投诉应采取的行动。

（5）条令得令主管局或者救济体制成员承担义务，就依条令应予遵守的程序事宜，提供相关信息或使社会公众可以得到这些信息。

（6）条令还得规定以下事宜，

（a）投诉的不同部分或不同方面得予不同处理；

（b）得要求提供相关信息或文件，以便恰当审查投诉；

（c）得授权向审查投诉之人披露投诉相关信息或文件，普通法上禁止或限制信息披露的规则得不予理会。

（7）若投诉所涉事宜既有落入条令审查范围又有落入其他法定投诉程序范围的，条令得对此加以规定，尤其应使得此等投诉得依条令而提起。

（8）涉及已依条令或打算依条令而为并关系到救济体制的投诉，条令得加规定，以确保，

（a）于此等投诉中提出的落入其他法定投诉程序范围的事宜，转交给操作恰当程序的机构或其他人；

（b）任何此类事宜，如同依恰当程序所为之投诉中提出的事宜般得到处理。

（9）第 7 款、第 8 款所谓“法定投诉程序（statutory complaints procedures）”意指依任何法律而设立之投诉程序。

（10）1998 年数据保护法第 31 条第 6 款，于“所为之投诉”前插入“［依］2006 年全民医疗服务系统救济法第 14 条”。

15. 英格兰卫生行政专员的权限

（1）1993 年卫生行政专员法（Health Service Commissioners Act 1993）以下列各款修正。

（2）于第 3 条（卫生行政专员的一般权限）第 1E 款之后插入：

“（1F）主张因任何人或机构涉及下列事宜的行政不善而遭受不公正，从而自己或由他人代理，向行政专员恰当投诉的，行政专员应就指控的行政不善加以调查，

（a）行使依 2006 年全民医疗服务系统救济法第 1 条所建立之救济体制下的任何职能，

（b）涉及依前项所说救济体制而订立之调解协议，或者

（c）行使依该法第 14 条制定之条令下的任何职能。”

（3）于第 4 条（其他救济形式），第 4 条 a 项，

（a）“或者第 1C 款”替换为“第 1C 款或者第 1F 款 a 项或 b 项”

（b）于“2003 年法律”之后插入“依 2006 年全民医疗服务系统法第 14 条”。

（4）于第 7 条第 2 款（契约不在行政专员权限范围内），

（a）b 项末尾的“且（and）”字样删除，

（b）于最末插入“以及，

（d）依 2006 年全民医疗服务系统救济法第 1 条建立救济体制，依此救济体制而订立调解协议，并因调解协议所生之事宜。”

（5）于第 11 条（调查程序）第 1C 款，“第 3 条第 1E 款”后插入“或者第 1F 款”。

（6）于第 23 条（证据）第 1A 款，“或第 1E 款”替换为“第 1E 款或第 1F 款”。

（7）于第 14 条（行政专员的报送工作）第 2F 款后插入，

“（2G）无论如何，行政专员依第 3 条第 1F 款下的投诉开展调查的，应将调查结果递交以下人等，

（a）投诉人，

（b）据行政专员所知，参与投诉事宜的下院议员（倘该议员卸任的，递交给行政专员认为合适的其他议员），

（c）投诉针对的行政不善之人或机构，

（d）在依第 3 条 1F 款 c 项投诉的情形，因行政不善而提起之投诉中针对任何人或机构之行为的，递交给该人或机构，

（e）卫生大臣。

（2H）无论如何，行政专员决定不依第 3 条第 1F 款下的投诉开展调查的，应将书面理由递交给以下人等，

（a）投诉人，

（b）第 2G 款 b 项提及之下院议员。”

16. 条令（regulations）

（1）本法关于救济体制何者得为（what a scheme may do）的条款并不妨碍第 1 条第 1 款权力的一般性质。

（2）卫生大臣依本法制定条令的权力包括，

（a）有权力授权或要求某主体承担涉及裁量权行使的职能，

（b）有权力为不同案情制定不同条款，以及

（c）有权力制定杂项条款（incidental）、补充条款（supplementary）、相应条款（consequential）、过渡条款（transitional）或保留条款（savings）。

（3）依前款 c 项为相应修正的权力，包括修订或撤销依法律所制定之任何法令的权力。*

（4）卫生大臣依本法制定条令的权力得及于一切案件（排除例外），亦得仅及于任何特定案件或案型。

（5）卫生大臣依本法制定条令的权力得以法令（statutory

---

* 译按：中译本以“法律”译“enactment”，以“法令”译“instrument”，以“条令”译“regulation”。法令（statutory instrument），依 1946 年法令法（Statutory Instruments Act 1946）所为之任何委任立法（delegated legislation，不包括再委任立法）。包括（1）由 1947 年后通过的法律授予王室（Crown）或政府大臣以委托权力，委任形式在王室为枢密院令（Order in Council），在政府大臣为法令（statutory instrument）；或者（2）依据 1947 年以前通过的法律授予的权力于 1947 年后所为之委任，适用 1893 年法令公布法（Rules Publication Act 1893）。See Elizabeth A. Martin (ed.), *Oxford Dictionary of Law*, Oxford University Press, fifth edition, 2002, p. 478. 条令（regulation）：管理办法，规则，规章，条例。广义上指任何规范行为的法律规定，狭义上通常指政府各部门根据法定权限所发布的各种从属性法律。薛波主编：《元照英美法词典》，法律出版社 2003 年版，第 1171 页。

instrument）形式行使。

（6）欲依本法第 1 条第 1 款以条令设立救济体制，必须先起草出包含此条令的法令草案并提交议会两院决议批准。

（7）若某法令

（a）包含了由卫生大臣依本法制定的条令，且

（b）并未要求法令草案必须提交给议会两院决议批准，

则不论上院下院皆得以决议废除此法令（annulment）。

威尔士

17. 框架权力［2007 年 5 月 25 日废止］

附录

18. 释义

（1）本法中，

……［2013 年 4 月 1 日删除］

“医疗服务（health service）”义同 2006 年全民医疗服务法的用法；［2007 年 3 月 1 日修正］

“疾病（illness）”义同 2006 年全民医疗服务法的用法；［2007 年 3 月 1 日修正］

“患者（patient）”义同 2006 年全民医疗服务法的用法；［2007 年 3 月 1 日修正］

“人身伤害（personal injury）”包括任何病痛（disease）以及对身心健康的任何损害（impairment）；

“救济体制（scheme）”，除第 1 条外，意指依该条建立的救济体制；

“主管局（scheme authority）”，依第 11 条第 1 款的界定；

“具体写明的（specified）”，涉及救济体制，意指救济体

制中具体写明的。

（2）本法中提到的涉及救济体制的职能，包括涉及救济体制下所达成调解协议的职能。

19. 简称，生效及适用范围

（1）本法得称作 2006 年全民医疗服务系统救济法（NHS Redress Act 2006）。

（2）前条及本条自本法通过之日起生效。

（3）第 17 条于威尔士议会（National Assembly for Wales）以法令指定之日生效。

（4）本法其他条款于卫生大臣以法令指定之日生效。

（5）本法仅适用于英格兰、威尔士。

附

法国医生伦理准则 *

（2013 年 11 月版）

序 言

本伦理准则诸项条款所尊奉之原则，已得法国医师协会采纳之注释（explanatory notes）增补。[1]注释目的在于澄明医师协会对于各条款的解释立场。虽说注释乃为准则不可分割的部分，但并无法律拘束力。注释只得用于纪律程序，其合法性应

---

* 资料来源：https：//www. conseil-national. medecin. fr/sites/default/files/code_de_ deontologie_ version_ anglaise. pdf。

〔1〕 译按：法国医师协会（French National Medical Council，Conseil national de l'Ordre des médecins），依 1945 年法令设立的非政府职业团体，资金完全来自医生缴费。其主要任务在于：（一）维护医疗伦理，维护医生的职业独立：（1）起草医生伦理准则，并因应时代需要与医疗体制背景而加以修订；（2）确使医生遵守医生伦理准则中的原则和规则；（3）监视医生基本权利与义务事宜，尤其是职业独立。（二）为医生提供建议：（1）行政职能，主要包括负责医生注册，批准医生行医，审查医生的资格，落实关于职业资格认可的第 2005-36 号指令；（2）就医生职业生活的诸多方面为医生提供咨询服务，包括契约，代班，与医疗行业的关系，待命义务的组织事宜，诊所、医院及领薪工作的开业；（3）给予困境中的医生以帮助。（三）与医疗服务领域其他利益方合作：（1）为医生及政府机关提供咨询服务，为将来的立法事宜提供智慧投入；（2）参与医疗体制事宜的公开讨论；（3）充当医疗体制内利益各方的联络人。（四）负责行业自我规制：（1）以纪律惩戒权力来保证医疗服务质量；（2）调解程序以及纪律惩戒程序公开透明；（3）纪律惩戒轻为警告，重到暂停执业，充分起到阻吓作用。医师协会在组织上分三个层次：（一）全国医师协会；（二）各大区医师协会以及初审纪律法庭；（三）省级医师协会（Departmental Council）。省级医师协会职能如下：（一）行政职能：负责医生注册，审查医生的资格，核实医生的契约和行医条件，帮助遇到困难的医生。（二）裁判职能：将案件移交给法院，落实其裁判。（三）调解职能：调解医患纠纷，调解医生间的纠纷。

受法国国务委员会司法审查。为持续反映医学实践的变化，注释将于必要时更新并公布于法国医师协会网站。

（法国医师协会颁布之法国医生伦理准则适用于所有医生、所有患者，不分女性男性。为了这份英译本更为简洁易读，不论医生患者皆以阳性形式表达。法语文本是唯一权威文本。）

本准则已纳入《法国公众健康法典》（Code de la Santé Publique-CSP），编为第 R. 4127 条到第 R. 4127-112 条。

第 1 条（artic le R. 4127-1 of the CSP）

所有登载于医生簿册的医生，所有依《公众健康法典》第 L. 4112-7 条或者依国际协定相关条款实施医疗措施的医生，以及依本准则第 88 条充任临时替代医生（locum）或者医生助手的医科学生，皆应遵守本准则之条款。依《公众健康法典》第 L. 4122-1 条，法国医师协会监督指导前述人等遵守这些条款，任何违反行为皆应受纪律惩戒。

一、医生的一般义务

第 2 条（artic le R. 4127-2 OF THE CSP）

医生为患者个体提供医疗服务或者从事公众健康服务，应充分尊重他人生命和人格尊严。对生命的尊重，虽患者故去亦不受影响。

第 3 条（artic le R. 4127-3 OF THE CSP）

医生不论于何种情形，皆应值得信赖，正直行事，忠于职责，此乃行医所必备者。

第 4 条（artic le R. 4127-4 OF THE CSP）

保密是患者的权利。保守患者秘密是法律要求所有医生承担的义务。医生于行医中获知的一切信息皆应视之为秘密，不仅包括他人告知医生者，亦及于医生所见、所闻或理解的一切信息。

第 5 条（artic le R. 4127-5 OF THE CSP）

医生无论如何不得以任何方式让渡其职业独立（professional independence）。

第 6 条（artic le R. 4127-6 OF THE CSP）

医生应尊重他人自由选择医生的权利。医生并应帮助他人行使此项权利。

第 7 条（artic le R. 4127-7 OF THE CSP）

医生应以同样的注意与关注倾听患者，以同样的注意与关注为患者提供检查、咨询、治疗服务，不得考虑患者的出身、习俗、家庭状况、种族、民族或宗教、是否残疾、健康情况、名声或者医生对患者的个人感情。

医生于一切情形皆应帮助患者。

医生检查他人身体的，应永远举止得体，体现出关怀之意。

第 8 条（artic le R. 4127-8 OF THE CSP）

在法律划定的界限内，依据科学上牢靠的证据，医生得自由地依其认为于个案情势下最为恰当的方案施治。

医生开具处方、采取医疗措施，应以确保医疗服务优质、安全与有效所必要者为限，俾恰当履行其帮助义务。

医生应权衡各种诊察、治疗措施的利钝得失及后果。

第 9 条（artic le R. 4127-9 OF THE CSP）

任何医生面对他人生病或者严重受伤，或者得知患者伤者病势危急，必须施以援手或者确保患者伤者得到必要医疗服务。

第 10 条（artic le R. 4127-10 OF THE CSP）

医生应召请为被剥夺自由之人检查身体或者为此等人施治的，对于侵害该人身心健康的任何行为，不得直接或间接地（因其到场）而给予方便或予以认可。

倘医生发现该人曾遭受虐待或者不公正对待，应知会法律当局，惟须经该人同意。

但就第 44 条第 2 款提及之人，不必经其同意。

第 11 条（artic le R. 4127-11 OF THE CSP）

医生有义务让自己的专业能力持续发展（continuous professional development），保持并不断完善自己的业务知识。

第 12 条（artic le R. 4127-12 OF THE CSP）

医生应贡献力量于有关当局保护和促进公众健康的相关工作。医生必须参与公共卫生监督活动（surveillance campaigns）。

若法律允许，得搜集、记录、处理、传递可识别的（identifiable）或者可间接识别的患者信息。

第13条（artic le R. 4127-13 OF THE CSP）

医生参加旨在保护或促进公众健康的不论何种性质的公开活动，只能援引经证实的事实（proven fact），谨慎发言，虑及自己的发言对一般公众可能产生的影响。此种场合，医生不得为自己，不得为自己执业所在的医疗机构或者与自己有关联的医疗机构，也不得为不合乎公共利益的活动，为任何形式的广告行为。

第14条（artic le R. 4127-14 OF THE CSP）

医生不得未为任何必要保留态度（necessary reservations）地将新诊断措施或者未经充分证实的治疗方法向医学界披露。亦不得向医学界之外披露。

第15条（artic le R. 4127-15 OF THE CSP）

医生参加人体医学研究，只得依法律而为之；医生必须确保此等研究恰当、切题，结论客观。

以研究者身份参与人体医学研究的执业医生，应确保研究活动不会破坏患者的信任，不会妨碍治疗的连续。

第16条（artic le R. 4127-16 OF THE CSP）

不论活体捐献还是死体捐献血液、器官、组织、细胞或者任何其他身体成分，只得依法律而为之。

第17条（artic le R. 4127-17 OF THE CSP）

医生从事涉及医学辅助生殖的医疗活动，只得依法律而为之。

第 18 条（artic le R. 4127-18 OF THE CSP）

医生为患者提供自愿终止妊娠的医疗活动，只得依法律而为之。医生得自由拒绝从事此类医疗活动，倘拒绝，应于法律要求的期限内依法律规定将其拒绝决定知会所涉之人。

第 19 条（artic le R. 4127-19 OF THE CSP）

医疗执业不得以商业为之。不得为任何形式的直接或间接广告活动，尤其不得以任何装饰或标识使医生执业场所（premises）表现出商业场所的外观。

第 20 条（artic le R. 4127-20 OF THE CSP）

医生就其姓名、其职业地位及其陈述发言可能会被如何利用，应尽恰当注意。

医生不得允许其执业所在的公办或私办医疗机构或者与之有关联的公办或私办医疗机构为广告目的而利用其姓名或者职业地位。

第 21 条（artic le R. 4127-21 OF THE CSP）

虽有益于健康的药品、器械或产品，医生亦不得出售，法律另有规定的不在此限。医生不得开出未获许可的药物。

第 22 条（artic le R. 4127-22 OF THE CSP）

医生不得以任何形式分润（sharing fees），第 94 条列举的情形除外。

接受、要求或提议分润，纵未实际发生，亦不得为之。

第 23 条（artic le R. 4127-23 OF THE CSP）

医生之间，医生与药剂师、其他医疗职业人或者任何其他自然人或法人之间的任何共谋行为（collusion），皆为法所禁止。

第 24 条（artic le R. 4127-24 OF THE CSP）

医生不得从事下列行为：

（ⅰ）任何旨在为患者提供不正当或者不合法物质利益的行为；

（ⅱ）向任何人贿赂（金钱形式或者实物形式），或者付佣金；

（ⅲ）以任何形式，直接或间接地索要或者接受任何金钱或非金钱利益，以之为开具处方或者实施特定医疗措施的回报。

第 25 条（artic le R. 4127-25 OF THE CSP）

医生从事诊断、治疗、咨询服务之场所，不得为其所开具或所使用之药品、产品、器械用以出售的商业场所或其他场所。

第 26 条（artic le R. 4127-26 OF THE CSP）

医生不得从事任何其他活动，其他活动不妨碍其职业独立与尊严，不会令其从治疗行为或咨询行为中获得不正当利益的，不在此限。

第 27 条（artic le R. 4127-27 OF THE CSP）

医生身居当选职位或者行政职位的，不得从该职位中获取不正当利益以增加其患者数目。

第 28 条（artic le R. 4127-28 OF THE CSP）

医生不得出具虚假或误导人的报告，不得出具行方便的医学证明（medical certificate of convenience）。

第 29 条（artic le R. 4127-29 OF THE CSP）

就收取的费用以及采取的医疗措施，医生不得为任何欺诈的、不恰当的编码（improper coding）〔2〕或者不准确的表示。

第 30 条（artic le R. 4127-30 OF THE CSP）

不得帮助或教唆他人非法行医。

第 31 条（artic le R. 4127-31 OF THE CSP）

医生不论是否当班，皆不得从事任何可能使医疗职业蒙羞的行为。

二、对患者的义务

第 32 条（artic le R. 4127-32 OF THE CSP）

医生一旦允诺为患者看病，即应基于科学证据并（于必要情形）在其他具备资格的医疗职业人的帮助下，亲自提供服务并给予恰当注意。

第 33 条（artic le R. 4127-33 OF THE CSP）

医生应尽到最大注意（greatest care），花费必要时间，尽最

〔2〕 译按：含义不甚清晰。

大可能地利用最为合适的科学技术，并于必要情形经他人帮助，以得到牢靠的诊断结果。

第 34 条（artic le R. 4127-34 OF THE CSP）

医生应尽可能清晰地表达其医学意见，确保患者以及患者亲近之人理解，并尽力使其意见得到恰当遵循。

第 35 条（artic le R. 4127-35 OF THE CSP）

医生为患者提供检查、咨询或治疗服务的，就患者的健康状况以及建议的检查治疗措施，应以诚实态度，向患者提供清晰、恰当的信息。在整个患者生病期间，医生应使其解说适应患者个性（personality），并尽最大努力使患者得以理解。

患者表示不愿意知晓诊断结果和预后的，医生应尊重患者要求，他人面临受感染危险的不在此限。

披露生命末期预后信息应善尽注意（great care），一般得将信息告知患者亲近之人，〔3〕患者已表示不愿亲近之人知晓这些信息或者已指定第三人接收这些信息的不在此限。

第 36 条（artic le R. 4127-36 OF THE CSP）

医生采取医疗措施必须征得接受检查治疗服务之人的同意。

患者能表达意志的，倘拒绝医生建议的检查治疗措施，医生应向患者说明拒绝的后果，并尊重患者的拒绝决定。

患者不能表达意志的，医生未将相关信息告知患者亲近之

〔3〕 译按：患者亲近之人（persons close to the patient），在有些条款中和“家属”并举，即应理解为相当于中国大陆及台湾地区所谓“关系人”。在有些条款中单独出现，似应作更宽泛理解。

人，不得采取任何医疗措施，情况紧急或者向患者亲近之人披露信息不切实际的不在此限。

医生对未成年患者以及欠缺能力成年患者的义务，由第 42 条界定。

第 37 条（artic le R. 4127-37 OF THE CSP）

I. 医生应以最合乎患者病情的措施尽力减轻患者的身心痛苦，并给予患者精神支持。但医生不得采取在个案情势下看起来不合理的任何检查治疗措施，并得限制或撤回那些看起来没有疗效的、不相称的（disproportionate）或者唯一目的或效果只是人工延长生命的医疗措施。

II. 在第 L. 1111- 4 条第 5 款以及第 L. 1111-13 条第 1 款描述的情形，未经与其他医生磋商，不得采取限制或撤回治疗的措施。医生得主动自同侪处听取第二意见。若持有患者预先指示书之人向医生出具了预先指示（第 R. 1111-19 条），或者患者的律师、家属、亲近之人为此请求，医生必须征询第二意见。向其他医生征询第二意见的决定，应立即告知持有患者预先指示书之人，患者的律师、家属或亲近之人。

主治医牛限制或撤回治疗，应于医疗团队内部磋商（视具体情形而定），并就个案征求其他医生意见且得到至少一位医生的实质性意见。主治医生与发表第二意见的医生不得有行政等级关系（hierarchical link）。这两位医生中的一位认为有必要的，还得征求第三医生的实质性意见。

限制或撤回治疗的任何决定，都应考虑患者此前表达的意愿，尤其是患者以预先指示书表达的意愿，考虑患者律师的意见，考虑患者家属或者（家属意见不可得的情形）患者亲近之人的看法。

限制或撤回治疗的决定若涉及未成年人或者欠缺能力的成年人，医生视具体情形而定，亦应征询患者父母或者法定监护人的意见，紧急情况下征求意见不切实际的不在此限。

限制或撤回治疗的决定应出于合理动机（motivated）。医疗团队内部就磋商的性质及理由所表达的意见，以及限制或撤回治疗决定的理由，俱应记载于患者病历。限制或撤回治疗的程度和理由，应向患者的律师（倘指定）、患者家属或者（家属不可得的情形）患者亲近之人说明。

Ⅲ. 依第 L. 1110 –5 条以及第 L. 1111– 4 条或者第 L. 1111–13 条决定限制或撤回治疗的（如本条第 1 款及第 2 款的规定），医生应采取恰当的缓和疼痛措施和镇静治疗（哪怕患者的知觉不足以感受疼痛的程度），并依第 38 条给予必要帮助。医生并应确使患者亲近之人知晓患者的情况，并给予患者亲近之人以恰当帮助。

第 38 条（artic le R. 4127–38 OF THE CSP）

医生应持续帮助患者至殁去，以恰当的医疗手段及其他措施维护濒临死亡患者的生命质量与尊严，并安慰患者亲近之人。医生不得故意致患者死亡。

第 39 条（artic le R. 4127–39 OF THE CSP）

医生不得将任何虚幻的或者未经充分验证的医疗措施描述为有疗效的、安全的医疗措施而向患者或者患者亲近之人推荐。

医生不得为任何类型的江湖医术（quackery）。

第 40 条（artic le R. 4127–40 OF THE CSP）

医生采取诊察、治疗措施，不得置患者于没有正当理由的风险当中。

第 41 条（artic le R. 4127-41 OF THE CSP）

会导致患者伤残的医疗措施，必须出于极为重大的医学理由，并经患者知情同意方得为之，紧急情况下或者征得同意不切实际的不在此限。

第 42 条（artic le R. 4127-42 OF THE CSP）

医生应召请为未成年人或者欠缺能力的成年人施治的，应尽力取得患者父母或者法定监护人的知情同意，第 L. 1111-5 条的不同规定除外。

紧急情况下，虽未能联系上前述人等，医生仍应为必要治疗。倘患者能表达意见，医生应尽最大可能考虑患者意见。

第 43 条（artic le R. 4127-43 OF THE CSP）

倘医生认为儿童患者的亲近之人对儿童患者的健康及福利并未给予恰当关注，医生应保护儿童患者的利益。

第 44 条（artic le R. 4127-44 OF THE CSP）

医生应召请提供医疗服务，若发现接受治疗之人遭受虐待或者得不到爱护（deprivation），应以必要的注意和谨慎，采取恰当行动保护患者。

若患者系未成年人或者因年龄或身心状况而不能保护自己，医生应向法律机关或行政当局报告，个案具体情势妨碍医生报告的不在此限，此际医生应依凭良心权衡事态。

第 45 条（artic le R. 4127-45 OF THE CSP）

I. 除法律要求的病历外，医生必须为每位患者保留医生自己的记录。这些记录属秘密信息，应包含为诊断治疗所需要的最新信息。

患者或第三人不得受让或查阅医生的个人笔记（personal notes）。

个人笔记的安全保管事宜由医生自己负责。

II. 应患者请求或者经患者同意，医生得将相关信息和文档提供给参与患者治疗的其他医生或者打算征询意见的医生，以确保治疗的连续。

患者表达意愿希望由其他医生治疗的，前句同样适用。

第 46 条（artic le R. 4127-46 OF THE CSP）

患者要求医生查看其病历的，医生只需要考虑患者利益而接受请求，在利益冲突的情形则应拒绝患者请求。

第 47 条（artic le R. 4127-47 OF THE CSP）

在一切情形下都应使患者得到连续的医疗服务。医生得援引个人理由或职业理由不为患者提供医疗服务，情况紧急或者不予治疗将构成不履行挽救生命、维护健康之义务的，除外。

医生不为患者治疗的，应将其决定告知患者，并向患者指定的医生提供相关信息，以确保治疗的连续。

第 48 条（artic le R. 4127-48 OF THE CSP）

医生在公众健康紧急情况下（public emergency）不得抛弃

患者，有权机关依法律令其为之的不在此限。

第 49 条（artic le R. 4127-49 OF THE CSP）

医生应召请于他人家庭或者机构（institution）提供医疗服务的，应尽力确保卫生和预防规则得到遵守。

医生应向患者说明患者对自己及对他人的义务，以及必须采取的预防措施。

第 50 条（artic le R. 4127-50 OF THE CSP）

医生应帮助患者得到依其健康状况有权利主张的社会福利，但不得支持患者滥用权利的主张（abusive claim）。

为此，医生得向患者的医疗保险机构任命的医生或者负责处理福利请求的公共机构任命的医生提供相关信息以支持患者的福利主张，患者反对的除外。

第 51 条（artic le R. 4127-51 OF THE CSP）

医生不得介入患者家庭事务或私人生活，有职业上理由的不在此限。

第 52 条（artic le R. 4127-52 OF THE CSP）

患者于罹患疾病期间起草了遗嘱并因该疾病死亡的，为患者治疗该疾病的医生，只有依法律方得于此遗嘱中受益。此外，医生不得对此等患者施加不当影响，以获取于医生过度有利之地位或契约。

第53条（artic le R. 4127-53 OF THE CSP）

医生定价应得体而适度（tact and moderation），予当前立法、所施行之医疗措施或个案情势以恰当考虑。

医生只有实际施行医疗措施于患者方得收取费用，仅仅是远程医疗（telemedicine）不得收取费用。

以电话或邮件向患者发表意见或建议，不得为此收取费用。

医生应准备回答［患者］事先就其收费或治疗成本的询问或质疑。医生收取费用的，不得拒绝出具收据。

医生不得将任何特别的付费方式强加于患者。

第54条（artic le R. 4127-54 OF THE CSP）

数位医生合作为患者检查治疗的，每位医生应出具各自费用说明。每位医生选择的在其监督下工作的助手，其报酬包含在医生出具的费用说明中。

第55条（artic le R. 4127-55 OF THE CSP）

以治疗成功为条件支付固定金额的任何提议或者任何提前支付（advanced payment），皆严厉禁止。

三、医生与其他医疗职业人间的关系

第56条（artic le R. 4127-56 OF THE CSP）

医生应与同侪保持良好职业关系。

医生之间发生争议的，应力求和解，倘有必要，通过省级医师协会调解。

医生遇到困难的，应彼此帮助。

第 57 条（artic le R. 4127-57 OF THE CSP）

医生不得窃取或试图窃取其他医生的患者。

第 58 条（artic le R. 4127-58 OF THE CSP）

向医生问诊的患者惯常由其他医生治疗的，医生应尊重

（ⅰ）患者的利益，尤其是紧急情况；

（ⅱ）患者向其他医生问诊的选择。

接受问诊的医生，经患者同意，应联络患者惯常医生（usual doctor）并告知自己的诊断结果和决定。若患者撤回同意，医生应向患者说明拒绝的可能后果。

第 59 条（artic le R. 4127-59 OF THE CSP）

医生为患者提供紧急医疗服务而患者嗣后仍将向其惯常医生问诊的，医生应为其同侪（患者的惯常医生）出具报告，写明治疗情况及自己的建议。医生要么将报告交给患者，要么告知患者将直接交给其同侪。医生应保存报告副本。

第 60 条（artic le R. 4127-60 OF THE CSP）

倘情势有此要求，或者同意了患者或患者亲近之人征询第二意见的要求，医生即应向同侪征询第二意见。

医生应尊重患者选择并将患者转介给其他注册的执业人（除非患者有重大反对理由[4]）。倘医生认为不能赞成患者的选择，医生得决定不再为患者治疗。医生亦得建议患者向其他

〔4〕 译按：但书中的“患者”疑应为“医生”。

执业人问诊，若是患者并无自己的选择，医生必须建议向其他执业人问诊。

发表第二意见的医生应向患者的惯常医生出具书面报告，写明其诊断结果、结论与建议。并应向患者说明此份报告。

第 61 条（artic le R. 4127-61 OF THE CSP）

主治医生与发表第二意见的医生若分歧巨大，应向患者说明。

倘患者或者患者亲近之人愿意遵循第二医生的意见，主治医生得自由停止治疗。

第 62 条（artic le R. 4127-62 OF THE CSP）

第二医生在那个向自己征询第二意见的患者仍患病期间，未经告知患者的惯常医生，不得主动要求患者再次向自己问诊，紧急情况不在此限。

第二医生不得依患者病情继续施行一般应由患者的惯常医生施行的医疗活动，患者有此要求的不在此限。第二医生应向主治医生提供继续治疗的一切相关信息。

第 63 条（artic le R. 4127-63 OF THE CSP）

无碍得适用于公立医院（或者于公立医院内部运营的私人诊所）的规则，住院患者的主治医生应知会患者指定的医生或者患者亲近之人。主治医生应向其同侪说明治疗的重要细节，并应尽最大可能地向同侪咨询。

第 64 条（artic le R. 4127-64 OF THE CSP）

数位医生合作检查、治疗患者的，必须彼此说明各自采取的医疗措施；每位医生对自己采取的医疗措施负责并应向患者说明此点。

只要不会害及患者并及时向同侪说明，医生得自由地不参与或者退出合作治疗。

第 65 条（artic le R. 4127-65 OF THE CSP）

医生于其执业活动中，仅得于短时间内由恰当注册的同侪或者合乎第 L. 4131-2 条所设条件的医科学生替代其从事医疗活动。

医生希望由他人替代自己从事医疗活动的，应首先知会其所隶属的法国医师协会办公室，并说明临时替代人（locum）的姓名、职业资质以及替代的日期，情况紧急的不在此限。

替代工作需亲自为之（replacement is personal）。

医生由他人替代自己从事医疗活动的，于此期间内不得为付费患者提供医疗服务。地方医疗资源欠缺或不足的，省级医师协会得为地方利益免除前句规则的要求。

第 66 条（artic le R. 4127-66 OF THE CSP）

替代期间结束，临时替代人即应停止医疗活动并提供持续医疗所需要的一切信息。

第 67 条（artic le R. 4127-67 OF THE CSP）

医生不得为了获得竞争优势而以任何手段降低费用。

医生得免费提供医疗服务。

第 68 条（artic le R. 4127-68 OF THE CSP）

为患者利益，医生应与其他医疗职业人维持良好职业关系。医生应尊重其他医疗职业人的独立地位以及患者的自由选择。

经患者同意，医生得与其他医疗职业人就采取的医疗措施交换恰当的信息。

第 68-1 条（article R. 4127-68-1 OF THE CSP）

在医科学生、实习医生培训期间，医生应本着传帮带（mentoring）、体谅、彼此尊重的态度，将自己的知识及经验与之分享。

四、医疗执业

（一）适用于所有执业的规则

第 69 条（artic le R. 4127-69 OF THE CSP）

凡医生皆以个人身份从事医疗活动，并就自己的决定及医疗措施负责任。

第 70 条（artic le R. 4127-70 OF THE CSP）

所有医生原则上都获准（licensed）从事一切诊断、预防、治疗活动。但就自己欠缺足够知识、经验或者可得资源的领域，医生不得主动或者继续治疗或给予医疗意见，非常情形不在此限。

第71条（artic le R. 4127-71 OF THE CSP）

于其行医地点，医生应使其医疗场所足以保护患者的私密，拥有的技术资源适合其采取的医疗措施以及向其问诊的患者。应尽到格外注意，对使用的医疗器械做消毒灭菌处理并依法律要求处理医疗废物。

医生施行医疗活动，不得于危及医疗质量或患者安全的条件下为之。

医生应确保其辅助人员拥有必要医疗资质。

第72条（artic le R. 4127-72 OF THE CSP）

医生应确保于其诊所工作的辅助人员熟悉保密义务并完全遵守。

医生应确保其亲近之人不违反对专业函件的保密义务。

第73条（artic le R. 4127-73 OF THE CSP）

医生应防止他人未获授权而接触患者文档，不论这些文档或者文档存储媒介的内容如何。

前款同样适用于可能由医生占有的任何医疗信息。

倘医生利用自己的医疗文档或者经验撰写科研文献或者用于教学，应确保患者身份信息隐去。不能隐去的，应征得患者同意。

第74条（artic le R. 4127-74 OF THE CSP）

不得流动行医（itinerant medicine）。

不过，出于公共卫生的需要，基于事先确定的项目，医生得获准于流动医疗单位医治患者。此际，医生应向对所涉区域有管辖权的省级医师协会申请。医师协会应确认，所涉医生已采取一切必要措施以应紧急呼叫（emergency call）并确保医疗服务的质量、安全与连续。倘获批准，流动行医的资格不得转让。前述条件倘不再具备，批准应予撤回。倘行医所涉区域在其他省辖区，应向负责管理该医生注册的省级医师协会知会医生的申请事宜。

第 75 条（artic le R. 4127-75 OF THE CSP）

依《公众健康法典》第 L. 4163-5 条，不得以化名行医。

医生以化名从事职业相关活动的，应知会省级医师协会。

第 76 条（artic le R. 4127-76 OF THE CSP）

于从事医疗活动过程中，依法律的要求，医生应基于其临床发现出具各式证明书（certificate）。医生开具的任何证明书或处方，皆应以易辨认的法文书写，标注日期，使医生身份得以辨识并签字。医生得以患者所用语言为患者提供翻译文本。

第 77 条（artic le R. 4127-77 OF THE CSP）

医生应依轮班制度赖以组织的法律条令的要求参与紧急呼叫轮班或者待命轮班（stand-by rota）。

第 78 条（artic le R. 4127-78 OF THE CSP）

医生处于应紧急呼叫状态或者待命状态的，应尽一切努力使自己可以容易联系上。为方便移动，医生得于自己的交通工具上放置可取除的标记写明“医疗急救（médecin urgences）”

字样且不得有其他标记，紧急呼叫结束后应取除急救标记。医生提供了紧急医疗服务的，应依第59条知会患者的惯常医生。

第79条（artic le R. 4127-79 OF THE CSP）

医生的处方单（prescription sheets）只得包含以下事项：

（ⅰ）医生姓名，执业地点，电话传真，问诊的日期时间；

（ⅱ）若以联合或合伙形式执业，诊所其他医生的姓名；

（ⅲ）医生在法国医疗保险系统里的位置（status）；

（ⅳ）医生资质依相关条令的编码（条令由法国医师协会制定，经法国卫生部长批准）；

（ⅴ）经法国医师协会认可的资质、头衔与地位；

（ⅵ）标明1977年预算法第64条意义上的“获许可公司（licenced company）”的成员身份；

（ⅶ）经共和国认可的任何奖励。

第80条（artic le R. 4127-80 OF THE CSP）

在面向公众的电话簿或其他名录上，不论刊载之媒介如何，医生只得提供以下事项：

（ⅰ）医生姓名，执业地点，电话传真，问诊的日期时间；

（ⅱ）在法国医疗保险系统里的位置（status）；

（ⅲ）依相关条令认可的资质，文凭以及获得的任何其他资格。

第81条（artic le R. 4127-81 OF THE CSP）

在医疗场所之外的名牌上，医生只能写明自己的姓名、电话、在法国医疗保险系统内的位置，文凭，头衔，以及依第79

条第 4 项和第 5 项认可的资质。

名牌得置于建筑入口处，另得复置于诊所大门，倘有必要，并得以更多指示标明路径。

这些信息应依职业标准予以谨慎标示。

倘医生并未持有文凭证书或者第 L. 4131-1 条第 1 款提及的其他头衔（证书），但凡展示其医生头衔或身份（status），即应说明授予其得以行医的文凭、头衔或者证书的地点与大学。

第 82 条（artic le R. 4127-82 OF THE CSP）

医生开办门诊处或者业务（professional practice）有任何变动的，得于报纸发表声明。声明不得状若广告，其措辞与格式应经省级医师协会通过。

第 83 条（artic le R. 4127-83 OF THE CSP）

I. 依第 L. 4113-9 条，私营领域医疗公司、医院、医疗机构（company，establishment or institution）开展的任何类型常规医疗活动，皆应以书面医疗契约规制。

契约应界定清楚双方当事人的义务，并应详细写明医生如何遵守医生伦理准则的条款。

草拟的任何契约都可以提交给省级医师协会，省级医师协会应自收到之日起一个月内发表意见。

规制于前款所说医疗机构行医的任何契约或契约更新（renewal），包括所有附件或契约中提及的内部规则，都应提交给省级医师协会。省级医师协会应确认契约条款合乎医生伦理准则，合乎依据法国医师协会与所涉医疗机构之间的总协定（umbrella agreement）而订立的标准契约的基本条款，或者合乎法律条令。医生应向省级医师协会寄送签字声明，表明接受审查的契约并无任何其他补充协议或附件。

II. 契约若有条款有悖职业独立或医疗质量，尤其是将报酬或契约期限与生产率标准挂钩的，医生不得接受如此契约。

第 84 条（artic le R. 4127-84 OF THE CSP）

于公共行政部门（public administration）、地方政府（local authority）或者公立医院（public sector establishment）从事的任何类型的惯常医疗活动，皆应以书面契约规制，医生是国家、地方当局或者公立机构常任官员或者其职位由法律条令加以规制从而不需要契约的，不在此限。

医生应将契约递交法国医师协会相关有权部门，后者得向相关行政机构或者医生发送意见。

（二）自费患者的治疗

第 85 条（artic le R. 4127-85 OF THE CSP）

医生一般应于其执业场所（professional premises）行医，由其注册所在的省级医师协会依第 L. 4112-1 条将执业场所记录在案。[5]

为公众健康计，医生得于其执业场所之外他处从事医疗

〔5〕译按：台湾地区“医师法”第 8-2 条第 1 句写道，“医师执业，应在所在地主管机关核准登记之医疗机构为之”。“医师法施行细则”第 4 条写道，“医师执业，其登记执业之医疗机构以一处为限”。曾请益阳明大学杨秀仪教授，不许多点执业的立法意旨何在。杨秀仪教授解释说，在医师法上，医师有“亲自”诊治病人的义务，故医师诊治病人不能使用履行辅助人，登记执业之医疗机构以一处为限，就是要避免医师“借牌”给不具资格之人，以至影响医疗质量，危害病人健康。后经反复试错，查出“多点执业”的英文表达系“dual practice”，以之检索，文献虽夥，却不见法学论文。以鄙意度之，盖此议题原本于法学上无甚讨论价值，以推动多点执业来解决医疗资源配置难题，不过扬汤止沸耳。

活动：

（ⅰ）特定地方缺乏医疗服务人或者医疗服务人不足，害及患者需求或者惯常医疗服务的供给；

（ⅱ）医生实施的检查或治疗活动要求适宜的环境，利用特殊设备或技术，或者不同医疗服务人合作。

医生应采取一切必要措施，确保能应对紧急情况，确保数个行医地点医疗服务的质量、安全和连续。

欲于其他医疗场所行医的，应向对所涉区域有管辖区的省级医师协会申请。应以关于行医条件的一切必要信息来支持申请。倘省级医师协会认为信息不完备，得要求更多细节。

倘欲行医之地点在其他省，应向负责该医生注册的省级医师协会通报此事。

省级医师协会收到最初申请或者要求提供额外信息之日起三个月内未予答复的，视为批准申请。

批准仅限于申请人，不得转让。前述条件不再满足的，得撤回批准。医师协会拒绝、撤回或废止（对多点执业申请的）批准，或者明示或默示地批准申请，对此等决定有异议的，应先向法国医师协会请求行政复议，而后方得启动诉讼程序（legal challenge）。

第86条（artic le R. 4127-86 OF THE CSP）

医生或者充任临时替代人达三个月（不论连续与否）的医科学生，于两年内，不得设立与所替代的医生或者（视情况而定）同一诊所其他医生可能直接竞争的诊所，除非涉及的所有医生达成恰当协议。此际，协议应提交给省级医师协会。未达成此等协议的，惟经省级医师协会批准，方得设立诊所。

第 87 条（artic le R. 4127-87 OF THE CSP）

依 2005 年 8 月 2 日关于支持中小企业的法律（law N° 2005-882）第 18 条设定的条件，医生得选择与其他自营的（self-employed）同侪合作行医。医生亦得为其他医生提供领薪职位。

此际，每位医生行医仍应完全独立并遵守良好行医规则，尤其是尊重患者自由选择以及禁止合谋。

第 88 条（artic le R. 4127-88 OF THE CSP）

出于公众健康的要求，或者在非常情形患者格外众多，或者自己的健康状况临时出问题，医生得获批准由同侪给自己的执业活动以帮助。

批准由省级医师协会为之，为期三个月，期满得续展。

向省级医师协会申请批准或续期，二个月未获回复的，视为批准。

在第 L. 4131-2 条设定的条件下，医生亦得由医科学生帮助自己。

第 89 条（artic le R. 4127-89 OF THE CSP）

医生不得将其执业活动（practice）交由同侪管理。但医生死亡或者因严重伤病而不能执业的，省级医师协会得批准其同侪负责相关执业活动，为期三个月，倘有必要得延展一次。

第 90 条（artic le R. 4127-90 OF THE CSP）

已有其他医生开设诊所的，不得于同一建筑物内再行开设类似诊所，经前位医生同意或者省级医师协会批准的不在此限。

省级医师协会仅得以可能造成公众混淆而拒绝批准。省级医师协会自收到申请之日起两个月内未予回复的，视为批准。

第 91 条（artic le R. 4127-91 OF THE CSP）

医生之间意在设立共同诊所（joint practice）的任何联合或合伙，必须以书面契约规制，并确保每位医生的独立地位。

前款同样适用于本医生伦理准则第 65 条、第 87 条及第 88 条所指情形，以及第 95 条下同侪雇佣医生的情形。

依第 L. 4113-9 条，契约及其附件应提交至省级医师协会，由医师协会确认是否合乎本伦理准则各条款以及（视情形而定）法国医师协会制定的标准契约基本条款。

医生之间或者医生与其他医疗服务人之间达成的任何职业联合协议或契约，都应提交给省级医师协会。省级医师协会向法国医师协会提出意见，后者审查契约是否合乎当前立法及本伦理准则，尤其要关注医生的职业独立。

依本条草拟的协议或契约初稿可以提交给省级医师协会，医师协会应于一个月内发表意见。医生应向省级医师协会发表宣誓声明，保证除医师协会审查的契约之外，医生未订立任何其他补充协议或附件。

第 92 条（article R. 4127-92 OF THE CSP）废除，移至第 83 条第Ⅱ款。

第 93 条（artic le R. 4127-93 OF THE CSP）

医生于共同诊所执业的，不论诊所法律性质如何，各位医生仍自负其责。各位医生保持职业独立，并应尊重患者对医生的自主选择。无碍适用于民法或者（数位医生设立共同诊所但于不同场所行医的）类似合伙关系的特别条款，（在本条情形）各位医生只能于自己的诊室开展医疗活动，履行待命义务或者应紧急呼叫的不在此限。

前款同样适用于合伙内常规的医生替代工作（regular replacement）。

医生使用的文档得印有所属共同诊所或合伙的信头（letterhead）。但医生必须以签名揭明自己身份并说明地址。

第 94 条（artic le R. 4127-94 OF THE CSP）

除非合伙全体医生皆为全科医生或者同样专科医生，合伙或共同诊所内，医生之间不得为任何金钱给付、收受或分润，适用于民法或类似合伙的特别条款另有规定的除外。

（三）领薪医生的行医活动

第 95 条（artic le R. 4127-95 OF THE CSP）

医生与其他医生、行政机构、地方政府或者任何其他公私机构订立契约或者持有特定身份（status），并依此从事医疗活动的，必须一直遵守保密的职业义务，保持自己医疗决定的独立性。

雇主身份的医生、公司或机构对领薪医生医疗独立性的任何限制，领薪医生不论于何种情形皆不得接受。领薪医生必须本着公众健康利益以及供职公司或机构工作人员的健康安全利益以履行义务。

第 96 条（article R. 4127-96 OF THE CSP）

医生应自己负责保管其制作的病历，针对医疗机构的条令有不同规定的除外。

第 97 条（artic le R. 4127-97 OF THE CSP）

领薪医生无论如何不得接受与生产率标准挂钩的报酬，例如每小时问诊的患者人数或者任何其他可能限制或妨碍其医疗独立性或者危及医疗服务质量的标准。

第 98 条（artic le R. 4127-98 OF THE CSP）

于公私医疗机构或者预防机构行医的医生，不得利用其位置以增加自己的患者人数。

第 99 条（artic le R. 4127-99 OF THE CSP）

于公司或任何其他机构负责预防医学工作的医生不得从事治疗活动（curative），应对紧急情况或者法律允许的不在此限。

前款提及之医生应将其诊治了病情的患者转介给患者的惯常医生或者患者指定的其他医生。

（四）为医疗保险公司或行政机构从事医疗活动

第 100 条（artic le R. 4127-100 OF THE CSP）

为保险公司或者医疗保险管理机构从事医疗活动的医生，不得就同一患者同时从事预防和治疗性质的医疗活动，应对紧急情况的不在此限。这个限制延伸及于患者家属（倘生活于一处），医生为公司或者其他法律主体工作的，亦及于其工作人员。

第 101 条（artic le R. 4127-101 OF THE CSP）

医生为保险公司或者类似主体从事医疗活动的，倘认为要求其回答的问题严格意义上非属医疗领域、超出其知识或能力，或者可能违反本伦理准则，医生不得允诺或从事此类工作。

第 102 条（artic le R. 4127-102 OF THE CSP）

医生代表保险公司或者类似主体检查患者身体健康的，应向患者说明检查的原因及其法律背景，不得为任何其他陈述。医生应谨慎陈述，不泄露，不议论。

医生的结论必须持守公正。

第 103 条（artic le R. 4127-103 OF THE CSP）

医生充任保险公司或者类似主体医疗顾问的，不得介入或改变患者的治疗，法律另有规定的不在此限。医生于检查之后，发现就诊断、预后或者其认为重要的、对患者治疗有益的任何其他事宜，自己不同意患者惯常医生的看法而后者很可能没有注意到这些事项的，必须亲自向患者的惯常医生说明。倘有困难，应征求省级医师协会的意见。

第 104 条（artic le R. 4127-104 OF THE CSP）

医生充任保险公司或者类似主体医疗顾问的，与这些机构交往中应严守秘密。医生只应报告检查结果，不得披露得出结论的医学原因。

医生制作的病历中包含的可直接间接辨识患者身份的信息，不得披露给医疗机构（medical service）外的任何人或者任何其他机构。

（五）以专家身份从事医疗活动

第 105 条（artic le R. 4127-105 OF THE CSP）

应召请就患者病情出具专家意见的医生，不得为（亦不得曾为）患者的医生。

医生自己的利益，或者自己的患者、亲近之人、朋友的利益，或者惯常请求医生提供服务的机构的利益牵涉其中的，医生不得同意为此出具专家意见。

第 106 条（artic le R. 4127-106 OF THE CSP）

以医疗专家身份从事医疗活动的，倘认为要求其回答的问题严格意义上非属医疗领域、超出其知识或能力，或者可能违反本伦理准则，医生不得允诺或从事此类工作。

第 107 条（artic le R. 4127-107 OF THE CSP）

为出具专家意见而检查患者身体健康之前，医生应向患者说明自己的角色以及要求医生出具专家意见的法律背景。

第 108 条（artic le R. 4127-108 OF THE CSP）

医疗专家出具报告，只得披露为了回答提问所严格必要的信息。检查中纵有任何其他发现，亦不得披露。

医生应以书面保证亲自实施了检查。

五、杂项条款

第 109 条（artic le R. 4127-109 OF THE CSP）

医生注册行医的，应向省级医师协会声明自己熟稔医生伦理准则，并以书面形式宣誓一定遵守准则。

第 110 条（artic le R. 4127-110 OF THE CSP）

医生向法国医师协会所为之陈述有故意误导或隐瞒情形的，应受纪律惩戒。

第 111 条（artic le R. 4127-111 OF THE CSP）

医生的执业状况变动或者停止执业的，应知会省级医师协会。省级医师协会认可变动属实并知会法国医师协会。

第 112 条（artic le R. 4127-112 OF THE CSP）

法国医师协会于适用本医生伦理准则中所做之一切决定，皆应出于合理动机。

省级医师协会所为之决定，法国医师协会得主动或应相关当事人请求而将之修正或撤销。前句提及之请求，应自最初裁判发布之日起两月内为之。

译 后

此前曾译马克·施陶赫《英国与德国的医疗过失法比较研究》一书（法律出版社2012年版），回头检视，发现不少错译，特胪列如下，并借此机会向读者道歉。

该书第107页第4行“法律职业地位低落”应为“法律行业专业化程度较低”。第155页第12行“所以问诊寻医，正为去病免疾”，应为“不愿意受到伤害，故要求当事人尽到注意义务（the desire to avoid injury was the reason for requiring care）”，错误出在未警惕care一词有“注意”和“医疗”两义；同样地，第262页第12行“减少医疗供给”应为“降低注意义务（reduction in care）”。第223页第12行“社区”应为“郡县（communes）”，当时对瑞典医疗法制毫无所知。另，第208页末行的“患者”应为“医生”，第267页第3行“格外”的“外”字窜至第266页正文倒数第6行。

此外，该书恶性欧化译法满坑满谷，佶屈聱牙之处俯拾皆是，令人不堪卒读，聊举数例以说明：

1. 从属连词。以“当……（之）时”对译英文“when”，多可完全删除，或删去“（之）时”。例如，“当患者于医疗过程中遭受意外损害之时，自得乞援于相关法律规则谋求损害赔偿”（第1页）。这次译书，完全放弃这样的表达。

2. 代名词。英文代名词多，中文满纸“它（it）”“他们（they）”就成问题。例如，“就患者来说，对医生的判断与建议，他们顶好是一味服从，不问所以，不讲条件。治愈的希望，固然多是烟涛微茫信难求，但他们又能有什么选择呢？”（第5

页）。句中的“他们”要么删去，要么径以“患者”称之。再如，“直到今天，这些社会方案［指英德两国社会保障体制］都还保留着它们的主要特征”（第6页）。要么改为“这些社会方案的主要特征一直保留到今天”，要么将“它们”改为“各自”。这次译书，完全摒弃“它”“他/她（he/she）”中文字眼。

3. 介词“作为（as）”。以“作为”对译“as”，不是地道中文。例如，“作为医学知识的门外汉，患者就以上种种充其量只能有些支离破碎的认识”（第102页）。直接写为“患者乃是医学知识的门外汉……”即可。这次译书，再不用“作为”译“as”。

4. 万能动词。余光中先生痛批“万能动词+抽象名词”的片词用法，尤其是以“作出”“进行”对译“do”“make”于中文为害尤烈。[1]例如，“60%-70%的患者在与律师作了初步磋商之后，即打了退堂鼓”（第209页）。“作了”径可删除。再如，“对听审医疗案件的主审法官进行医学知识的专业培训”（第106页）。可改译为“培训医疗案件的主审法官，让法官掌握一定医学知识”。这次译书，彻底摒弃“作出”“进行”这些令人厌恶的词汇。

5. 数量词。以“一个”“一种”对译不定冠词，在现代中文里泛滥，大抵可以删除，例如，“这一变迁反映了这样一种关切：在一个更为复杂的人造世界里，即便一个表面看来安稳妥当的行为也有可能会以某种无从预见的方式害及他人利益”（第44页）。如思果先生所说，谁把“一个”“一种”克服，恶性欧

［1］ 参见余光中：“中文的常态与变态”，载余光中：《余光中谈翻译》，中国对外翻译出版公司2002年版，第154页。

化的毛病就已经医好了一半。[2]

6. 复数。以“们”字对译复数形式“s”，也不是地道中文，皆可删除，例如，“英国与德国的评论家们皆同意”（第216页）。这次译书，也彻底不用这个字了。

7. 被动句。中文被动句少，以“被”字表被动的更少。恶译如，“在英国法上，告知过失诉讼虽被承认为独立的一类，但却被以与医疗过失诉讼相似的方式加以处理”（第259页），当改译为，“英国法虽承认告知过失诉讼为独立类型，处理方式却与医疗过失诉讼相似”。再如，“越多的钱被支付给医疗过失的受害人，就只有越少的钱被拿来为其他患者服务”（第260页），简直无地自厝！最简便的办法就是径直删去“被”字。这次译书，极为克制被动用法，只有极简短的句子，才可用“被”字。

如何锤炼出地道典雅的中文，还需要译者不懈努力，更盼博雅君子不吝赐教。[3]

翻译本书，是为了让中国读者得一览法国医疗损害赔偿法制全貌。英德两国仍主要靠传统私法体制来救济医疗伤害，北欧与新西兰则以无过错体制将侵权法架空，法国算是中间道路，就严重医疗事故等若干类型的医疗伤害引入无过错行政赔偿体制，同时在传统责任体制下辟出两块严格责任领域，力求在便利受害人赔偿与控制责任成本间取得恰当平衡。仅就传统责任体制而言，法国医疗损害赔偿法的框架如下：

---

〔2〕 参见思果：《译道探微》，中国对外翻译出版公司2002年版，第92页。

〔3〕 译者联系方式为：lawtown@ stu. edu. cn。

归责	责任类型	请求权基础	保护的法益
过错责任	医疗过失（技术过失）	《公众健康法典》第 L. 1142-1 条第 1 款第 1 段主文	生命、健康、身体
	说明过失	《民法典》第 1382 条，第 16-3 条〔4〕	意志自主，身体
严格责任	医疗产品责任	《公众健康法典》第 L. 1142-1 条第 1 款第 1 段但书	生命、健康、身体
	医院感染	《公众健康法典》第 L. 1142-1 条第 1 款第 2 段	生命、健康

医院违反组织义务的，并无专门请求权基础（也不必要设），亦不构成独立责任类型。至于医生侵害患者隐私之类，更不属于医疗损害赔偿法范畴。

法国建立的一整套行政赔偿体制，思想基础在于“社会连带（*solidarité nationale*）”。社会连带是理解医事法的锁钥，连同行业自治与基层主义，是将散布于各部门法的医事法内容串联起来的重要线索，从而得跨越公私法的疆界，使医事法形成相对独立的研究领域。

这本译著也是奉献给汕头大学卫生法学国际研究院的礼物，相信汕头大学卫生法学国际研究院还会有更丰硕的成果不断贡献给中国知识界！

戊戌白露于汕头桑浦山

〔4〕《公众健康法典》第 L. 1111-2 条只写明医生应披露哪些信息，未提及不尽说明义务的法律后果，故非为独立的损害赔偿请求权基础。

图书在版编目（CIP）数据

医疗事故责任与救济：英法比较研究/（法）西蒙·泰勒著；唐超译
北京：中国政法大学出版社，2018.11
ISBN 978-7-5620-8687-1

Ⅰ.①医…　Ⅱ.①西…　②唐…　Ⅲ.①医疗事故－法律责任－对比研究－英国、法国　②社会救济－对比研究－英国、法国
Ⅳ.①D956.121.6　②D956.521.6　③C913.7

中国版本图书馆CIP数据核字（2018）第249236号

出版者　中国政法大学出版社

地　址　北京市海淀区西土城路25号

邮寄地址　北京100088信箱8034分箱　邮编100088

网　址　http://www.cuplpress.com（网络实名：中国政法大学出版社）

电　话　010-58908437（编辑室）58908334（邮购部）

承　印　固安华明印业有限公司

开　本　880mm×1230mm　1/32

印　张　9.25

字　数　220千字

版　次　2018年12月第1版

印　次　2018年12月第1次印刷

定　价　49.00元